Teaching Practice

초등특수

교직실무

윤희봉 지음

머리말

대학에서 교사가 되려고 공부하고 있는 학생이 최종적으로 교육현장에서의 교육실습을 통하여, 이론적으로 배운 내용을 바탕으로 교직이라는 직업적 전문성을 함양하게 된다. 이 책은 예비초등특수교사가 교육현장에서 직면하게 되는 교사의 실질적인 업무 내용을 이해하고 수행하는 데 도움을 주기 위한 교직실무 교직과목의 지침서로 구성하였다.

어떤 영역의 내용을 기술하려고 할 때, 그 내용에 대한 정보가 너무 빈약하거나 또는 반대로 너무 풍부해도 막상 시작 단계에서 망설임이 생길 수밖에 없다. 우선적으로 수십여 종의 유·초·중·고의 각급 학교에 필요한 교직실무 관련 문헌들이 출간되어 있으나, 저자들의 선호도에 따라 각양각색의 내용으로 구성되어 있어 공통점을 찾기가 어려웠다. 또한, 현실적으로 교육현장에서 다루어야 할 업무적 실무를 전부 포괄하는 것도 불가능하여 목차나 구체적인 내용 선정에 막연함이 있었다.

저자가 대학과 대학원에서 교직 관련 과목을 강의하면서 생각하고 느낀 부분과 현장 경험이 풍부한 경력교사들의 조언을 바탕으로 생각해 보면, 교육현장에서 보편적으로 적용되는 교직실무의 내용과 특수교사만이 수행하게 되는 독특한 교직실무의 내용이 병존하는 것으로 판단할 수 있다. 따라서 이 책에서는 보편적인 교직실무에 특수교육적인 교육실무의 내용이 수록될 수 있도록 내용을 선별하여 기술하기로 하였다.

이 책은 2부로 나누어 구성하였다. 제1부는 학교현장 교직실무로 초등특수교사가 수행해야 하는 구체적인 업무를 안내할 수 있는 내용으로 기술하였다. 교사자격증을 취득하기 위한 필수적인 과정인 교육실습에 대한 이해를 돕고 효율적인 교육현장실습을 할 수 있도록 교육실습을 제1장으로, 제2장은 일반적인 학급경영은 물론 특수학급만의 독특한 경영원리나 시설·설비, 학사관리에 실질적인 운영 예까지 제시하였고, 제3장은 특수교육 수업의 근간이 되는 개별화교육계획의 법적 근거로부터 실질적인 업무의 예와 관련 서식까지, 끝으로 제4장의 특수교육의 결과물로 남길 수 있는 현장 특수교육의 연구방법까지를 아울러 제1부의 내용으로 구성하였다.

제2부는 교원행정 교직실무로, 교사가 교원으로서 수행하고 알아야 할 실질적인 행정 실무를 위주로 기술하였다. 제2부에서는 제5장이 전반적인 학교현장의 학사관리에 관한 내용으로, 제6장은 교사의 신분과 교사에 관련된 인사와 복무에 관련된 내용을, 제7장은 학교의 회계, 공문서 등 일반행정 내용을, 마지막으로 제8장에 학교의 내규와 위기관리 내용들로 구성하였다.

제1부에서는 초등특수 교직을 수행하기 위해 필요한 실무 관련 자료를 체계적이고 상세하게 정리하고 법령에 관련된 자료를 구체적인 서식까지 제시하여 이해도를 높이려고 하였다. 제2부에서도 실무 관련 자료를 정리하여 구체적인 예로 제시하여 초등특수교사가 교직을 수행하면서 직면하게 될 실무들의 실질적인 이해를 돕고자 하였다.

출간을 결정하고 더 많은 고민과 철저한 준비를 하지 못한 점이 못내 아쉬웠는데 역시나 많은 부분에서 부족함이 보인다. 부족한 부분은 앞으로 계속 채워나가야 할 것 같다. 끝으로 부족한 원고를 맡아 표지디자인은 물론 책의 구성과 편집까지 도맡아 출판을 해주신 도서출판 삼우사 조병철 사장께 무한한 감사의 말씀을 드린다.

2020년 2월 10일
인농관 연구실에서
윤 희 봉

차 례

제1부 학교현장 교직실무

제1장 교육실습의 실제

1. 교육실습의 개요 3
  1) 교육실습의 의의 3
  2) 교육실습의 목적 5
  3) 교육실습의 필요성 7
2. 교육실습의 자세 8
  1) 실습생의 준비 9
    (1) 자신에 대한 준비 _ 9 (2) 실습을 위한 구체적인 계획과 준비 _ 11
  2) 사전방문 및 실습지 근무요령 12
    (1) 사전방문 _ 12 (2) 실습생의 근무지침 _ 12 (3) 유의점 _ 13
3. 교육실습의 과정 14
  1) 교육실습의 유형 14
  2) 교육실습의 단계 15
    (1) 관찰활동 _ 15 (2) 참여활동 _ 17 (3) 수업활동 _ 18
  3) 교육실습의 내용 18
  4) 학습지도안의 작성 27
    (1) 단원명(제재, 제목, 문제) _ 27 (2) 단원설정의 이유 _ 28
    (3) 단원목표 _ 28 (4) 단원계획 _ 28
    (5) 자료 및 준비 _ 28 (6) 당해 수업시간의 지도목표 _ 28
    (7) 학습지도안의 전개(과정) _ 29 (8) 평 가 _ 29

제 2 장 특수학급 경영 관리

1. 학급경영의 기초 ······ 31
1) 투철한 신념과 사명감 ······ 31
2) 공감적 이해 ······ 31
3) 실천적 경영 ······ 32
4) 투철한 인간애 ······ 32
5) 부모 교육 ······ 32
6) 통합학급 교사의 참여 ······ 33
2. 특수학급 경영의 원리 ······ 33
1) 타당성의 원리 ······ 34
2) 개별화의 원리 ······ 34
3) 자율화의 원리 ······ 34
4) 사회화의 원리 ······ 35
5) 통합화의 원리 ······ 35
6) 전문성의 원리 ······ 36
3. 특수학급 경영을 위한 시설·설비 ······ 36
1) 특수학급 시설의 조건 ······ 36
2) 특수학급 시설·설비 관리 ······ 37
(1) 특수학급의 위치 선정 _ 37 (2) 특수학급의 면적 _ 38
(3) 특수학급 시설·설비의 특성 _ 38 (4) 특수학급의 시설·설비의 조건 _ 39
3) 특수학급의 환경 관리 ······ 39
(1) 특수학급 교실 환경구성의 기본 조건 _ 40
(2) 환경 구성상의 유의점 _ 40
(3) 특수학급 환경 구성의 실제 _ 40
(4) 학습습관에 적절한 교실공간 구성 _ 41
(5) 교수 개별화를 위한 교실공간 구성 _ 41
4) 특수학급 교재·교구의 관리 ······ 42
(1) 교재·교구의 중요성 _ 42 (2) 특수교육 자료의 특성 _ 42
(3) 특수교육 자료 개발 시 고려할 점 _ 43
(4) 특수학급 학습 자료의 개발 _ 43
(5) 특수학급 학습자료 제작 시 유의점 _ 44
(6) 특수학급 학습자료의 관리 _ 45

4. 특수학급의 학사 관리 45
1) 특수학급의 문서 관리 45
(1) 학교생활기록부 _ 45 (2) 출석 상황 관리 _ 48
(3) 건강기록부(학교-신체검사규칙 제9조) _ 50 (4) 개별화교육계획 _ 50
(5) 기타 장부 _ 50
2) 의무 취학 50
(1) 의무교육(교육기본법 제8조) _ 50
(2) 취학의무(초·중등교육법 제13조~제16조) _ 50
(3) 의무취학에 관한 관계 법규 _ 51
3) 의무교육 대상자 학적 처리 51
(1) 취학의무의 면제 및 유예(초·중등교육법 시행령 제28조) _ 51
(2) 유예자 등의 학적관리(초·중등교육법 시행령 제29조) _ 52
(3) 의무교육 대상자 학적 처리 안내 _ 52
(4) 재·편입학 _ 52
(5) 취학의 독촉(초·중등교육법 시행령 제25조~제27조) _ 52
4) 특수학급 학사 업무 53
(1) 취학업무 _ 53 (2) 유예 및 면제 _ 54 (3) 전출·입 업무 _ 54
5) 특수학급 예산 편성 55
(1) 예산안의 편성 절차 _ 55 (2) 예산안의 심의 및 확정 절차 _ 56
(3) 예산 집행 절차 _ 57 (4) 특수학급 운영비 집행 시 유의할 점 _ 57
(5) 집행할 수 있는 자료 목록 _ 57
5. 특수학급의 운영 예(서울의 A학교) 58
1) 특수학급의 설치 58
2) 교육목표와 구현 계획 58
3) 교육과정 운영 계획 60
4) 교과활동 및 특별활동 운영 계획 63
5) 직업교육 및 현장학습 운영 계획 64
6) 본교 특수학급 현황 및 실태 65

제 3 장 개별화교육 계획

1. 법적 근거 ····· 67
2. IEP의 성격 ····· 69
3. IEP의 구성 요소 ····· 72
4. IEP의 구안 및 운영 ····· 72
1) IEP 준비 ····· 73
(1) IEP운영위원회 _ 73 (2) IEP 팀 _ 75 (3) 아동과 부모의 비전 _ 78
2) IEP의 고려 요소 ····· 79
(1) 부적응행동 _ 79 (2) 보조공학 _ 79 (3) 청각장애 _ 80
(4) 시각장애 _ 80 (5) 직업교육 _ 80
3) IEP 구안 ····· 81
(1) 최소제한환경 _ 81 (2) 현재의 교육적 수행수준 _ 83
(3) 연간목표와 단기목표 _ 86 (4) 점검·수정 전략 _ 88
4) IEP 운영 ····· 88
5. IEP의 예(B초등학교) ····· 90
6. 관련 서식 ····· 97

제 4 장 현장 특수교육 연구

1. 현장 특수교육 연구의 의의 ····· 111
2. 현장 특수교육 연구의 개념 ····· 113
1) 현장 특수교육 연구의 단계 ····· 114
2) 현장 특수교육 연구의 목적 ····· 114
3) 현장 특수교육 연구의 과정 ····· 115
3. 현장 특수교육 연구의 실제 ····· 116
1) 연구주제의 선정 ····· 117
2) 서 론 ····· 118
3) 관련 이론 탐색 및 선행연구 분석 ····· 120
4) 연구의 방법 및 절차 ····· 122
5) 연구의 실행: 실천목표(가설) 및 실천과제 ····· 123

6) 연구결과의 검증 ········· 123
7) 연구결과 및 논의 ········· 124
8) 요약 및 결론 ········· 125
9) 첨부물 ········· 126
10) 참고문헌과 주석 ········· 126
11) 기타 문장의 표현과 문체 ········· 127
(1) 문장의 표현 _ 127 (2) 논문의 문체 _ 128

4. 현장연구를 위한 고려 사항 ········· 131
1) 일상적인 수업의 개선에 실질적인 도움이 되는 주제의 선정 ········· 131
2) 연구과정에서 수집된 자료의 다목적 활용 ········· 131
3) 협동적 연구의 활성화 ········· 132
4) 현장교육 연구의 일반화를 저해하는 요인 고려 ········· 132
5) 특수교육 연구에서 질적 연구의 필요성 ········· 133
6) 기타 유의사항 ········· 134

제 2 부 교원행정 교직실무

제 5 장 학사관리

1. 출결관리 ········· 137
2. 학교생활(건강)기록부 관리 ········· 141
3. 학교폭력 예방 및 대책 ········· 147
4. 생활지도 ········· 153
5. 성희롱 예방 및 대책 ········· 155

제 6 장 교원 복무 및 인사

1. 교원의 신분 ······ 163
2. 출장 및 수당 ······ 166
3. 교원의 휴가 ······ 171
4. 교원의 휴직 ······ 180
5. 교원의 경력 평정 ······ 194
6. 교원의 연수 평정 ······ 198
7. 교육공무원 가산점 평정 ······ 205

제 7 장 학교회계 및 감사

1. 학교회계 ······ 213
2. 학교 감사 ······ 218
3. 공문서 관리 ······ 229
4. 물품 관리 ······ 233

제 8 장 학교 내규 및 학급 경영

1. 학교 내규 ······ 239
2. 학급경영 ······ 247
3. 학교 의식 행사 ······ 255
4. 위기관리 ······ 256

부 록 ······ 257

[부록 1] 장애인 등에 대한 특수교육법 _ 259
[부록 2] 장애인 등에 대한 특수교육법 시행령 _ 271
[부록 3] 장애인 등에 대한 특수교육법 시행규칙 _ 281

참고문헌 ······ 295

제 1 부

초등특수교직실무

학교현장 교직실무

제1장 교육실습의 실제

제2장 특수학급 경영 관리

제3장 개별화교육 계획

제4장 현장 특수교육 연구

제 1 장 교육실습의 실제

1 교육실습의 개요

1) 교육실습의 의의

교육실습(教育實習)이란 초·중등학교 교사 자격증 취득을 위하여 사범대학, 교육대학 및 일반대학에서 교직과정을 이수한 학생들이 일정 기간 동안 실제로 근무하게 될 학교현장에서 수행하는 연습을 말한다. 대체로 사범대학이나 혹은 일반대학에서 교직과정을 이수하는 경우 인문계·전문계 중등학교에서, 교육대학교의 학생들은 초등학교에서 법령이 정한 일정 기간 동안 실습을 하게 된다.

교육실습은 전문성 신장을 위하여 교육현장을 경험하고 실무를 익히는 과정(process)으로 반드시 이수해야 하는 과정(curriculum)의 일부라고 볼 수 있다. 교육실습은 대학에서 실행하기 어려운 수업이나 학생지도, 학급운영, 행사 등 교사로서의 다양한 경험을 하고 이런 경험을 통해서 현장에 대한 이해와 유능한 교사로서의 역할을 자리매김할 수 있는 것이다. 다시 말하면 교육실습이란 교생이 교원양성 대학(교육대학, 사범대학, 교원대학 혹은 교직과정이 설치된 일반대학 등)에서 배운 전문적인 전공 지식이나 이론을 교육현장에 적용해 보는 과정이라고 할 수 있다. 그러나 단지 전문지식이나 이론은 현장에 적용해 보는데 그치는 것이 아니라 교육현장에 적용해 보는 과정에서 발생하는 여러 가지 문제점들을 발견하여 이를 개선하고 부족한 부분들은 자기개발을 통하여 전문적인 교사로서의 자질을 다듬어 가는 데 교육실습의 의의가 있다. 단기간의 실습과정을 통하여 많은 경험과 전문적인 교사로서의 소영을 쌓기는 어렵다. 그러나 4주간의 실습과정을 통하여 완전한 교사는 될 수 없더라도 예비교사로서 부족한 부분들을 찾아 개선하고 발전시킬 수 있다면 교육실습은 성공적이라고 할 수 있다. 이처럼 교육실습을 통해 현장을 좀 더 종합적으로 이해하고, 자신들의 발전적인 변화를 스스로 느끼면서 교육실습 이전보다 성숙한 교사로 한걸음 발전한다.

이상 실습의 의의를 종합 정리하여 제시하면 다음과 같다.

- 특수교사로서 자신의 능력과 자질을 평가할 수 있는 기회를 제공한다.
- 행정, 학급운영, 사무에 대한 역할을 경험한다.
- 다양한 교수-학습방법 및 다양한 자료의 사용을 경험할 수 있다.
- 특수교사로서의 교육관을 가질 수 있다.
- 교육현장에서의 구체적인 교육경험을 통해 교직에 대한 태도와 가치관을 확립하게 하고 학문적 연구를 심화하기 위한 과정이다.
- 교원양성 대학에서 배운 전문적인 지식이나 이론을 교육현장에 적용해 보는 과정이며, 나아가 이를 통하여 자신의 강·약점을 발견하고 전문적인 교사로서의 자질을 다듬어 가는 과정이다.
- 장차 교사가 되려는 학생들이 대학에서 익힌 교직에 관한 전문적인 지식과 이론을 교육현장에서 실천해 보는 과정으로서 전체 교육과정의 총화인 동시에 교직 경험 과정이다.
- 교육의 이론과 실천과의 관계를 터득하며 이론만 가지고는 해결하기 어려운 교육활동의 여러 상황에 대한 해결능력을 함양하는 과정이다.
- 학생의 입장이 아닌 교사의 입장에서 학생들을 경험하며, 교사의 역할, 학생들과 교사의 관계, 학교생활에 대한 전반적인 이해를 도모하는 과정이다. 이러한 경험을 통하여 자신이 앞으로 교사가 될 수 있을 것인가 판단하게 되는 경우가 많다. 교사에 뜻이 없던 학생도 실습을 다녀온 후에 교사가 되어야겠다는 생각을 하게 되는 경우도 있으며, 이와는 반대로 교직을 희망하던 학생이 교육현장 실습 경험을 통하여 교사의 길을 포기하는 경우도 있다.
- 예비교사로서 자신이 좋은 교사가 될 수 있는지를 스스로 평가해 볼 수 있으며, 자신의 교직관에 대하여 반성해 볼 수 있도록 하는 경험과정이다.

2) 교육실습의 목적

교원양성기관에 재학하고 있는 학생들이 학교에서 배운 교육이론을 현장에 적용하여 이를 연구, 심화시켜 교육 기술을 연마, 체득함은 물론 교육자로서 자신을 올바로 이해하고 교직자로서 전문적인 자질을 함양시키는 데 목적이 있다. 교육현장 실습은 궁극적으로 훌륭한 교사, 이상적인 교사 양성을 위한 자질을 함양하는 데 그 목적이 있고, 법령상으로는 교사자격증을 획득하기 위한 하나의 과정이지만 실질적인 목표는 대학에서 익힌 교양과 교육이론을 실제 교육현장에서 실천해 봄으로써 교사로서의 적성 여부를 재확인함과 동시에 교직의 전문성을 이해시키고자 한다.

교직과정을 통하여 배운 여러 가지 교육이론을 실제상황에 적용하면서 나타나는 현상과 문제점을 파악하고 인식하게 한다. 이론과 실제 사이에서 필연적으로 나타나는 괴리현상은 이론이 도출된 상황조건과 실제 교육현장의 조건이 다르기 때문에 발생하기도 한다. 교육실습은 대학에서 배운 이론과 원리를 교육현장에서 적절하게 구성해 활용할 줄 아는 융통성과 창의성을 지닌 교사를 양성하는 데 목적이 있다. 대학에서 익힌 지식과 기술을 통합적으로 재구성하여 교육활동 전반에 걸쳐 활용할 수 있는 능력을 갖게 한다. 교육활동은 의도적이고 계획적으로 수행되지만 때로는 무의도적인 것이 커다란 교육적 영향력을 행사할 수도 있다. 교육실습을 통해 교육활동의 통합적인 능력의 중요성을 인식시키도록 한다.

실습을 통하여 자신이 가지고 있는 교육자로서의 소질과 소양을 재검토하여 진로선택에 대하여 다시 한 번 생각할 기회를 갖게 한다. 실습과정 동안 어떤 학생들은 교직에 대한 매력을 한층 강화받는 경우가 있는가 하면, 혹은 자신이 교사로서의 적성이나 자질이 없음을 발견하기도 한다. 교육실습은 자신이 교사로서 적합한지 살펴보고 교직에 보람과 긍지를 가지고 종사할 수 있겠는가를 진지하게 반성해 볼 기회를 제공해 준다. 교육실습은 예비교사들에게 교사로서의 개인적·전문적 자질을 형성하도록 도와주는 기초과정이다. 또한 교육실습은 장차 교사가 되기를 희망하는 학생들이 현장교사의 도움을 받아 활동을 계획하고 실행해 보며 운영과 교사의 역할을 경험해 보는 필수과정이다. 또한 교육실습의 목적은 궁극적으로는 훌륭한 특수교사, 이상적인 특수교사를 만드는 것이다. 또한 전문적인 지식을 기반으로 해서 실제 교육현장에서 실천을 통하여 교사로서의 적성 여부를 재확인함과 동시에 교직의 전문성을 이해시키는 데 있다.

교육실습은 우리나라뿐 아니라 외국에서도 교원양성의 중요한 부분으로 인식되고 있다. 교육실습이 교원양성의 중요한 과정으로 인식되는 이유는 대학에서 이루어지는 교육과는 다른 여러 가지 특성 때문이다. 이론중심으로 각 교과목들이 분리되어 있는 대학교육과는 달리 이론과 실제가 통합 운영되고 있기 때문이다, 교원양성 대학들은 각기 나름대로의 교육실습 목적에 근거하여 교육실습을 수행하고 있다. 일부 대학의 교육실습의 목적을 살펴보면 다음 표와 같다.

〈표 2-1〉 한·미 대학별 교육실습의 목적

대 학	실습 목적
한국 A대학	• 교직관 및 교직 이해력 증진 • 지식과 기술 습득 • 수업계획과 수업기술 함양 • 학습지도, 생활지도, 학급경영능력 신장 • 학급경영 및 조직의 일원으로 역할
한국 B대학	• 이론과 실제 연결 • 교육내용 및 아동 이해 • 교육관 정립 • 직업적 소양과 전문직 기술 익힘 • 교사자질 검증 • 현장교육의 실제를 배움
미국 C대학	• 학교와 지역사회의 관계에 대한 견해 발전 • 교수 및 학습과 관련 교육의 원리 발전 • 교수기술 발전 • 전문적 교사 발달 • 가족 지원 • 테크놀로지 실행
미국 D대학	• 교수구성과 계획 • 환경구성과 유지 • 교수실행 • 학습결과의 평가와 의사소통 • 교수-학습의 반성과 평가 • 동료, 부모 등과의 협력

이와 같이 교육실습의 궁극적인 목적은 훌륭한 교사, 즉 이상적이고 참다운 교사를 만드는 것이라 할 수 있다. 학교에서 공부한 전문적인 지식이나 교육이론들을 현장에 적용하여 이를 심화시켜 교육기술을 연마, 체득함은 물론 교육자로서 자신을 올바로 이해하고 교직자로서 전문적인 자질, 품성, 현장 적용능력을 함양시키는 데 목적이 있다. 교육실습의 목적을 구체적으로 제시해 보면 다음과 같다.

- 학급 경영에 대한 경험을 쌓는다.
- 교직자로서의 품성과 자질을 함양한다.
- 생활지도와 학부모 상담에 대한 경험을 쌓는다.
- 자신의 적성과 능력을 평가하는 기회를 갖는다.
- 학교 교육과정을 이해하고 실천할 수 있는 경험을 쌓는다.
- 교사 간에 좋은 인간관계를 형성할 수 있는 경험을 쌓는다.
- 교육활동을 직접 수행함으로써 교직자로서의 지도능력을 연마한다.
- 학습지도에 직접 참여함으로써 효과적인 교수-학습지도 방법을 습득한다.
- 교육활동의 현장을 직접 체험함으로써 교직에 대한 관심과 이해를 깊게 한다.
- 교육 현장의 여러 활동에 참가함으로써 교직생활의 실제적인 경험을 습득한다.

3) 교육실습의 필요성

특수교사가 되기 전 실습생들이 교양기초, 전공과 관련된 과목 등을 통해 철저하게 준비가 되었다 하더라도 교육실습에서의 다양한 성공 경험이나 만족이 없이는 특수교사로서의 어려움이 있다. 현장실습을 통해 예비 특수교사들은,

- 이론을 적용해 볼 수 있는 기회를 가질 수 있으며,
- 교수-학습방법에 대한 새로운 지식과 기술을 배우며,
- 특수교사로서의 역할을 배우며,
- 특수교사로서의 적성 여부 파악할 수 있다.

이 모든 것을 토대로 자신이 전문가적인 신념을 형성·변화·발전시키며 습득한 지식과 현장경험을 근거로 특수교사가 직면한 특정한 문제들을 최선의 방향으로 해결할 수 있는 경험들을 창조해 낼 수 있다. 다시 말하면 실습생들에게

실제 현장에서 학생들을 관찰하고 가르치는 경험을 주는 교육실습은 실천적 지식을 형성할 수 있는 기회를 제공한다. 그러므로 체계적으로 잘 조직된 교육실습은 교사들이 실제 교수 상황에서 이론을 적절히 적용하며 반성적 사고를 하면서 최선의 의사결정을 할 수 있도록 하는 데 도움을 줄 수 있다. 또한 교육실습은 교사를 양성하는 직전 교육과정에서는 없어서는 안 될 중요한 요소로 인식되어 왔으며, 실제로 교육실습이 예비교사들의 성장과 발달에 중요한 영향을 미치는 것이다.

2 교육실습의 자세

무릇 가르치는 자는 자신이 가르치는 분야에 대한 전문적이고 해박한 지식을 지니고 있어야 한다. 능수능란한 학습지도야말로 교사가 지녀야 할 가장 중요한 자질 중의 하나임은 당연하다. 가르치는 교사 자신도 내용을 잘 이해하지 못하고 수업에 임하게 된다면 배우는 학생들 또한 당황하며 교과 자체에 대한 흥미마저 잃게 만든다. 교육실습생들은 자신이 담당하게 될 교과목에 대한 철저한 분석을 통하여 효과적이고 능률적으로 내용을 전달할 수 있어야 한다. 교사는 전문적 자질로서 전공에 대한 해박한 지식뿐만 아니라 교사로서의 사명감과 성실성을 함께 지니고 있어야 한다. 교육실습생은 예비교사로서의 열성과 적극성을 지니고 가르침이라는 활동이 갖는 숭고함과 그 가치를 깨닫고 성실하게 실습에 임해야 한다. 비록 짧은 교육실습기간이라 할지라도 학생들은 교육실습생을 통하여 많은 것을 느끼고 배우게 된다. 현장의 교사들을 통하여 많은 것들을 체득하게 되며 그 자신 역시 가르치는 자로서의 모델링 역할을 수행해야 한다.

교육의 또 다른 이름은 만남이다. 교육실습생은 실습기간을 통하여 많은 교사들과 학생들을 만나게 된다. 가르치는 자로서 학습자들에 대한 애정과 인간애를 갖추고 있을 때 교육은 발현될 수 있다. 학생 한 명 한 명에 대하여 무한한 애정과 신뢰를 갖고 대하여야 하며, 교사를 비롯한 학교 구성원들과의 바람직한 인간관계를 형성해 나가야 한다. 이를 위해서는 의사소통 기술을 비롯한 적절한 사회적 기술이 필수적이다. 효과적인 교육실습을 위해서 교육실습생들은 실습을 나가는 학교 및 학생들에 대한 기본정보를 갖추고 있어야 한다. 이러한 과정을 통하여 좀 더 편안한 마음으로 빠른 시간 내에 실습학교의 환경에 적응할 수 있다. 실습학교가 정해지고 나면 전국의 초중등 학교의 정보를 제공하고 있는 [학교알리미] 사이트를 이용하여 당해 연도 교육계획서를 검토해 보는 것이 바람직하다. 정보공시를 통하여 각급 초·중등학교에서 제공하고 있는 학교교육계획서(혹은 교육과정계획서)는 학교의 특성, 학생의 특성, 학교의 조직과 체계를 상세히 제공하고 있다. 이 절에서는 훌륭한 교육실습을 하기 위해 실습생이 준비해야 할 내용과, 학교에서 준비해야 할 내용들에 대해 자세히 살펴보고자 한다.

1) 실습생의 준비

교육실습에 임하는 실습생이 충분한 실습목적을 달성하기 위해서는 올바른 마음가짐과 철저히 자기점검을 해야 한다. 특수학생의 발달이 개별적이고, 환경에 영향을 많이 받으며, 주위 사람들에게도 민감하게 반응해야 함으로 교사의 행동, 제스처, 언어 등에도 민감하게 반응하고 모델링(Modeling)을 잘 한다고 한다. 그러므로 교육실습에 임하는 실습생은 교육적으로 바람직한 환경을 제공할 수 있도록 교육실습이 이루어지기 전에 철저한 자기점검을 해야 한다.

(1) 자신에 대한 준비

실습생은 교육실습에 임하기 전에 자기 자신의 신체적·성격적·지적 성숙 정도는 물론 현재 교육활동을 수행해 낼 수 있는 능력에 대한 냉정하고도 객관적인 분석을 해야 한다.

교육실습생이 갖추어야 할 건전한 성격 특성은 다음과 같다.

- 교육활동에 대한 확고한 신념과 미래지향적 사고
- 자기 자신의 통제능력과 감정조절 능력 강화
- 자신에 대한 올바른 지각과 대인관계 기술 연마
- 긍정적인 사고와 정서적 심미감 강화

이러한 입장에서 교사로서의 마음가짐을 다음과 같이 요약할 수 있다.

① 기본 마음가짐

- 명랑하고 즐겁게 사람을 대한다.
- 용모를 단정히 하고 바른 자세를 지녀야 한다.

- 지적·정서적으로 안정되고 균형이 있어야 한다.
- 성실함과 책임감을 지녀야 한다.
- 진취적이고 능동적인 자세를 지녀야 한다.
- 자신의 책임을 곧 수행해야 하며 또 즐겁게 임해야 한다.
- 타인의 제안을 존중해야 한다.

② 언어적 기술

- 명확하고 부드러운 음성과 적절한 억양을 사용한다.
- 화제 내용의 전후 연결이 정확하고 자연스러워야 한다.
- 표준말을 사용해야 한다.
- 낱말 하나 하나가 명확해야 한다.

③ 어휘의 사용

- 자연스럽게 말해야 한다.
- 좋은 관용구를 사용해야 한다.
- 알맞은 말과 좋은 말을 써야 한다,
- 철자법이 정확해야 한다.

④ 사회기술

- 원만한 대인관계를 유지해야 한다.
- 문화, 음악, 예술을 잘 이해하고, 감상할 줄 알아야 한다.
- 다양한 독서로 폭 넓은 지식을 가져야 한다.

⑤ 윤리적 태도

- 정직하며 성실해야 한다.
- 자기 자신을 통제하는 데 보다 높은 수준에 있어야 한다.
- 정직하게 노력하는 것을 존중하며 타인에게도 용기를 주어야 한다.
- 자기 자신의 임무와 태도를 스스로 평가·반성해야 한다.
- 보다 높은 이상 실현을 위하여 지속적으로 노력해야 한다.

⑥ 신체적·정신적 건강

- 건전한 습관과 태도들 가져야 한다.

- 정서적·정신적으로 건전한 생활을 도모해야 한다.
- 사람들에게 건전한 영향을 주어야 한다,

⑦ 학습지도를 위한 준비
- 학습지도 준비를 철저히 해야 한다.
- 학습과 관계있는 개별 학생의 요구를 알아야 한다.
- 학생들의 여러 가지 요구에 대하여 알맞은 방법이 어떤 것인지를 알아야 한다.
- 다양한 학습지도 방법을 알아야 한다.
- 여러 활동 영역과 그 영역이 지닌 특수 내용을 잘 알아야 한다.
- 학습지도의 준비계획, 학습내용, 활동, 그리고 시청각 자료에 대하여 자세히 알아야 한다.

(2) 실습을 위한 구체적인 계획과 준비

첫째, 교육실습에 대한 목적의식을 분명히 한다. "왜 교육실습을 하게 되며, 무엇을 배울 것이며, 어떻게 할 것인가"에 대한 명확한 문제의식을 갖는다. 둘째, 교육실습 시에 필요한 서류와 준비물을 점검한다(실습일지, 실습생 신상조사서, 필기도구, 파일, 명찰, 도장, 실내화, 활동복 등). 셋째, 교육실습 전에 실습기관을 사전에 방문하여 실습기관에 대한 현황 및 실태 등을 파악한다(실습지와 자택과의 거리, 교통편, 실습기관 측의 교육실습 지침, 하루 일과, 특별활동 등). 넷째, 동일한 학교에 배정된 실습생끼리 구체적인 교육실습 활동을 의논하고 준비한다. 다섯째, 교육실습 활동에 대한 조직적이고 체계적인 계획을 세운다. 여섯째, 교육실습 전에 학습내용을 총 점검·정리하여 실습활동에 대비한다. 일곱째, 교육실습에 관한 지침서나 계획서 등을 읽고 선배나 동료들과 의견을 나누어 구체적인 계획을 세운다(먼저 실습한 동료나 선배들의 조언을 듣고 구체적인 계획을 세워 본다).

이 외에도 실습생은,
- 특수학생에 대한 신체적·생리적·심리적·사회적 발달과 요구를 잘 이해해야 한다.
- 시설의 설립목적, 연혁, 시설종사자들의 역할, 주간활동 등 실습할 학교에 대한 명확한 이해가 있어야 한다.
- 실습생은 늘 열린 마음으로 모든 문제를 지도교사와 논의하고 조언을 구

하여 지도교사와 늘 협력적인 관계를 맺어야 한다.

- 실습생은 학교에 대한 정보나 실습하고 있는 내용, 힘든 점, 협조를 구할 것 등을 수시로 실습지도 교수에게 제공하는 것이 좋다.
- 실습생은 지역사회는 교육의 장일 뿐 아니라 실제로 학교에 영향을 미치고 있으므로 그 지역사회에 대한 바른 이해를 하고 있어야 한다.

2) 사전방문 및 실습지 근무요령

(1) 사전방문

교육실습이 이루어지기 전 실습생은 자신이 실습하게 될 교육시설을 미리 방문하여 학교장으로부터 실습 전 오리엔테이션을 받고 시설종사자들과 인사를 나누는 것이 좋다. 시설방문은 실습 전 2~3일 사이가 좋으며, 교육시설의 일정에 맞추어 행사들로 분주하지 않은 날로 택해야 하며 학교장이 있을 때 방문하는 것이 좋다. 방문하기 전 전화나 서신으로 미리 예고를 해두어 사전 허락을 받는 것이 좋다. 학교를 방문하여 다음의 내용들을 미리 파악해 두는 것이 실습에 많은 도움이 된다.

- 학교의 위치와 교통편
- 교장, 교감, 지도교사, 시설종사자의 이름과 역할
- 학급별·연령별, 성별 학생의 수
- 학급의 이름과 학생 명단
- 단원활동의 내용
- 건물 배치도 및 교실 평면도

(2) 실습생의 근무지침

① 근무요령

- 실습 실시 전에 해당 기관을 방문하여 사전지도를 받는다.
- 실습생은 무단으로 결근, 조퇴, 외출, 지각을 해서는 안되며, 불가피한 경우 사전에 지도교사에게 양해를 구해 정식 서류를 제출한다(예 결근계 등).
- 출근은 지도교사의 출근시간 20~30분 전에 하며, 출근 즉시 출근부에 날인하고, 환경 정비, 교수학습 활동 준비에 임한다.
- 퇴근은 지도교사가 전원 퇴근한 20~30분 후에 한다.

- 제반 근무요령은 시설의 근무지침에 따른다.
- 실습학교의 교육방침을 이해하고, 적극적으로 협력해야 한다.
- 실습일지는 매일 매일 기록하여 지도교사에게 제출한다.
- 실습기관의 제반 연구 과제를 종합하여 보고서를 작성, 제출하도록 한다.
- 사무 처리는 지도교사의 지도를 받아 정확하고 깨끗하게 처리하도록 한다.
- 실습생 상호간은 서로 존경하고 협력하여 실습의 성과를 최대한 거두도록 노력한다.
- 실습생과 실습생, 실습생과 원아, 실습생과 지도교사 간에는 표준말과 존댓말을 사용한다.
- 실습생은 항상 배운다는 자세로 원장 및 지도교사의 지도를 성실하게 받아들이도록 한다.
- 자기가 담당한 일이나 학생과의 약속은 신속하고 정확하게 지켜야 한다.
- 가능한 한 실습생은 현직교사처럼 단정한 복장을 하여야 한다.
- 짙은 화장, 매니큐어 등은 하지 않는다.
- 적당한 비상금을 소지한다.

② 학생과의 관계

- 교육적인 학생과의 관계를 유지하고, 특정한 학생에 대한 편견이나 가정방문 등은 허용되지 않는다.
- 어떤 이유에서든 학생에게 체벌을 가해서는 안 된다. 체벌 이외의 어떤 벌도 지도교사와 상의하여야 한다.
- 학생들의 개인 차이를 인정할 줄 알아야 한다.
- 학생생활 지도 문제는 지도교사와 상의해야 한다.
- 특수학생을 지도할 때에는 사랑으로 대하고, 학생의 개성을 존중해야 한다.

(3) 유의점

교육실습은 3~4년간의 교사양성 과정에서 가장 중요하고도 종합적인 활동으로서 스스로의 교사로서의 자질과 가능성을 검증하고 이를 확인하는 과정이며, 소속 대학의 학생으로서는 그 대학을 대표하는 교육실습생으로서 대학교육의 수준과 질을 나타내는 지표가 되기도 한다. 따라서 교육실습생은 실습학교의 학생들과 교직원들에게 교사로서 올바른 품성과 지성, 모범이 되어야 한다. 따라서 교육실습생은 실습학교의 교직원에게 항상 배우는 자세로 예의를 갖추고, 학생들에게는 가르치는 자로서의 책임과 의무를 다하면서 다음의 사항에 유의하여야 한다.

- 흡연은 절대 삼간다.
- 성실하고 적극적인 자세로 교육실습에 임한다.
- 실습생의 복장, 언행, 태도는 모범이 되어야 한다.
- 작은 일이라도 자기가 맡은 일은 충실히 수행한다.
- 실습기간 중 제출하는 과제는 기일 내 제출하여야 한다.
- 실습기간 중 문제가 발생하면 지도교사와 먼저 상의한다.
- 배우는 사람의 입장에서 지도교사의 지도를 충실히 받도록 한다.
- 실습생 상호간에 서로 존중하는 태도를 갖추고 경어를 쓰도록 한다.
- 실습학교의 교육방침을 이해하고 적극적으로 협력하는 태도를 가진다.
- 부득이 결근, 지각, 조퇴, 외출 등을 해야 하는 경우 소정의 절차를 지킨다.
- 실습기간 중 출퇴근 시간을 엄수하고 학교생활은 실습학교의 규정을 따른다.
- 학생들과 친밀한 관계를 유지하는 것은 좋으나 교사로서의 품위를 잃어서는 안 된다.

3 교육실습의 과정

1) 교육실습의 유형

교육실습은 시기에 따라 사전실습, 정규실습, 사후실습으로 구분할 수 있다. 대부분의 대학에서는 교육실습으로 4주 정도의 정규실습으로 학사를 운영해 왔지만, 현장경험이 없는 실습생들이 4주의 정규실습을 통해 교사가 된다는 것은 불가능하다. 이런 어려움을 해소하기 위해 양성대학에서는 사전·사후실습을 운영하고 있다.

- 사전실습은 정규실습 이전에 일정 기간 또는 각 교과목에서 이루어질 수 있다. 실습생들은 학생들을 관찰하고 교사의 지도성을 관찰할 수 있으며 보조교사로서의 역할을 수행할 수 있다. 교육생의 사전실습 장점을 살펴

보면 다음과 같다. 첫째, 교육기관 학교를 관찰하고 학생들의 발달적 특성과 개인 차이를 발견할 수 있다. 둘째, 담임교사의 역할을 이해할 수 있다. 셋째, 수업에 대한 활동을 적용해 볼 수 있는 기회가 주어진다. 넷째, 정규실습을 체계적으로 준비할 수 있다.

- 정규실습은 현장의 경험을 통해 교사로서의 역할과 자세를 배우게 된다. 또한 교육부에서 발급하는 교사자격증 취득을 위해 꼭 이수해야 하는 과정으로 교원양성 대학에서는 4주 정도의 정규실습을 실행하고 있다. 정규실습은 참관수업, 부분수업, 연결수업, 연구수업 등으로 구분할 수 있다.
- 사후실습은 정규실습 이후에 이루어지는 실습으로 학교 당국과 교육실습생 의사에 따라 자율적으로 진행된다. 사후실습은 학교의 행사를 돕거나 보조교사로서의 수업에 참여할 수 있고 환경구성 및 교수-자료를 제작할 수 있다.

2) 교육실습의 단계

교육실습의 구체적인 내용은 학교와 학급 실정에 따라 조금씩 다를 수 있지만, 크게 관찰, 참여, 수업활동 등 세 가지로 나누어 볼 수 있다.

(1) 관찰활동

교육실습에서의 관찰활동은 실습의 준비과정, 기초과정인 동시에 교육실습이 끝날 때까지 지속되는 과정으로서 주로 교육실습이 시작되고 나서 1주일간에 집중적으로 행해진다. 교육실습생은 교육실습 중의 관찰활동을 통해서 학교나 학급 그리고 학생들의 행동특성과 문제행동 등 제반 현황을 파악하고 주시하여야 한다. 이러한 관찰활동은 실습학교의 교육활동 전반을 이해하기 위한 일종의 자료수집 활동이라고 할 수 있다. 관찰활동의 대상 및 내용을 제시해 보면 다음과 같다.

① 학교/학급 환경에 대한 관찰

- 학교의 설립 배경과 건학이념
- 학교의 교훈과 학교경영의 방침
- 학급 수, 학생 수, 교직원 수 등의 학교 규모
- 학교 건물과 부속건물 및 관련 시설

- 교실 내부의 환경
- 학급 분위기(급훈, 학생 수 등)

② 학생에 대한 관찰

- 학생의 교내 활동(등·하교 및 휴식시간, 각종 특별활동 등의 활동)
- 학생의 교외 활동(소풍, 체험학습, 기타 단체활동 등)
- 학생의 교실 내 활동(점심시간, 쉬는 시간, 청소시간 등)
- 출결사항, 용의 및 복장, 학습태도 등
- 신체발달 상황(생활기록부, 건강기록부, 병명 등)
- 학생의 가정환경(가족관계 등)
- 문제행동 및 학생 행동특성(공격성, 자해행동 및 학생의 개인별 행동특성 등)
- 건강문제(간질 등)

③ 교수학습 활동에 대한 관찰

- 교과과정의 편성과 운영실태
- 학습지도 연간계획 및 학습지도안
- 평가계획 및 실시사항
- 학습지도의 준비과정(교재 연구, 자료 제작, 지도안 작성 등)
- 시청각 자료, 교구 및 기타 자료의 활용 방안
- 교재와 실험실습 기자재의 실태
- 학습지도 방법과 학생들의 수업 참여 실태
- 학습활동에 대한 주의 집중 및 수업태도
- 학습활동 중 문제행동 및 자리 이탈에 대한 대처 방법

④ 학교 및 학급 운영에 대한 관찰

- 교직원의 수와 조직(교과, 학급, 담당 업무 등)
- 교직원의 특성(성별, 연령, 경력, 특기사항 등)
- 교직원의 근무자세(출퇴근, 업무처리, 근무태도 등)
- 교직원의 일상생활(용의, 언어, 대인관계, 관심사항, 취미, 여가생활 등)
- 공문서 처리 및 관리 사항
- 각종 행사계획 및 지역사회와의 관계

- 학교운영위원회 조직과 운영실태
- 학급내의 급훈, 운영 방침
- 보건, 위생의 관리(청결 등)
- 학급 비품의 점검 및 관리
- 학급 업무에 관한 장부 및 기록 상태

(2) 참여활동

교육실습에서의 참여는 현직에 있는 교사와 같이 모든 교육활동을 주체로서 또는 보조자로서 수행해 나가는 체험의 과정을 의미한다. 학급담임 또는 교과담임 교사로서, 혹은 그 보조자의 위치에서 수행하는 학습지도 활동을 비롯한 생활지도, 특별활동지도, 식사지도, 학급경영, 사무분장에 따른 활동 등은 모두 참여활동에 해당된다. 즉, 참여활동은 교육실습생으로 하여금 교사의 활동을 직접 수행하게 함으로써 학교교육에 관련된 여러 현상을 바르게 이해하게 하는 것을 목적으로 한다. 참여활동의 대표적인 내용을 살펴보면 다음과 같다.

① 교사의 역할과 활동에 대한 참여

- 수업설계에 대한 제반 활동(학습지도안 작성, 교재 연구, 재료 제작 등)
- 수업 및 학습지도의 활동
- 학생, 학부모와의 상담
- 특별활동, 학교행사 등에 참가
- 담임교사로서의 업무수행(출석부, 생활기록부, 건강기록부 등의 작성)
- 문제행동 지도 및 중재
- 식사지도 및 생활지도
- 등·하교 지도

② 교사의 보조자로서의 참여

- 학습자료, 교재·교구 등을 제작하거나 정비하는 일
- 출결석, 건강상태 등의 사항을 기록하는 일
- 학교행사나 학급행사를 돕거나 준비하는 일
- 교사를 대신하여 학생들의 생활지도를 하는 일
- 점심시간에 식사지도를 돕거나 지도하는 일

(3) 수업활동

교육실습 중 교육실습생이 수행하는 내용은 일일이 열거할 수 없을 정도로 많지만, 그 중에서도 가장 중요한 것은 교과지도 활동 특히 수업활동이다. 교육실습은 대학에서 습득한 교육이론을 학교현장에서 적용해 보는 것인데, 교육실습생들이 가장 어려워하고 힘들어 하는 것이 바로 수업활동 및 수업연구라 할 수 있다. 수업활동 및 수업 연구를 통하여 교육실습생이 얻게 되는 수업기술이나 수업능력을 제시해 보면 다음과 같다.

- 교과과정에 대한 기본적인 이해
- 수업설계(교재 연구, 지도안 작성, 학습자료, 수업매체 제작) 능력의 함양
- 적절한 평가의 실시와 그 결과의 처리능력 향상
- 학습지도 능력 향상
- 수업전개 방법 습득

3) 교육실습의 내용

❑ 교육실습의 내용 개요

비록 학교급별이 다르긴 해도 교육실습을 통하여 수행하게 되는 실습의 주요 내용과 절차는 거의 동일하다. 대체로 참관단계에는 관찰실습을, 참가단계에서는 참여실습을 그리고 실습단계를 통해 학습지도 실습, 생활지도 실습, 학급경영 실습, 업무분장에 따른 업무실습 등을 수행하게 된다. 마지막으로 교육실습의 전 과정을 평가하는 평가단계가 있다. 학교에서 실습생들에게 배부해 주는 교육실습 일정표를 [실습일지]에 부착해 놓고 자신이 수행할 역할과 관련하여 4주 실습기간 동안의 전체적인 윤곽을 잡아보자.

- ▸ 참관단계란 교직에 대한 각종 업무를 실제로 담당해 보기에 앞서서 현직 교사의 업무 수행과정을 관찰하는 단계를 말한다.
- ▸ 참가단계는 현직 교사와 함께 각종 업무를 공동으로 담당하는 단계를 말한다.
- ▸ 실습단계는 지도교사의 지도 아래 교육실습생이 스스로 업무를 담당해 보는 단계를 말한다.
- ▸ 평가단계는 교육실습의 전 과정을 평가하는 단계를 일컫는다.

❑ 단계 1: 참관단계

(1) 의의와 목적

예비교사의 신분으로 학교, 교사, 아동 및 교육과정의 실태를 직접 관찰하여 교직에 대한 종합적인 안목을 갖게 하고, 자신의 학습계획을 세우는 데 길잡이가 되게 하며, 교직에 대한 인식을 새롭게 다져 교직생활을 효과적으로 대비하게 한다. 참관단계를 통하여 달성하려는 목적은 다음과 같다.

- 실습 학교 및 학급, 학생들의 전체적인 풍토와 분위기를 파악한다.
- 학교의 자연적·물리적 환경과 시설·설비를 알아본다.
- 학급의 환경구성과 교실, 탁자 및 기자재 등의 비치를 확인한다.
- 학생의 개인적 또는 집단적 관심과 욕구를 이해한다.
- 지도교사나 학급담임의 교수방법과 학습경영 방법 및 학생을 지도하는 요령과 방법 및 기술을 관찰한다.
- 수업 진행 과정과 교사-학생 간 및 교사-교사 간의 상호작용 유형과 특성을 이해한다.

(2) 활동내용

교육실습의 첫 단계인 참관은 본격적인 교육실습의 준비단계이다. 이 단계에서 교육실습생은 수업을 포함하여, 학교의 운영과 학급경영, 생활지도, 특별활동지도, 각종 행정업무 처리 및 기타 교사가 수행하는 모든 종류의 업무들을 관찰함으로써 교사로서 수행해야 할 임무의 종류와 그 특성을 이해할 수 있다. 이 시기 동안 교장, 교감, 부장교사들의 학교업무 전반에 걸친 특강이 이어지기도 한다.

(3) 유의사항

- 교육실습생으로서의 관찰은 우연적, 무의도적인 관찰이 아닌 계획적이고 의도적이며 능동적인 관찰이 이루어지도록 노력해야 한다. 교육이 이루어지고 있는 자연상황 그대로의 현장에 참여하여 교사와 학생 및 학생 상호간의 역동적 관계를 관찰해야 한다.
- 참관실습 동안 배정된 학급 담임과 교사들의 학습지도, 생활지도, 학급경영, 교무분장상의 업무처리 등뿐만 아니라 교사 상호간의 인간관계, 학교 행정의 체계와 절차 등에 대해서도 주목해야 한다.
- 교육실습은 실제 현장에서 교사의 역할을 모방하는 역할학습이기 때문에

실제 학교에서 교원이 수행하는 제반 역할에 관한 세심한 관찰을 통해 그것을 실제 수업에 어떻게 반영할 것인가를 늘 염두에 두어야 한다.

- 학급의 분위기나 교무실의 분위기, 학습상황, 교사 상호간, 학생 상호간, 교사와 학생 간의 상호작용 관계 등은 정태적인 것이 아니라, 역동적이고 시간에 따라 변하기 때문에 이와 같은 상황에 대해 통찰력과 민감성이 필요하다.
- 관찰결과의 분석은 원래 관찰의 목적과 관련된 타당성이 있어야 하며 객관적이고 사실적이어야 한다.
- 수업 관찰, 학급 관찰, 업무 관찰 등을 할 경우 방해가 되지 않도록 특히 유념한다.
- 기록은 즉각적으로 하는 것이 바람직하나 그렇게 할 수 없는 경우 나름대로의 방식으로 기록하고 차후에 실습일지 등에 정리하는 것이 좋다.
- 해석은 비판보다는 이론과 원칙에 입각한 원인의 발견에 초점을 맞추어야 한다.

❑ 단계 2: 참가단계

(1) 의의와 목적

참가단계에서는 참관단계에서 체험한 이해를 바탕으로 교사집단의 일원(교사의 보조자)으로서 교육장면에 직접 참가한다. 학교 및 학급의 시설, 학급경영, 교육과정의 구성과 운영, 학습지도의 준비, 교재 및 교구의 종류와 활용방법, 학생들의 실태 등 수업의 운영에 필요한 실상들을 깊이 있게 관찰할 수 있게 된다. 또한 지도교사를 보조함으로써 교사의 역할과 임무 및 수업운영 기술에 관한 실제적 지식을 얻어 수업실습에 대비할 수 있게 된다. 참가단계에서도 참관활동은 계속 이루어지며, 부분적으로는 실습 경험도 갖게 된다. 참가단계를 통하여 달성하려는 목적은 다음과 같다.

- 학교와 학급경영 및 교사가 수행하는 실제를 구체적으로 파악하고 교육실습의 다음 단계인 실제 수업을 준비하는 데 목적이 있다.
- 학급경영에 대한 이해를 증진시키고 학급 담임의 역할을 체험한다.
- 교수-학습의 계획과 수업의 전개 및 평가에 이르는 교육의 구체적 과정에서 교사가 수행할 기능을 익힌다.

- 학생의 학습상황과 학습 이외의 생활세계를 집단적 또는 개별적으로 파악한다.
- 학교의 행사와 행사교육에 대한 의의와 교육적 가치를 발견할 수 있다.
- 교사로서 수행해야 할 직무 수행능력을 습득하고 근무조건을 이해한다.
- 학교와 학부모의 관계 및 학교의 대외관계를 이해한다.

(2) 활동내용

참가단계에서 교생은 어디까지나 교사의 보조자로서 교육활동에 간접적으로 참가한다. 이 단계에서 교육이론의 실제적 적용을 시도하기 위하여 관찰사항을 체험적으로 심화·습득하며, 실습단계에 들어가기 위한 예행적 준비를 하는 실습단계이다. 참가단계에서 교생은 교사를 도와가며 주의 깊은 관찰과 조사를 통해 실습준비를 하기 위하여 학생에 대한 이해를 도모하고 그 외에 학급의 수업활동, 특별활동, 청소, 기타 활동 등의 학급활동, 학교행사, 학교사무, 교직원회의, 연구수업, 그 밖의 교육활동에 참가하고 나아가 학교교육의 배경으로서의 지역사회의 연구, 지역의 사회교육과의 연계, 학생들의 교외활동 등 학교의 지역사회에 대한 활동 등에도 참가하게 된다. 구체적인 참여범위는 실습학교가 초등학교, 중학교 또는 고등학교냐 혹은 학교규모 등에 따라서 차이는 있을 수 있다.

► 학교의 일상적 활동

- 학급경영이나 교과지도를 위한 계획에 필요한 자료의 수집, 정리
- 각종 사무처리의 절차와 서류양식의 이해 및 서류의 작성
- 교육행정정보시스템(NEIS) 등에 대한 이해
- 학급 및 학교에 비치하는 각종 장부의 기입 및 검토
- 학생들에 대한 조력(학생회 활동, 과외활동이나 영역 등 특별프로그램에 참여)
- 공용공간의 이용지도나 시설이나 비품의 관리

► 교과지도나 학습지도

- 교육과정 운영의 연간계획 작성
- 학습지도안의 작성, 교재 연구, 실험실습의 준비, 학습자료의 제작
- 교과협의회, 교육과정운영위원회 등에 참여
- 지도교사와 합의해 수업운영의 특정 영역이나 특정 시간에 일부분 참여해

수업의 능률 증진을 위해 조력하는 일
- 특수재능아의 심화학습이나 장애아의 보충학습의 조력 및 지도
- 시험감독

► 생활지도와 특별활동
- 등·하교 지도(유치원, 초등학교), 교문지도(중등학교)
- 주번근무(지금은 거의 없음)
- 교내 및 교외 생활지도에 대한 교사의 보조역할
- 특별활동의 참가지도(수련회, 소풍, 체험학습, 체육대회 등)
- 개별지도와 상담지도
- 학생과의 의사소통과 친밀한 관계의 형성
- 배식, 급식지도

► 학급경영
- 학급 경영계획의 수립과 학급 경영안의 작성
- 학급환경의 구성, 정리
- 출석, 결석, 조퇴, 외출, 전·출입 상황 등 학생 이동에 관한 사항 점검
- 표준화 검사와 각종 조사의 실시 및 처리
- 학급학생의 안전과 건강 및 복지에 대한 배려와 관리
- 학급 내 교육관계 파악(흔히 sociometry기법을 이용한다)
- 학급의 각종 일지 작성
- 학급의 집단과정(홈룸이나 학급단위의 행사나 활동)에 참여 및 조력
- 조회, 종례의 운영

(3) 유의사항

일반적인 유의사항은 참관단계에서와 동일하다.
- 교육실습생은 어디까지나 보조자로서 역할을 수행한다는 사실을 잊지 말아야 한다.
- 모든 참가활동은 교육실습생 담당 부장교사 혹은 담임교사의 승인 여하에 따라 이루어져야 한다.
- 참가단계의 목적이 본격적인 실습단계에 들어가기 위한 예행 준비를 하

는 단계임을 명심하고 허용되는 범위를 벗어난 과도한 참여는 자제해야 한다.

- 실습생의 판단에 교육활동이라고 판단하기 어려운 업무에 대해서도 보조활동을 해 주기를 요청받는 경우가 있다. 가능한 긍정적으로 수용할 수 있도록 노력해야 한다.

❑ 단계 3: 실습단계

(1) 의의와 목적

실습단계에서 교육실습생은 교사로서 교육활동에 직접 참여하게 된다. 지도교사의 개입 없이 독자적으로 수업지도(학습지도), 학급경영, 생활지도, 업무처리를 수행하게 된다. 교육실습생의 입장에서는 가장 긴장되는 기간일 수 있겠으나 이러한 과정을 통해 예비교사로서 한층 성숙해진 자신의 모습을 발견할 수 있다. 실습단계의 구체적인 목적은 다음과 같다.

► 대학에서 학습한 내용과 참관·참가단계에서의 경험을 바탕으로 교사로서 담당해야 할 실무를 직접 체험해 본다.

► (수업지도) 실제 수업을 독자적으로 책임지고 가르침으로서 교사로서 교과지도와 학습지도에 대한 수행능력을 신장시킨다.

- 실제 수업 및 수업 연구 계획을 수립하는 능력을 기른다.
- 교육과정 전체를 이해하고, 거기에 적절한 학습내용과 방법을 선정하고 조직하는 능력을 기른다.
- 계획에 차질이 없는 수업을 전개하는 능력을 기른다.
- 수업의 진행에 개재되는 여러 변인 상호간의 역동적 관계를 체계적으로 이해한다.
- 학생에 대한 이해와 태도를 심화시킨다.
- 교과교사로서의 자질을 스스로 평가하며, 타인으로부터 평가받는 기회를 갖게 된다.
- 평과의 결과를 거울삼아 교사로서의 자질 함양에 궁극적으로 기여한다.

► (생활지도) 학생생활지도 및 학생상담 능력을 기른다.

► (학급경영) 학급경영의 내용과 기술을 익히며 효과적으로 학급경영을 시도한다.

► (특별활동지도) 특별활동의 내용과 절차를 익히고 직접 지도하는 능력을 배양한다.
► (학교업무 수행) 기타 교사로서 수행하게 되는 직무수행 능력을 습득하고 체험한다.

(2) 활동내용

교육실습에서의 실습단계는 교사처럼 실제로 학생을 지도해 보는 것을 뜻한다. 수업지도, 생활지도, 학급경영, 특별활동지도, 기타 학교 업무의 수행이 주요 활동이다.

(3) 유의사항

실습단계는 교육실습 전체 과정에서 가장 중요한 부분을 차지한다. 교육실습생은 다음과 같은 점에 특히 유념해야 한다.

- 교육실습은 실습생으로서는 배우는 실습이지만 학생에게 있어서는 가르침을 받게 되는 교육임을 명심해야 한다. 교육실습은 실습이면서 동시에 교육활동인 것이다.
- 교육실습에 임하는 실습생은 적당하게 마친다거나 무책임한 자세로 가르쳐서는 안 되며 진실하고 성실한 모습으로 교육활동을 전개해야 한다.
- 교육실습은 가르침을 통해서 가르치는 방법과 요령을 공부하게 되는 것이다. 따라서 교육실습은 교육자로서의 가능성을 검증하게 되는 과정이 된다.
- 제2절에서 제시한 교육실습생의 자세, 교육실습생이 지켜야 할 사항을 항시 유념한다.

❑ 단계 4: 평가단계

(1) 의의와 목적

교육실습 평가는 실제 실습에 임했던 실습생뿐만 아니라 실습생을 담당한 학교와 지도교사의 측면에서도 커다란 의의를 갖는다. 교육실습 평가의 결과는 교생의 실습성적에 반영되어 소정의 학점을 취득하고, 교사자격 취득의 요건을 충족하는 증거자료가 되며, 무엇보다 실습의 평가를 통해 실습생은 교사로서의 기본적 자질과 능력, 실습기간 중 자신이 성취와 보람 및 미비점, 교사로서의 장점과 단점을 확인하여 자기 성장의 기회로 삼을 수 있다. 이 밖에도 학교나 교육실습 담당교사는 교육실습의 성과를 확인하여 정보를 수집해 후배교사를 지도했다는 보람과 긍지를 갖게 되며, 차기 교육실습생 지도계획에 중요한 자료가 되어 실습지도의 수준을 향상시키는 계기가 된다.

(2) 활동내용

평가단계는 교육실습생의 실습활동을 종합적으로 평가하는 단계로서 교육실습에 대한 평가는 실습기간 전 기간을 통해 이루어지는 수시평가와 실습기간 종료 시에 이루어지는 최종평가 및 실습 종료 후 대학에 돌아와서 실시되는 학과별 평가로 구분해 볼 수 있다. 특히 실습기간 종료 시에 실습생은 교육실습 종료와 함께 교육실습일지에 기재된 실습후기를 작성하고, 실습 동안의 활동에 대한 자기평가 체크리스트를 작성함으로써 자기성찰의 기회로 삼아야 한다. 교육실습 종료 시에 이루어지는 평가영역과 기준을 몇 가지 제시하면 다음과 같다.

▸ 교사로서의 일반적 능력이나 기술

- 학생에 대한 개성이나 적성 등을 이해하고 파악해 학습동기를 유발할 수 있다.
- 학생의 생활 문제를 제대로 파악하고 이에 적절히 대응하고 지도, 조언할 수 있다.
- 학생의 진로 문제에 대해 상담하고 조언할 수 있다.
- 교과지도 계획을 상세히 수립할 수 있다.
- 학습지도의 방법이나 기법을 연구, 심화해 다양하고 참신한 수업을 할 수 있다.
- 학급평가를 포함해 학생들의 활동을 적절하게 평가할 수 있다.
- 학급 내에서나 하교 외에서 학생이나 교사들과 좋은 인간관계를 형성하고 유지할 수 있다.
- 학교경영과 학급 경영상의 제반 사무를 적절히 처리할 수 있다.
- 효과적인 의사소통 능력과 문장 표현력이 있다.

▸ 교사로서의 기본적인 태도나 자질

- 교육의 목표를 내면화해 사명의식을 가지고 실천한다.

- 학생의 정신적, 정서적, 신체적 성장·발달에 개별적 관심을 가진다.
- 학생에 대한 신뢰감을 가지고, 학생들을 긍정적이고 수용적으로 대한다.
- 교육상의 문제를 이해하고, 해결하려는 탐구심과 연구적인 노력이 강하다.
- 정서적으로 안정되고 학생 지도에 일관성을 견지한다.
- 교양이 풍부하고 매사에 공정하고 긍정적이며, 의욕적이다.
- 자기의 장점과 단점을 알고. 단점을 고치려고 노력한다.
- 교육에 대한 열의와 교직에 대한 자부심을 가지고 있다.

▸ 수업능력, 실습일지 작성, 연구 활동, 학급경영 능력, 학생지도 능력, 학교 행사 예시

다음은 실습학교의 담당 부장교사가 교육실습생을 대상으로 사용하는 평가표의 한 예이다.

소 속	○○ 대학교	평가교사: 홍 길 동 (인)	
평가영역	내용	배점	점수
실제 수업	언어표현력 교편물 준비 수업 형태 판서 및 정리 학습 전개 및 구조화 학생 활동 및 호응도	50	
학습지도안 및 제출물	교재 연구 성실성 출제 및 교편물 제출 상황(사전, 사후)	15	
참관 및 평가회	참관 상황 연구 태도 평가회	10	
학급경영 및 근무	학급경영계획 생활지도(전달 확인) 청소환경, 제반 장부 근무 및 참관 상황	10	

교사 자질	예의, 언행 지도역량 성실성 및 협동성	10	
실습록	작성 내용	5	
연구 활동	연구 과제	10	
합계		100	

4) 학습지도안의 작성

❑ 학습지도안의 구비조건

학습지도안은 다음의 필수요건을 갖추어야 한다.

① 이 학습을 통하여 예상되는 교육목표에 대한 설명이 있어야 한다.

② 이미 학습한 사항과 연결되어 있어야 한다.

③ 학습과정, 교재 등이 명시되고 학습활동 내용과 방법이 제시되어야 한다.

④ 학습 진행의 형태에 맞는 지도기술이 제시되어야 한다.

⑤ 예상했던 목표의 달성도를 재는 평가방법이 준비되어 있어야 한다.

❑ 학습지도안 범례

► 학습지도안 구성형식(각과 공통)

- ○○과 학습지도안
- 년 월 일 ( )요일 ( )교시
- 제 학년 반 (남: 여: 계: 명)
- 지도교생: (인/서명)

(1) 단원명(제재, 제목, 문제)

여기에는 학습내용에 따라서 제재, 제목, 문제, 단원과 같이 어느 것을 써도 좋다. 단원명을 설정하는 방법에는 다음 세 가지 입장이 있다.

① 제목식－어떤 제목을 명사 그대로 적는다. 예 "라디오"

② 방법식－능동적으로 무엇 무엇을 하자는 식으로 기재한다. 예: "라디오의 원리를 알아보자."

③ 문제식－의문 또는 질문식으로 기재한다. 예 "라디오는 어떻게 들리나?"

이 단원명은 학습자의 생리에 맞도록 쓰는 것이 좋다.

(2) 단원설정의 이유

이것은 종래의 교재관에 해당하는 것인데, 주제 또는 단원의 교재로서의 의미와 이것을 선정한 이유를 쓰는데 다음 세 가지 입장을 고려해서 쓴다.

① 국가나 사회의 요구에서(사회관)

② 교재의 계열적인 요구에서(교재관)

③ 학습자의 목적 필요에 따라서(학생관)

이상의 세 가지는 각 항목 별로 써도 좋고 이 세 가지 요구를 한꺼번에 다 포함시켜 간단하게 기재해도 좋다.

(3) 단원목표

단원의 전체에 대한 지도 목표를 쓰는데, 지도 목표는 이해, 기능, 태도로 나누어 세밀하게 그 목표를 명시한다.

(4) 단원계획

① 학습 내용과 그 배분

- 제1차시 학습내용의 요점
- 제2차시 학습내용의 요점(당해 수업시간)
- 제3차시 학습내용의 요점(당해 수업시간)
- 제4차시 학습내용의 요점(당해 수업시간)
- 제5차시 학습내용의 요점(당해 수업시간)

② 타 단원과의 관련

각 단원 간, 교과 간, 행사나 생활, 특별활동과의 관련을 명시한다.

(5) 자료 및 준비

	교 사	학 습 자
자 료	.	.
준 비	.	.

(6) 당해 수업시간의 지도목표

주제에서 배분된 학습내용의 목표를 이해, 가능, 태도로 나누어 기재한다.

(7) 학습지도안의 전개(과정)

<table>
<tr><th rowspan="2">단계/구분</th><th rowspan="2">연구과제</th><th colspan="2">학 습 활 동</th><th rowspan="2">지도상의
유 의 점</th><th rowspan="2">시간배당</th><th rowspan="2">평 가</th><th></th></tr>
<tr><th>교 사</th><th>학습자</th><th></th></tr>
<tr><td>도 입</td><td>.</td><td colspan="2">.</td><td>.</td><td>.</td><td>.</td><td></td></tr>
<tr><td>전 개</td><td>.</td><td colspan="2">.</td><td>.</td><td>.</td><td>.</td><td></td></tr>
<tr><td>정 리</td><td>.</td><td colspan="2">.</td><td>.</td><td>.</td><td>.</td><td></td></tr>
<tr><td>과 제</td><td>.</td><td colspan="2">.</td><td>.</td><td>.</td><td>.</td><td></td></tr>
</table>

(8) 평 가

단원 전체 또는 학습자의 자기평가, 교사의 지도상의 평가 등을 사전, 중간, 사후로 자세히 평가 기재한다.

❑ 학습지도안(범례)

학년 : ______ 지도교생 : ○○○(__________)

<table>
<tr><th>교 생</th><th>지도교사</th><th>주임/부장</th><th>교 감</th><th>교 장</th><th rowspan="2">결재일</th><td></td></tr>
<tr><td></td><td></td><td></td><td></td><td></td><td></td></tr>
</table>

<table>
<tr><th colspan="2">①
단원명</th><th>②
대
상</th><th>실
시</th><td></td><th>③
차 시</th><th colspan="2">④
지도 일시</th><th colspan="3">⑤
대상 학생</th><td></td></tr>
<tr><th colspan="2">⑥
단원의
목 표</th><td colspan="3">.</td><th>⑦
출발점
행 동</th><td colspan="5">.</td><td></td></tr>
<tr><th colspan="2">⑧
학습자료</th><th>교
사</th><td colspan="2">.</td><th>학 생</th><td colspan="5">.</td><td></td></tr>
<tr><th rowspan="5">⑨
전
개
과
정</th><th rowspan="2">단계</th><td colspan="3" rowspan="2">.</td><th colspan="2">학습활동</th><th rowspan="2">학습
자료</th><th rowspan="2">형성
평가
기타</th><th rowspan="2">배분</th><td rowspan="2"></td></tr>
<tr><th>교사</th><th>학생</th></tr>
<tr><th>도입</th><td colspan="3">.</td><td>.</td><td>.</td><td>.</td><td>.</td><td>.</td><td></td></tr>
<tr><th>전개</th><td colspan="3">.</td><td>.</td><td>.</td><td>.</td><td>.</td><td>..</td><td></td></tr>
<tr><th>정리</th><td colspan="3">.</td><td>.</td><td>.</td><td>.</td><td>.</td><td>.</td><td></td></tr>
<tr><th rowspan="2">⑩
종
합
평
가</th><th>평가
장면</th><td colspan="8">.</td><td></td></tr>
<tr><th>평가
도구
(문항)</th><td colspan="3">.</td><td colspan="5">.</td><td></td></tr>
</table>

제 2 장 특수학급 경영 관리

1 학급경영의 기초

학급경영이란 단위 학급 수준에서 학급 담임이 학급교육에 관하여 공동목표를 설정하고, 목표 달성을 위한 제반 조건을 정비·확립하고, 목표 달성을 위한 지도·감독을 포함하는 일련의 봉사활동으로서 학급교육의 성공과 실패를 결정하는 중요한 활동이다. 따라서 아무리 교육행정적 시책이나 지원이 적절하다 하더라도 학급 담임이 학급을 효율적으로 경영하지 못하면 학급교육의 성공을 기대하기 어렵다. 따라서 특수학급도 일반적인 학급경영과 마찬가지로 학급 단위의 교사에 의해 추진되며 학급교육이 효과적이기 위해서는 교사의 학급경영이 중요하다고 볼 수 있다.

1) 투철한 신념과 사명감

특수학급 경영자의 신념과 사명감은 특수학급 교육의 가장 기초가 된다. 봉사자, 희생자의 정신 자세가 아니면 특수학급 경영은 성공할 수가 없다. 그래서 특수학급 경영이 잘 안 되는 책임을 남에게 돌릴 것이 아니라 모든 것을 학급 경영자인 나 스스로의 문제라 확신해야 한다. 특수학급 담임을 지원한다는 것은 사실은 고생을 자원하는 것임에 틀림이 없다. 그렇지만 교사로서의 사명감만 있다면 모든 문제점들은 긍정적으로 받아들여지고 스스로 해결할 수 있을 것으로 본다.

2) 공감적 이해

특수교사는 특수교육 대상 학생에게서 배우지 않으면 안 된다. 문헌 속에 나타나 있는 그들의 특성은 일반적 특성일 뿐 그들 개개인의 실제적인 특성은 아니다. 이들의 현재 특성을 알려면 그들과 함께 웃고 땀 흘리며 함께 생활해야 한다. 즉, 교사 자신이 특수교육 대상 학생이 입장이 되어야만 그들을 바로 이해할 수 있게 되는 것이다. 이러한 분위기 속에서 이들을 세밀히 관찰하면 특수학급 경영의 묘를 기할 만한 생생한 자료를 많이 얻을 수 있을 것이다. 그러나 이들을 바로 이해하기 위한 관찰에 있어서 횡단적이고 현실적인 면의 관찰에만 그칠 것이 아니라, 생육력과 아울러 성장·발달 과정을 역사적, 종단적으로 관찰하는 방법도 병행시켜야 더욱 더 공감적인 이해가 가능할 수 있을 것이다.

3) 실천적 경영

특수학급 담당교사는 지시, 명령, 금지, 권장 등과 같이 말로서 지도할 것이 아니라 온몸으로 함께 행동해야 한다. 학습활동이든, 놀이든, 청소든 간에 직접 시범을 보이고 함께 하여야한다. 감각행동적 학습이 이들에게 알맞은 학습 방법이라고 한다면, 특수학급 경영의 특색을 감각행동적 경영이란 특수한 표현도 할 수 있을 것 같으며, 어디까지나 동료적 태도로써 함께 행동하는 것이 중시되어야 한다. 환경정리, 청소·미화, 세수, 화장실 사용, 침구 처리, 목욕, 식사 등 신변처리는 물론 행동지도에 있어서의 행동 수정도 반드시 행동적으로 시범을 보여 어떻게 해야 하는가를 분명히 도와 주고 따라하게 해야 한다.

4) 투철한 인간애

인도주의는 가슴속에서 우러나는 진정으로 사랑하는 마음의 자세가 중요하다. 특수학급의 주인은 학생이며, 특수학급 경영은 학생 중심으로 이루어져야 한다는 것은 자명한 일이다. 특수학급 학생의 가정이 어려울수록, 장애 정도가 심할수록 지도교사의 따뜻한 사랑과 교육의 손길이 더 필요하다는 것을 깊이 명심하고, 더 많은 관심을 보여 주어야 할 것이다. '인간애에 투철하라'는 말은 부모의 과보호나 맹목적 사랑을 권장하는 것이 아니라 어디까지나 교육적이고 지성적인 사랑을 의미한다. 이러한 특수교사로서의 투철한 인간애가 갖추어졌을 경우에 특수학급을 담당할 수 있을 것으로 본다.

5) 부모 교육

장애아를 가진 부모들은 대부분 절망이나 불만에 싸여 있다. 이러한 심리적인 스트레스의 연속에서 별다른 대책 없이 막연하게 좋아지기를 기다리는가 하면, 희망이 보이지 않는 자녀로 생각하여 무시, 방임, 소외, 멸시, 거부하기도 한다. 다행히 특수학교나 특수학급에 입급시켰다 하더라도 지식적인 면에 집착하여 그 성과가 여의치 않으면 또 다시 실망해 버린다. 이러한 태도를 근본적으로 고치지 않는 한 교육의 효과는 기대하기 어렵다. 그래서 특수교육에 있어서는 아동교육에 못지않게 부모 교육을 중시하고 있다. 이렇듯 부모의 협력을 얻는다는 것은 특수학급 경영을 성공적으로 이끄는 원동력이 된다는 것을 깊이 인식하고 부모의 계몽에 노력해야 한다. 이를 위해 부모에게 가정방문, 학급참관 등의 기회를 자주 마련하여 계속적인 교육상담에 노력하여야 한다. 이러한 부모 상담과 교육의 목적은 자녀의 장래에 관해서 부모에게 희망을 주어 올바른 태도로 전환시키는 데 있다. 그러므로 그들의 심적 상처를 건드리거나 교훈적 설득을 삼가야 하고, 특수학급 경영에의 협력을 지나치게 강요하는 등 심리적인 부담을 주지 말아야 하며, 교사와의 긴밀한 협조 속에 자녀 문제에 대한 숨김 없는 상담의 자세가 되도록 지도해 주어야 한다.

6) 통합학급 교사의 참여

일반학급 교사들이 특수학급을 외면하는 분위기가 조성되면, 특수학급은 학교 안에서도 완전히 소외되어 버린다. 이런 경우에 특수학급 담당교사도 전체 교직원 집단에서 이탈되어 특수교육 대상 학생이 통합되어 있는 통합학급 교사들의 협력을 얻기 어렵기 때문에 특수학급 경영은 더욱 어려움에 봉착하게 된다. 항상 학교장을 비롯하여 모든 교직원들에게 능동적으로 대처하여 이해와 협력을 얻는 데 최선의 노력을 하여야 한다. 뿐만 아니라 전교 일반학급 학생들로 하여금 특수학급 학생을 바로 이해하고 이들을 잘 받아들이도록 모든 일반학급 담임교사들이 협조하여야 한다.

2 특수학급 경영의 원리

특수학급을 경영하거나 특수학급 경영상에 나타나는 문제를 해결하는 데 필요한 지침이나 준거가 되는 원리가 필요하다. 특수학급 경영의 원리는 크게는 특수학교 경영원리에 합당할 뿐 아니라 아동들의 학습지도와 생활지도의 원리에 입각해서 고려되어야 한다.

1) 타당성의 원리

특수학급 경영은 어디까지나 특수학급 교육목표를 달성하는 수단적, 보조적 활동이 되어야 한다. 교사나 학생들의 다양한 욕구와 개인적 목표가 상이할 때 궁극적으로는 교육목표에 비추어 조정되고 통일되어야 한다. 특수학급 경영은 어디까지나 교육목표에 타당한 계획과 방법으로 이루어야 하며, 그 목표의 달성도 여하로 특수학급 경영의 효과가 평가되어야 한다.

2) 개별화의 원리

교육은 개인의 능력을 최대한으로 발휘시켜 개인적으로는 행복한 생활을 영위할 수 있도록 하고, 사회적으로 공헌할 수 있는 사람을 만드는 것이다. 특수학급 경영에 있어서 교사는 어디까지나 아동의 지능, 정서, 성격, 흥미, 적성, 사회·경제적 배경의 차이를 인정하고, 이와 같은 각자의 개인차를 이해하며, 이를 교육목표에 유기적으로 결합하여 학습지도와 생활지도의 효과를 올리도록 하여야 한다. 개별화의 원리는 비단 개개 학생의 교육 방법상의 지도원리일 뿐 아니라 학급집단의 편성원리로도 적용되어야 한다. 무학년제의 능력별 반편성 제도 등은 개별화 원리에 근접하기 위한 시도들이다.

3) 자율화의 원리

개인의 능력을 최대한으로 발휘하려면 일반적 지시와 명령에 수동적으로 복종할 것이 아니라 자신의 의지에 따라 자주적으로 사고하고, 창의적으로 행동하는 자발적인 인간이 되도록 노력하여야 한다. 어떤 학습과제나 생활사태에 직면하여도 부단히 탐구하고 자주적으로 해결해 나가는 가운데 학습자 스스로의 동기가 유발되도록 학급을 경영하여야 한다. 자율화의 원리란 특수학급 경영 그 자체를 교사의 주관적 신념과 철학에 입각하여 창의적으로 학급을 운영하여 다른 일반학급과 구별되는 독자적 학급을 구성하는 데에도 적용되는 원리이다. 교과지도나 생활지도뿐만 아니라 특수학급 환경의 구성에 있어서도 교장의 지시·명령이나 기존의 법규나 규정에 따라 소극적, 기계적으로 학급을 운영할 것이 아니라, 교사의 주체적 사고와 창의성에 의해서 부단히 혁신, 창조, 발전하는 특수학급이 되도록 노력하여야 한다.

4) 사회화의 원리

교육의 목적은 개인으로서의 인격을 완성하고, 사회인으로서는 그 사회가 필요로 하는 인재를 양성하는 것이기 때문에 학급의 집단활동을 통해서 상호 신뢰와 협동, 공동의 과제 해결 등 사회성을 함양시키는 데 주력하여야 한다.

(1) 공동생활이 원만히 이룩될 수 있는 사회적 분위기와 조직이 필요하다. 여기에는 무엇보다도 좋은 인간관계가 형성되도록 하여야 한다.
(2) 공동생활의 풍부한 경험을 직접 체험하도록 한다. 목표를 지향하여 공동으로 계획하고, 협력에 의해 이를 실천하도록 적절한 활동이 제공되어야 한다.
(3) 학생들은 공동사회의 일원으로서 역할을 통하여 자아를 실현하고, 사회에 공헌한다는 보람을 느낄 수 있도록 지도해야 한다.
(4) 사회화에 대한 환경의 중요성을 인식하고 집단의 사기, 언어적 환경, 학급의 미화 등이 중시되어야 한다. 그리고 지역사회의 인사와 기타의 자원이 학급활동에 적절히 동원되어야 한다.

5) 통합화의 원리

특수학급 경영은 편의상 몇 개의 분야로 구분되어 이루어지고 있다. 교과지도만 하더라도 일과표에 나타난 바와 같이, 교과의 영역과 단원에 따라 시간마다 분리되어 이루어지고 있다. 그러나 전인으로서의 지·덕·체를 겸비한 조화로운 인간을 육성하여 개인의 인격을 완성하고, 사회인으로서의 자질을 갖게 하려면 특수학급 경영의 모든 상황이 교육목적을 지향하여 통합되어야 한다.

(1) 교과지도와 생활지도가 통합되어 이룩되어야 하고, 기타 학급의 모든 행사와 환경 구성이 특수학급의 교육목표 달성을 위해 통합적으로 이룩되어야 한다.
(2) 각 시간의 목표, 각 단원의 목표, 각 교과의 목표나 생활지도의 목표가 특수학급의 목표와 궁극적으로 일관성 있게 통합되어야 한다.

인간은 하나의 통합적 존재로서 전인적인 발전을 하는 것이기 때문에 특수학급에서 지도의 영역과 형태, 방법이 다양하게 이루어진다 하더라도 그들 상호간에는 일관성과 통합성이 유지되어야 교육력이 강화될 수 있다.

6) 전문성의 원리

학급은 학교의 가장 기본적인 구성단위이기는 하지만, 학급 경영은 전체 학교 경영과는 다른 독자적인 영역이다. 학교경영은 필요한 인적, 재정적, 물적 자원을 확보하여 학급 운영을 돕는 것이지만, 개개 학생의 생활지도나 각 교과나 단원의 전개는 특수학급에서의 수업과정을 통해 이룩되는 것이다.

따라서 일선 교육현장에서 특수학급 담당교사는 교장이나 교감보다 특수학급 경영에 더 전문적 기술과 지식을 가지고 있기 때문에, 일반 관료 조직에서처럼 상사의 지시·명령에 일방적으로 복종하는 그러한 절차가 통용되는 것은 아니다.

결론적으로, 특수학급 경영 계획과 프로그램 작성 및 그 실천과 결과의 평가에 대한 주도권과 최종적 주장은 특수학급 경영의 전문가이며 책임자인 특수학급 담임교사가 하여야 한다.

3 특수학급 경영을 위한 시설·설비

특수학급 경영을 위한 시설·설비는 일반학급과 달리 특수학급 담당교사가 특수학교(급) 시설·설비 기준을 충분히 숙지하여 특수학급 교육과정 운영의 도구로서 특수교육 환경을 갖추어 나가야 한다. 특수학급이 설치된 모든 학교는 관련 법규에 따라 시설·설비가 갖추어져야 하는데, 특수학급에 배치된 학생들의 특성과 학교의 실정을 충분히 고려하여 융통성 있게 환경을 조성해 나가는 특수교사들의 지혜가 요구된다.

1) 특수학급 시설의 조건

특수학급 시설의 조건으로 안전성(건강과 안전에 대한 충분한 관리), 융통성(다양한 활동과 장래의 확충, 변화에 대처할 수 있는 공간 확보), 미관성(아름답고 명랑한 환경 조성), 연계성(교육활동의 원활한 연계 및 동선 확보), 이용성(효율적인 시설 활용),

관리성(교육활동의 효율성을 높일 수 있도록 관리의 용이성 확보) 등을 들 수 있다.

2) 특수학급 시설·설비 관리

학교의 시설 관리는 모든 교직원의 역할과 책임이 요구되며 시설 유지·관리에 대한 기본적인 사항을 숙지하고 모두가 주인의식을 가져야 하며, 특히 특수학급 시설 관리는 특수학급 담당교사의 몫이라는 생각으로 적극적으로 관리해 나가야 한다.

특수교육 환경은 크게 사회적·심리적 환경, 즉 행동적·인적 환경과 물리적 환경, 즉 지리적·물적 환경으로 구분할 수 있다. 특수학급의 효과적인 교육활동을 위해서는 인적 환경 못지않게 물리적 환경 또한 중요하다.

이러한 물리적 환경에는 학교 시설과 교재·교구가 모두 포함된다. 특히 특수학급의 시설과 설비는 교육방법의 향상, 의학과 심리학의 발전, 이에 따른 치료·훈련 방법의 진보 등에 적절히 대응할 수 있도록 가변성 있고 융통성 있게 계획해야 하며, 또한 학생들의 안전에도 세심한 주의를 기울여야 한다.

(1) 특수학급의 위치 선정

학급의 위치는 특수학급 교육의 효율성을 결정하는 요인이 된다. 6~11세의 교육이 가능한 한 장애학생을 위한 특수학급은 일반 초등학교에 설치한다. 이는 장애학생으로 하여금 일반 초등학교 교육 프로그램의 한 부분이 되는 한편, 일반 학생들로 하여금 장애학생을 이해하도록 하기 위한 통합교육의 차원이다. 특수교육 대상 학생들의 특성과 관련하여 특수학급의 위치 선정에서 고려되어야 할 점을 들면 다음과 같다.

① 일반학생들의 접근이 용이한 곳이어야 한다.
② 밝고 안정된 곳이어야 한다.
③ 공간 면적이 넓은 곳이어야 한다.
④ 보건실, 세면장, 화장실이 가까운 곳이어야 한다.
⑤ 교무실, 교장실과 가까운 곳이어야 한다.
⑥ 외부와의 출입이 용이한 곳이어야 한다.
⑦ 특별실이나 다목적 공간 및 동적 활동의 공간과 가까운 곳이어야 한다.
⑧ 학교시설 중 1층에 위치하여야 한다.

(2) 특수학급의 면적

교실의 면적은 수용되는 학생수와 교육 방법, 관련 시설·설비 등 여러 가지 요인에 의하여 결정되지만 가장 중요한 것은 학생들이 학습을 수행하는 데 지장을 주지 않는 범위 내에서 결정되어야 한다. 따라서 특수학급의 교실은 입급되는 학생수는 적지만 특수학급의 다양한 교육 매체와 설비 등의 조건을 모두 충족시키고 학생의 장애특성이 고려되어야 한다. 초·중등교육법 제4조 및 동법 시행령 제2조의 규정에 의한 특수학교(급) 시설·설비 기준령에 따른 특수학급설치 학교는 그 학교의 보통교실 기준(66제곱미터 이상, 20평)으로 특수학급 교실이 확보되어야 적절한 교수·학습 활동이 이루어질 수 있다.

(3) 특수학급 시설·설비의 특성

교실 내 학생들의 활동은 동적이고 다각적인 것이다. 그러나 장애학생들의 경우 그들의 활동은 장애로 인한 적응능력 미비와 심리적 부적응 행동 등으로 인하여 정적인 것이 되기 쉽다. 따라서 특수학급 시설·설비는 그와 같은 동적인 활동에 충분히 대응할 수 있어야 하며, 또한 장애학생의 안전을 충분히 고려하기 위해서는 다음과 같은 기본 요소가 마련되어야 한다.

① 실내 마감

- 바닥미끄럽지 않고 딱딱하지 않은 재료
- 벽게시하기에 용이한 자료
- 천정밝고 충분한 흡음력을 가진 불연성 재료

② 교실 색채

- 바닥밝은 색
- 천정무채색 또는 그것에 가까운 색
- 벽
  - 창 측과 병행한 벽: 창 측의 밝기와 대비를 부드럽게 하는 색
  - 어두운 벽: 명도를 높게 하여 실내의 밝기를 균일하게 하는 색
  - 칠판 부근의 벽: 무채색에 가까운 색

③ 통풍 및 환기

- 하절기: 최대 풍향을 고려하여 방위와 창문 구조 결정

• 동절기: 환풍기 이용(자연 환기가 시간당 3회 이상 이루어지는 곳에 설치)

④ 채광 및 조명

• 채광: 좌측 또는 좌후방에서 빛이 비치도록 함

• 조명: 국부 조명시설

⑤ 교사의 내부 환경 기준

• 조도(책상면): 300룩스 이상

• 소음(실내): 55데시벨 이하

• 온도: 섭씨 18도 이상~28도 이하

 – 난방 온도: 섭씨 18도 이상~20도 이하

 – 냉방 온도: 섭씨 26도 이상~28도 이하

⑥ 출입문 및 창문

• 출입문: 미닫이 문

• 창문: 의자에 앉아 밖을 충분히 내다 볼 수 있게 설치

(4) 특수학급의 시설·설비의 조건

특수학급 학생들은 주의집중력의 부족, 단기기억력의 열악, 언어 매개 기능의 부족 등으로 적극적인 학습태도가 미흡하고, 주의의 범위가 좁고 주의의 지속성에 문제가 있으며, 개념적 범주화에 어려움을 가져 학업면에서 성공을 거둘 확률이 아주 적다. 그러므로 그들의 교육은 생활적응에 중점을 둔 생활 중심의 교육이 되어야 한다. 특수학급의 교육은 학생들에게 활동적이고 구체적인 생활 장면에서 일어나는 모든 상황을 교육에 도입해서 문제를 해결하고 응용할 수 있는 시설·설비를 필요로 한다. 그리고 저학년 특수학급 학생들 중에는 대·소변 가리기가 안 되는 학생들이 있으므로 화장실이 가까이 있어야 하고, 수시로 손을 씻고 몸을 단정히 할 수 있도록 교실 내에 세면대를 설치해야 한다.

3) 특수학급의 환경 관리

교육적인 좋은 학습환경의 구성이란 끊임없이 학습의욕을 환기시키는 환경의 구성을 뜻하며 학교환경, 학급환경 등 모든 교실 내·외의 환경이 특수학급 아동들의 학습의욕을 불러일으킬 수 있는 환경으로 구성되어야 한다.

(1) 특수학급 교실 환경구성의 기본 조건

학습환경을 구성할 때는 특수아동의 연령과 발달단계, 흥미 등을 고려하여 이들의 욕구에 적합한 환경물(교구, 재료, 설비 등)로 정비해야 한다. 특수학급 교실 환경 구성의 기본적인 조건은 다음과 같다.

① 학생 본위의 환경으로서 우리들의 방이라는 분위기를 조성해 주어야 한다.

② 학습동기를 유발시킬 수 있는 자극제가 되어야 한다.

③ 자유롭고 변화가 있는 환경으로서 입체적, 구성적, 계속적이어야 한다.

④ 즐겁게 배우고 생활할 수 있는 미적, 매력적, 가정적인 환경이어야 한다.

⑤ 항상 안심하고 학교생활을 할 수 있도록 하기 위한 교실 환경의 몇 가지 예를 들면 다음과 같다. 첫째, 언어발달, 관찰력, 조사 기록, 우연학습의 기회, 종합학습의 장, 놀이의 장, 이야기의 장이 되게 하여 기본 생활의 향상을 위한 환경 구성이어야 한다. 둘째, 교우관계, 생활 습관, 질서, 도덕심, 협동심, 자주성, 책임감 등을 길러 줄 수 있는 사회생활 기능의 향상을 위한 환경 구성이어야 한다. 셋째, 기초 교과 학력의 정착과 학습 진도에 도움이 되고 학습 과제를 풀어 줄 수 있는 교과학력의 향상을 위한 환경 구성이어야 한다. 넷째, 보건위생적인 내용을 포함하여 학생의 위생습관과 건강을 높일 수 있는 환경 구성이어야 한다. 다섯째, 학생의 정서적 안정감과 미적 태도를 길러 주는 환경 구성이어야 한다.

(2) 환경 구성상의 유의점

① 환경 구성의 목적을 명확히 하여 의도적인 구성이 되도록 해야 한다.

② 학생들에게 자기들의 교실은 학생 공동의 노력과 책임에 의해 경영된다는 의식을 갖도록 한다.

③ 교실의 설비, 비품, 교재·교구, 책상의 배치 등이 학생들의 자주적이고 자발적인 학습을 자극할 수 있는 환경 구성이 되도록 해야 한다.

(3) 특수학급 환경 구성의 실제

교실은 학생들에게 있어 학교생활의 대부분을 보내는 가장 중요한 생활의 장이다. 교실은 학생들에게 가장 안전하고 편안한 생활의 장이 되고, 높은 학습 동기를 불러일으킬 수 있도록 정비되어야 한다. 특히 특수학급은 심신에 장애를 가진 아동들이 편안하고 즐겁게 생활하고 학습할 수 있는 조건을 갖추고 있어야 한다. 아무리 좋은 환경이 구성되어 있다고 하더라도 학생들의 욕구에 맞지 않으면 안 된다.

따라서 학급환경을 구성할 때는 학생의 장애특성, 연령, 발달단계, 흥미 등을 고려하여 이들의 욕구에 적합한 환경으로 정비해야 한다. 또한 교실의 공간구성은 개별화 교육을 효과적으로 할 수 있도록 재구성되어야 한다. 즉 좌석 배치는 능력별, 학년별, 과목에 따라 다양하고도 융통성 있게 조정하도록 한다.

(4) 학습습관에 적절한 교실공간 구성

개별화된 학급의 한 요소로서 개개 학생의 학습 습관에 적합한 교실공간을 재구성함으로써 장애학생에게 최대의 학습효과를 거둘 수 있도록 해야 하는데, 이에 필요한 교실공간 구성은 다음과 같다.

① 적절한 온도, 적당한 밝기에서 2~3명의 급우와 같이 공부할 수 있는 장소
② 따뜻하고 밝은데서 2~3명이 떨어져 공부할 수 있는 조용한 장소
③ 광선·음향을 고려한 장소
④ 휴식할 수 있는 부드럽고 편안한 장소
⑤ 혼자서 학습하도록 좌석을 배치한 장소
⑥ 2~4명의 공동학습을 위한 장소
⑦ 소집단 학습과 흥미 과제학습을 위한 장소
⑧ 특별히 지도를 받아야 하는 학생을 배치할 수 있는 장소
⑨ 녹음기, TV, 컴퓨터, S/W 등의 교육매체가 구비되어 있는 장소

(5) 교수 개별화를 위한 교실공간 구성

교실의 책상과 의자는 그것을 사용하는 학생을 위한 것이므로 학생은 한 자리에만 고정될 필요가 없으며, 각 학생은 개인적 특성에 따라 필요한 자리에 앉아야 한다. 이에 따른 교실공간 구성은 다음과 같다.

① 개인적인 자유를 학생에게 주기 위한 장소
② 공통적인 흥미나 유사한 능력을 가지고 있는 학생들이 소집단으로 모여 학습하는 곳으로 특정한 교육매체를 사용할 수 있는 장소
③ 쉴 수 있는 안락한 곳으로 흥미 학습이나 소집단 활동이 가능하도록 한 장소

④ 독립적으로 공부하는 학생에게 유용한 장소
⑤ 공통적인 관심을 가지고 있는 학생들이 다 함께 모여서 학습할 수 있게 하는 장소
⑥ 교사용 책상은 전체 학생을 관리할 수 있는 곳에 배치하고, 특별히 지도를 받아야 하는 학생들을 배치할 수 있는 장소
⑦ 교육자료를 보관하여 학생이 수시로 자료를 이용할 수 있는 장소

4) 특수학급 교재·교구의 관리

특수학교(급) 교구·설비기준은 고등학교 이하 각급 학교 설립·운영규정(대통령령 제17397호, 2001. 10. 31) 제8조 제1·2항에 의거하며, 특수학급은 최소한 일반학급의 교구·설비를 갖추어야 한다(각 시·도교육청 고시).

(1) 교재·교구의 중요성

교재·교구는 교육목표나 학습 활동과 무관할 수 없다. 교육목표 달성을 위한 효율적인 학습활동을 전개해 나가기 위해서는 교재·교구는 필요하다. 교사는 교재·교구의 선정과 활용에 앞서 학생의 지적, 신체적, 정서적 특성과 실태를 기반으로 한 교육목표 달성에 알맞은 교재·교구를 선정하여야 한다. 특히 특수학급의 지도에 있어서 교재·교구의 중요성은 매우 크다. 따라서 특수학급 교육이 성공적으로 수행되기 위해서는 다음의 조건이 구비된 교재·교구가 필수적으로 필요하다.

① 효과적인 학습활동을 전개하는 데 필요한 보조 용구를 갖추고 있어야 한다.
② 시청각 보조 용구를 갖추고 있어야 한다.

(2) 특수교육 자료의 특성

장애의 특성에 따른 다소 특이한 자료들이 요구되긴 하나 일반학습을 수행해 나가는 교수·학습 자료는 원칙적으로 일반학생의 자료에 그 기초를 두되, 학생의 장애특성에 따라 다소 특수한 기능과 성격의 자료가 요구된다. 장애를 가진 학생에게 가치 있는 자료가 되기 위해서 다음과 같은 특징을 고려되어야 한다.

① 장애특성과 학생의 학습 형태에 적합한 자료
② 장애학생의 정서적인 면이 충분히 고려된 자료
③ 장애학생의 주의집중과 그 지속을 유지할 수 있는 유인성이 높은 자료

④ 동기유발을 자극하여 학습에 적극적으로 참여하는 자료
⑤ 자신감과 긍정적인 자아 개념을 높여 주고, 쉽게 성공할 수 있는 자료
⑥ 장애의 조건에 따라 자료의 활용과 관리가 용이하고 실용성이 높은 자료
⑦ 장애학생에게 사용될 교구·교재는 교육 공학적인 검토와 생리학 및 인간학적인 측면에서 충분히 검토된 자료

(3) 특수교육 자료 개발 시 고려할 점

특수교육에 필요한 여러 가지 자료를 개발하는 것은 교수·학습의 방법을 개선하고 학생의 학습효과를 극대화하는 데 있다. 특수교육 교사가 장애를 가진 학생 개개인에게 맞는 자료를 개발하기 위해선 다음과 같은 점을 먼저 고려해야 한다.

① 장애의 상태를 정확히 파악해야 한다.
② 자료의 형태는 학생의 발달단계를 고려해야 한다.
③ 지역적, 문화적 격차에서 오는 영향을 고려한다.
④ 교사의 능력 차이에서 오는 문제를 고려한다.
⑤ 개별화 수업 체제에서 적합한 학습매체를 중시해야 한다.
⑥ 위계적인 학습단계에 따라 선수 학습의 결손을 처치할 수 있는 단계성을 고려해야 한다.
⑦ 자료에 대한 많은 정보를 수집해야 한다.

(4) 특수학급 학습 자료의 개발

① 학습자료 개발의 방향

- 장애학생의 제반 특성에 적합한 것
- 장애학생의 발달 수준에 적합한 것
- 장애학생에게 흥미와 친근감을 주고 유인성이 있으며 동적 조작이 될 수 있는 것
- 단단하며 파손이 잘 안되고 조작 관리가 편리한 것
- 실제 현장의 실용성을 고려하여 제작이 간편하고 경제적인 것
- 자료의 활용면에 중점을 두어 구체적 활용 방안이 명시된 학습자료 카드를 자료마다 비치한다.

② 학습자료 개발 단계

- 고안·제작
  - 학생의 학습상 특수성을 파악한다.
  - 이미 개발된 자료를 수집하여 분류한다.
  - 지도 내용에 따라 필요한 자료를 추출한다.
  - 가장 필요한 것부터 제작 계획한다.
- 적용 검토
  - 고안, 제작된 각종 자료를 실제 학습지도에 적용해 보고 개선해 나간다.
  - 각 자료마다 다양한 활용 방안을 모색하여 자료의 활용성을 높인다.
  - 적용 검토된 자료는 계속 수정·보완해 나가며, 보완 절차를 거친 자료는 한 학급분을 한 세트로 하여 제작·활용한다.

(5) 특수학급 학습자료 제작 시 유의점

교재·교구는 교육목표 달성을 위하여 있는 것이다. 교재·교구의 제작도 교육목표 달성을 위한 하나의 방편으로서 학생들의 능력과 특성 등을 고려하여 제작하여야 한다. 따라서 특수학급 교재·교구의 제작 시 고려되어야 할 점은 다음과 같다.

① 가장 기초적인 교재·교구부터 단계적으로 제작하여야 한다. 특히 자료의 계열성을 고려해야 한다.

② 학생이 직접 작동하고 만지며 사용할 수 있는 조작적인 자료여야 한다.

③ 하나의 자료에 가능한 한 하나의 명백한 목표가 있어야 한다.

④ 자료는 다루기가 간단해야 한다. 학생이 손쉽게 다룰 수 없는 복잡한 방법을 요하는 자료는 비효과적이다.

⑤ 장애학생의 심리적 특성과 발달 수준에 적합해야 한다.

⑥ 구조가 견고하고 안정성이 있는 자료여야 한다.

⑦ 학생의 사고 과정을 신장시킬 수 있는 직접적인 조작 과정(조립, 분해 등)을 강조하는 동적인 자료여야 한다.

⑧ 크기, 색상, 미적 구성, 글씨 등은 표준적인 규격에 따르는 것이 좋다.

⑨ 운반과 보관, 보수 등이 용이해야 하고, 실용성과 간편성이 높은 것이어

야 한다.

⑩ 일상생활 주변에서 구하기 쉬운 재료를 이용하여 경제성이 고려되어야 한다.

⑪ 가급적 집단 사고를 통하여 공동으로 제작하여야 한다.

⑫ 경비, 노력, 시간, 제작기술 등을 충분히 고려하여 제작하여야 한다.

⑬ 특히 재료 구입, 공구, 제작 기술상의 문제 등을 검토하여 전문 제작자의 노력을 얻어야 한다.

⑭ 제작량은 자료의 내용과 성질에 따라 달리하나, 소프트웨어는 대체로 다량으로 제작하고, 하드웨어는 제한된 수량으로 제작하도록 한다.

(6) 특수학급 학습자료의 관리

① 교구·교재 관리 철저를 위한 교구·교재 관리(학습자료)대장 비치

② 분실, 파손을 막기 위한 중요 교구교재 카드 작성 활용

③ 자료 목록표 작성

④ 자료 활용 연수를 통하여 기교재가 사장되지 않도록 유의

⑤ 보관 시 습기, 채광에 유의

⑥ 사용할 때 전기시설 및 화기 단속에 유의

⑦ 수시 파손된 부분 수리로 활용에 지장이 없도록 유의

⑧ 자료관리 규정의 제정과 이해

4 특수학급의 학사 관리

1) 특수학급의 문서 관리

(1) 학교생활기록부

① 학교생활기록부(초·중등교육법 제25조)

• 학교의 장은 학생의 학업성취도 및 인성 등을 종합적으로 관찰, 평가하여 학생 지도 및 상급학교의 학생 선발에 활용할 수 있도록 다음의 자료를 작성, 관리하여야 한다. 인적사항, 학적사항, 출결사항, 자격증 및 인증취

득 상황, 교과학습 발달 상황, 행동특성 및 종합 의견, 그 밖의 교육목적에 필요한 범위 안에서 교육부령이 정하는 사항

- 학교의 장은 소속 학교의 학생이 전출하는 때에는 학교생활기록부 자료를 전입하는 학교의 장에게 이관하여야 한다.

② 학생 관련 자료 제공의 제한(초·중등교육법 제30조의6)

- 학교의 장은 학교생활기록부 및 신체검사에 관한 자료를 당해 학생(학생이 미성년자인 경우에는 학생 및 부모 등 보호자)의 동의 없이 제3자에게 제공하여서는 아니 된다. 다만, 다음에 해당하는 경우에는 그러하지 아니하다.
  - 학교에 대한 감독·감사의 권한을 가진 행정기관이나 그 업무를 처리하기 위하여 필요한 경우
  - 학교생활기록부를 상급학교의 학생선발에 이용하기 위하여 제공하는 경우
  - 통계 작성 및 학술연구 등의 목적을 위한 경우로서 특정 개인을 식별할 수없는 형태로 제공하는 경우
  - 범죄의 수사와 공소의 제기 및 유지에 필요한 경우
  - 법원의 재판 업무 수행을 위하여 필요한 경우
  - 그 밖의 관계 법률의 규정에 의하여 제공하는 경우
- 학교의 장은 위의 자료를 제3자에게 제공하는 때에는 당해 자료를 제공받은 자에 대하여 사용목적·사용방법 그 밖의 필요한 사항에 대하여 제한을 하거나 당해 자료의 안정성 확보를 위하여 필요한 조치를 강구하도록 한다.
- 위의 자료를 제공받은 자는 그 본래의 목적 외의 용도로 이를 이용하여서는 아니 된다.

③ 학교생활기록의 작성 및 관리에 관한 규칙(교육부령 제867호)

- 적용 범위

  이 규칙은 「초·중등교육법 제25조」에 의한 학교의 장이 작성·관리하는 학교생활기록에 관하여 적용한다. 다만, 학교 중 공민학교·고등공민학교·고등기술학교·특수학교 및 각종 학교의 장은 당해 학교의 학칙이 정하는 바에 따라 당해 학교의 교육과정에 알맞게 수정하여 적용할 수 있다.

• 학교생활기록부 작성 기준

– 인적사항: 학생의 성명, 주민등록번호, 주소와 부모의 성명, 생년월일 및 가족의 변동 사항 등

– 학적사항: 학생의 입학 전 학교명과 졸업연월일, 재학 중 학적 변동이 있는 경우 그 일자 및 내용 등

– 출결 상황: 학생의 학년별 출결상황 등

– 자격증 및 인증 취득상황: 학생이 취득한 자격증의 명칭, 자격증 번호, 취득 연월일, 자격증 발급 기관명 및 인증의 종류, 내용, 인증기관 및 취득 연월일 등

– 교과학습 발달 상황: 학생의 재학 중 이수교과 및 과목명, 평가결과, 학습활동의 발전 여부 등

• 치료교육활동 상황: 일반학교 또는 특수학교에 재학하는 특수교육 대상 학생의 치료교육활동 내용은 다음 사항에 의거 기록한다.

– 치료교육 8개 영역 중 개별 학생의 필요에 적용하는 교과목의 교육내용, 평가 방법 및 기준은 교육과정을 근거로 학교별로 정하며, 그 이수 내용은 1, 2학기로 구분하여 교육내용, 발달변화 등을 간략하게 문장으로 기록한다.

– 행동특성 및 종합의견: 학교교육 이수 중 학생의 행동특성과 학생의 학교교육 이수 상황을 종합적으로 이해할 수 있는 의견 등

• 학교생활기록부의 대상 자료

• 초·중등교육법 제25조 제1항 제7호에서는 "교육부령이 정하는 사항"이라 함은 학생정보, 학생의 수상경력, 학생의 진로 지도 상황, 학생의 재량활동, 학생의 특별활동 상황, 학생의 교외 체험학습 상황 등을 의미한다.

• 학교생활기록부의 구분 관리

– 학교의 장은 학교생활기록부를 학교생활기록부와 학교생활세부사항기록부로 구분하여 작성·관리한다.

– 학교의 장은 공공기관의 기록물 관리에 관한 법률 및 동법 시행령에 의거학교생활기록부(학교생활기록부 I)를 준영구 보존해야 한다.

– 학교의 장은 학교생활세부사항기록부(학교생활기록부 II)의 전산자료와 종이 출력물을 학생 졸업 후 5년 동안 보존하야 하며, 보존 기간이 종

료 된 후에는 폐기 처분해야 한다. 단, 고등학교는 상급학교 입학전형 자료로 활용 할 수 있도록 학교생활세부사항기록부(학교생활기록부Ⅱ)를 전산매체로 5년간 추가 보존한다.

• 특수교육대상자의 생활기록부는 특수학급 담당교사의 자료 제공과 정보 공유를 통해 통합학급 담당교사가 작성한다(교육기본법 시행령 제78조).

(2) 출석 상황 관리

• 수업일수

– 수업일수는 초·중등교육법 시행령 제45조의 규정에 의하여 학교장이 정한 학년별 학생이 연간 총 출석해야 할 일수를 말한다.

– 학적 변동(면제, 유예, 휴학, 제적, 자퇴, 전출 등) 당일까지의 수업일수에 산입한다.

– 학적 변동 전·후에 중복일수가 있는 경우 새로 학적을 부여받은(재입학, 재취학, 편입학, 전입학, 복학 등) 일수만 수업일수로 계산한다.

– 학적을 새로 부여받은 자의 당해 학년 수업일수는 원적교 당해 학년의 수업일수와 합산하되, 중복되는 기간의 수업일수는 제외한다(예 2학년 4. 15. 자퇴, 다음 해 2학년 3. 20. 재입학한 경우, 원적교의 3. 20~4. 15일까지의 수업일수는 제외).

– 재입학·전입학: 복학생의 수업일수는 다른 학생의 수업일수와 같지 않을 수 있으나, 그 수업일수가 당해 학교 당해 학년 수업 일수의 3분의 2 미만이 될 경우에는 당해 학년도 재입학·전입학·복학이 불가능하다(초·중등교육법 제50조 제2항 참조).

• 결석

– 결석일수의 산정

① 학칙에 의거 출석하여야 할 날짜에 출석하지 않을 때에는 결석으로 처리한다.

② 학적을 새로 부여받은 자의 당해 학년 결석일수는 원적교의 당해 학년 결석일수와 합산하되, 중복되는 기간의 결석일수는 제외한다(예 2학년 4. 15. 자퇴. 다음 해 2학년 3. 20. 재입학할 경우, 원적교의 3. 20~4. 15일까지의 결석일수는 제외)

– 다음의 경우 출석으로 처리한다.

① 천재지변, 법정 감염병 등 불가항력의 사유로 인하여 출석치 못한 경우

② 병역관계 등 공적 의무 또는 공권력의 행사로 인하여 출석치 못한 경우

③ 학교장의 허가를 받은 "학교를 대표한 경기, 경연대회 참가, 산업체 실습 과정, 훈련 참가, 교환학습, 현장(체험)학습 등"으로 출석하지 못한 경우

④ 초·중등교육법 시행령 제31조(학생의 징계 등) 제1항의 규정에 의한 학교내의 봉사, 사회봉사, 특별교육 이수 기간

⑤ 경조사로 인하여 출석하지 못한 경우(국가공무원복무규정 제20조 제1항 별표2를 근거로 함)

⑥ 기타 부득이한 사유로 학교장의 허가를 받아 결석한 경우(※ 생리로 인한 결석시(월 1회) 학교장이 결정하여 출석으로 인정함)

⑦ 질병으로 인한 결석(결석한 날로부터 3일 이내에 의사의 진단서를 첨부하여 결석계를 제출한 경우)

⑧ 부모·가족 봉양, 가사 조력, 간병 등 부득이한 개인 사정에 의한 결석임을 학교장이 인정하는 경우

⑨ 기타 합당한 사유에 의한 결석임을 학교장이 인정하는 경우

• 지각·조퇴·결과

– 지각: 학교장이 정한 등교 시각까지 출석하지 않은 경우

– 조퇴: 학교장이 정한 하교 시각 이전에 하교한 경우

– 결과: 수업시간에 불참하거나 교육활동을 고의적으로 방해한 경우

– 지각, 조퇴, 결과의 사유는 각각 결석사유와 동일하게 질병, 무단, 기타로 처리한다.

– 같은 날짜에 지각, 조퇴, 결과가 발생한 경우에는 학교장이 판단하여 어느 한 가지 경우로만 처리한다.

– 같은 날짜에 결과가 1회 이상이라도 1회로 처리한다.

– 학적을 새로 부여받은 자의 당해 학년의 지각·조퇴·결과 횟수는 원적교의 당해 학년의 각 횟수와 합산하되, 중복되는 기간의 각 횟수는 제외한다(예 2학년 4. 15. 자퇴, 다음 해 2학년 3. 20. 재입학일 경우, 원적교의 3. 20~4. 15일까지 각 횟수는 제외).

※ 출결은 통합학급 담당교사가 관리하며, 특수학급에 보조장부를 두어 학생 관리에 만전을 기할 수 있다(교육부 훈령 제545호, 1997. 2. 25).

(3) 건강기록부(학교-신체검사규칙 제9조)

보건교사나 통합학급 담당교사가 작성·관리한다.

(4) 개별화교육계획

특수학급 담당교사가 작성·관리한다.

(5) 기타 장부

① 특수교육대상자 선정·배치 서류 보존철
② 특수대상자 현황 누가 기록부
③ 통합교사 관리 대장
④ 비품·자료대장
⑤ 도서대장
⑥ 학급운영록(상담일지, 생활지도 누가기록부, 학생 발달 상황 등)

2) 의무 취학

(1) 의무교육(교육기본법 제8조)

① 의무교육은 6년의 초등교육 및 3년의 중등교육으로 한다.
② 모든 국민은 의무교육을 받을 권리를 가진다.

(2) 취학의무(초·중등교육법 제13조~제16조)

① 모든 국민은 그가 보호하는 자녀 또는 아동이 만 6세가 된 다음 날 이후의 최초 학년 초부터 만 12세에 해당하는 학년 말까지 초등학교에 취학시켜야 한다.
② 모든 국민은 그가 보호하는 자녀 또는 아동이 초등학교 졸업 후 만 15세가 되는 날이 속하는 학년 말까지 중학교에 취학시켜야 한다.
③ 질병 등 부득이한 사유로 인한 경우 취학의무를 면제 또는 유예할 수 있다.
※ 취학의무를 면제 또는 유예받은 자가 다시 취학하고자 하는 경우에는 학습능력을 평가한 후 학년을 정하여 취학하게 할 수 있음. 이 경우 다시 취학하는 자의 학년이 취학의무를 면제 또는 유예받지 아니 하고 계속

취학하였을 때의 학년과 차이가 있는 경우에는 취학의무 연령에 그 해당 연수를 더함.

④ 의무교육 대상자를 고용하거나 의무교육을 받는 것을 방해할 수 없다.

⑤ 국가 및 지방자체단체는 의무교육 대상자의 친권자나 후견인이 경제적 사유로 취학시키기 곤란한 경우 교육비를 보조할 수 있다.

(3) 의무취학에 관한 관계 법규

① 의무교육: 의무교육을 받을 권리(헌법 제31조; 초·중등교육법 제12조)

② 학령아동: 만 6세가 된 다음 날 이후의 최초 학년 초로부터 만 12세가 되는 날이 속하는 학년 말까지의 아동(초·중등교육법 제13조)

③ 취학의무의 유예 및 면제(초·중등교육법 제14조; 동법 시행령 제28조)

- 취학유예신청서(진단서, 기타 사실을 증명할 수 있는 서류 첨부)를 학교장에게 제출하고 면제 또는 유예는 당해 학교장이 결정
- 취학의무 면제는 학부모의 요청에 의한 결정, 유예는 1년 이내로 하되 특별한사유가 있을 시 유예기간 연장 및 재차 이를 유예할 수 있음.

④ 공부상 적령미달자

- 입학 당해 연도 3. 30. 이전에 완료되어 호적을 정정한 입증서류를 제출한 아동에 대해서만 취학아동 명부를 추가로 작성하여 취학통지서 발부
- 우선 취학 기회를 발급하여 교육 기회 부여
- 가족관계법상 신고의무자에게 취학신고 의무를 이행하도록 조치
- 주민등록상의 기준으로 취학 적령 확인 후 교육 기회 부여

3) 의무교육 대상자 학적 처리

(1) 취학의무의 면제 및 유예(초·중등교육법 시행령 제28조)

① 취학의무 면제 또는 유예는 당해 학교의 장이 의무교육 대상자의 보호자의 신청으로 결정한다(보호자가 행방불명 등 부득이한 사유가 있을 경우 당해 학교장이 사유 확인 후 결정함).

② 초등학교 및 중학교의 장은 취학의무의 면제를 결정하는 경우에는 교육감이 정하는 질병 기타 부득이한 사유가 있는 경우에 한하여 행하여야 한다.

③ 취학의무의 유예는 1년 이내로 한다. 다만 특별한 사유가 있을 때에는 다

시 유예하거나, 유예 기간을 연장할 수 있다.

(2) 유예자 등의 학적관리(초·중등교육법 시행령 제29조)

초등학교 및 중학교장은 취학의무를 유예 받는 자 중 입학 이후 유예받은 자나 정당한 사유 없이 3월 이상의 장기 결석을 한 자에 대하여 학칙이 정하는 바에 따라 정원 외로 학적을 관리할 수 있다.

(3) 의무교육 대상자 학적 처리 안내(교육부 학교정책과-885. 2004. 2. 24)

- 의무교육 대상자의 경우 취학(자퇴 포함)시킬 수 없으므로 유예 또는 면제 처리해야 함.
- 유예 또는 면제는 교육감이 정하는 질병 등 부득이한 사유가 있는 경우 보호자의 신청으로 학교장이 최종 결정(행방불명 등으로 보호자가 신청할 수 없을 때에는 학교장이 사유를 확인한 후 보호자 신청 없이 결정 가능)
- 초등학교의 장이 아동의 질병 외에 행방불명, 성장부진 등의 사유로 학부모가 신청한 취학 유예를 결정할 때, 의사 진단서 외에 교육감이 정하는 바에 따라 읍·면·동장이나 학부모 소견서 등도 증빙 서류로 사용할 수 있음.

(4) 재·편입학

① 정당한 사유 없이 3개월 이상 장기 결석한 자에 대해서는 정원 외로 학적을 관리할 수 있음.

② 초·중학교의 경우, 유예·면제·정원 외 관리자가 재·편입학 할 때에는 해당 학생의 학력을 평가하여 학령에 맞는 학년에 재입학시킬 수 있음.

③ 재입·편입·전입생의 수업일수는 다른 학생의 수업일수와 같지 않을 수 있으나(법정수업일수 220일 이상이 안 될 수도 있음), 그 수업일수가 당해 학년 수업일수의 2/3 미만이 될 경우에는 당해 학년도 재입학·편입·전입이 불가능함.

(5) 취학의 독촉(초·중등교육법 시행령 제25조~제27조)

① 독촉 및 경고 및 통보

- 학교장은 다음의 경우 지체없이 그 보호자 또는 고용자에게 학생의 출석을 독촉하거나 의무교육을 받을 것은 방해하지 아니 하도록 경고하여야 한다.

– 정당한 사유 없이 계속하여 7일 이상 결석을 하는 때
– 학생의 고용자에 한하여 의무교육을 받은 것이 방해당하는 때

• 학교장은 독촉 또는 경고 후 7일을 경과하여도 그 상태가 계속되는 때나 2회 이상 독촉 또는 경고한 때에는 그 내용을 초등학교의 경우는 거주지 읍·면·동의 장에게, 중학교의 경우에는 교육장에게 각각 통보하여야 한다.

② 교육감은 수시로 확인·점검하여야 한다.

③ 취학 독려의 책임자와 경찰공무원은 학령아동으로서 길거리에서 배회하는 자를 발견한 때는 그 이유를 조사하여 적절한 취학 독려 조치를 하여야 한다.

4) 특수학급 학사 업무

(1) 취학업무

① 유치부

• 유치원생의 취학은 시·군 교육청 특수교육운영위원회의 선정·배치 결정에 따른다.

• 초등학교 취학의무 유예자가 특수학교 및 특수학급 유치부에 취학하는 것은 불가하다. 단, 초등학교 취학의무 유예자 중 만 3세~만 5세까지 무상교육 지원을 받은 실적이 없는 유아에 한해서는 1년간 특수학급 및 특수학교 유치부에 입학할 수 있다.

② 장애유아 무상교육비 지원

• 지원대상: 유아특수교육기관 외 일반유치원에 취원하는 만 3~5세 장애유아 또한 아동 연령 기간에 무상교육 지원 실적이 없는 만 6세 장애유아도 1년간 지원함

• 신청절차: 특수교육대상자 선정·배치 절차와 동일함

• 지원내용: 1인당 월 ○만원~○○만원

• 지원방법: 장애유아를 배치받은 유치원장이 교육청에 특수교육 대상자 학비 지원 신청서를 제출하면 교육청에서 해당 유치원에 학비 지원. 단, 대상 장애유아가 질병 등 특별한 사유가 없는 한 유치원 교육과정 운영일수의 2/3 이상을 출석한 경우에 지원

③ 초·중학교

학교장이 교육장에게 선정·배치를 신청하면서 시·군·구 특수교육운영위원회의 선정·배치 결정에 따른다.

④ 고등학교

중학교 졸업생 또는 졸업대상자는 희망 고등학교장에게 선정·배치 신청서를 제출하고, 각 시·도 특수교육운영위원회의 선정·배치 결정에 따른다.

⑤ 전문대학 과정 이상

전문대학 과정 이상 각급 학교에 취학하고자 할 경우에는 당해 학교장에게 직접 선정받아야 한다.

(2) 유예 및 면제

① 의무교육대상자는 퇴학(자퇴포함)이 안 되기 때문에 사유에 따라 유예 또는 면제 처리해야 한다(초·중등교육법 제14조).

② 유예 또는 면제는 교육감이 정하는 질병 등 부득이한 사유가 있는 경우 보호자의 신청으로 학교의 장이 최종 결정한다(행방불명 등으로 보호자가 신청할 수 없을 때에는 학교장이 사유를 확인한 후 보호자 신청 없이 결정 가능).

③ 초등학교의 장이 아동의 질병 외에 행방불명, 성장부진 사유로 학부모가 신청한 취학 유예를 결정할 때, 의사 진단서 외에 교육감이 정하는 바에 따라 읍·면·동장이나 학부모 소견서 등도 증빙서류로 사용할 수 있다.

④ 취학의무의 유예기간은 1년 이내로 하되 특별한 사유가 있을 때에는 연장할 수 있다.

⑤ 의무교육 대상자 중 취학의무 면제 및 유예자에 대한 입학 또는 재(편)입학을 허가하는 때에는 초등학교에 한해 학생의 생활연령 및 학력을 평가하여 학교장이 입학 또는 재(편)입학 학년을 결정한다(초·중등교육법 시행령 제29조 제2항).

(3) 전출·입 업무

① 특수학급설치교의 특수교육 대상자의 전출·입 업무는 학적계에서 처리한다(초등학교의 경우 통합학급 담임교사가 처리한다).

② 특수교육 대상자의 전출 시 특수학급 담당교사는 개별화 교육계획 및 특수교육 대상자 선정·배치 결과 통지서(공문) 사본을 전학서류에 첨부하여 송부한다.

③ 특수교육 대상자의 전입 시 유·초·중학교과정은 시·군·구 특수교육운영위원회로, 고등학교과정은 시·도 특수교육운영위원회로 서류를 보내어 특수교육 대상자로 배치받는다.

5) 특수학급 예산 편성

특수학급 예산은 특수학급 교재·교구 구입비와 학교운영비에 포함되어 있는 일반학급과 동일 수준의 급당 경비이다. 특수학급운영비는 목적경비로 특수학급 아동 지도를 위한 교재·교구 구입, 시설·설비 및 기자재 구입, 특수학급 교육과정 운영을 위해 필요한 경비로 사용되어야 한다.

예산이 1년 단위로 책정되어 지급되므로 당해 예산은 당해 년도에 집행하도록 한다. 특수학급 운영비는 특수학급 교재·교구 구입을 위한 목적사업비로 학급 운영 시 부족한 교재 및 교구를 확충시키기 위해 사용해야 한다.

학급 운영비는 일반학급과 동일하게 투자되어야 하며 특수학급의 일반 교구나 설비, 공통적으로 집행되는 시청각 기자재, 온·난방에 필요한 경비, 편의시설 설치 등에 운용된다. 따라서 특수학급 운영비는 특수학급 운영에 필요한 예산 집행 계획을 연도 초에 우선순위를 정하여 수립하고 집행되어야 한다. 따라서 특수학급 교사는 집행 시기와 예산의 범위를 확인한 후 교수·학습자료 및 교재의 구입 품의를 요구하고, 구입 물품에 대해서는 특수학급 교사의 철저한 관리가 뒤따라야 한다.

(1) 예산안의 편성 절차

기본지침 시달 ➡

- 회계연도 개시 3개월 전까지 단위학교 시달
- 관할청의 교육재정 여건 및 운용 방안 제시
- 교육시책 및 권장 사업 포함
- 예산과목 및 과목 내용 등 학교 예산 운용에 대하여 필요한 제안 내용 포함

↓

단계		내용
교직원의 예산요구서 제출	➡	• 예산 편성 지침 시달 후 학교예산 편성 방향 및 계획에 따라 제출 • 교육과정 운영 및 학교 운영을 위하여 필요한 사업 및 재정 소요액 등 기록 • 부서별 및 개인별 예산요구서 제출
↓		
연간 총 전입금 및 분기별 자금 교부계획 통보	➡	• 관할청으로부터 학교회계로 전출되는 금액의 총 규모 및 분기별 자금 교부계획 통보 • 목적사업의 경우 대상 학교가 지정되는 대로 확정·통보
↓		
예산 조정 작업 및 예산안 확정	➡	• 단위 학교의 총 세입 규모 확정 • 부서 또는 전체 조정회의를 거쳐 예산안 확정
↓		
예산안 제출	➡	• 회계연도 개시 30일 전까지 학교운영위원회에 제출

(2) 예산안의 심의 및 확정 절차

단계		내용
예산안 통지	➡	• 학교운영위원들에게 회의 개최 7일 전까지 예산안 통지
↓		
예산심사 소위원회 구성	➡	• 예산 심의의 효율성을 높이기 위하여 학교운영위원회의 의결에 의해 자율적으로 구성
↓		
학교장 제안 설명 및 관계자 의견 청취	➡	• 학교의 교육시책 방향 및 재정 여건, 예산 편성 방향 및 내용에 대한 학교장(행정 담당자) 제안 설명 • 예산안과 관련된 교직원 의견 청취 • 소위원회 구성시 소위원회 위원장이심사 의견 발표
↓		

예산한 심의 결과 송부 ➡
- 회계연도 개시 5일 전까지 심의 종료
- 학교장에게 예산안 심의 결과 송부

↓

예산 확정 ➡
- 학교장이 학교회계 세입·세출 예산 확정

(3) 예산 집행 절차

총 예산 확인 ➡ 필요한 자료 조사 ➡ 연간 구입 계획서 작성 ➡

품의 요구 결재 ➡ 주문 ➡ 검수 ➡ 자료대장 등재 ➡ 사용

(4) 특수학급 운영비 집행 시 유의할 점

① 집행계획을 수립하고 우선순위를 작성하여 적절한 시기에 필요한 자료를 구입한다.

② 특수학급 학생 지도에 꼭 필요한 것인가를 고려하여 교육과정 운영 및 수업활동에서 학생에게 직접 투입할 수 있는 자료를 구입한다.

③ 조잡하지 않고 장기적으로 사용할 수 있는 자료를 구입한다.

④ 학생의 학습능력에 적합한 자료를 교사가 직접 제작하여 활용한다.

⑤ 시설, 비품, H/W, S/W 등 각종 기자재 등은 학교교육비에서 구입한다.

⑥ 체험학습 시 차량 대여나 소모품 구입으로 집행하지 않는다.

⑦ 학교 예산의 1% 이상을 장애학생 편의시설 설치를 위해 계획을 수립하고 집행한다.

(5) 집행할 수 있는 자료 목록

교과별 교수·학습자료, 치료교육 자료, 각종 놀이 자료, 교육용 S/W, 직업교육용 자료, 특수교육 관련 도서, 자료 제작에 필요한 재료, 각종 검사 도구 및 검사지, 직업교육용 소모품, 체험학습 경비 등

5 특수학급의 운영 예(서울의 A학교)

1) 특수학급의 설치

설치 근거	교육기본법 제18조(특수교육) 초·중등교육법 제59조(통합교육) 특수교육법 제3조(의무교육) 제5조(국가 및 지방자치단체의 임무)
설치 목적	특수학교 교육의 혜택을 받지 못하거나, 일반학급에 입학하였으나 심신의 장애로 인하여 정상적인 학습이 곤란한 장애학생에게 특수교육의 혜택을 주기 위하여 특수학급이 설치되게 되었다. 장애학생 개개인의 독특한 교육적 요구에 맞는 특별한 교육과정, 방법 및 자료를 활용하여 장애학생의 잠재능력을 최대한도로 발휘케 하고, 그들의 개성을 개발·신장시켜 주는 데 그 목적이 있다.
본교 특수학급의 연혁	2003년 3월: 특수학급 1학급 신설 2004년 3월: 특수학급 1학급 증설 2018년 현재: 특수학급 2학급 운영 (특수교육 대상 학생 14명, 특수교육 교사 3명)

2) 교육목표와 구현 계획

가. 서울시 교육의 특수교육

기본 방향	주요 시책	구현 중점
Ⅰ. 균형적인 특수교육 기회 완전 보장	1. 균형적인 특수교육 기회 확대	11. 특수교육 대상 학생의 완전 취학 및 학습권 보장
	2. 통합교육의 기반 구축 및 운영의 내실화 도모	21. 통합교육 기반 구축 22. 통합교육 운영 내실화
Ⅱ. 일반교육과 특수교육의 책무성 공유	3. 교수−학습방법의 다양화를 통한 특수교육의 질 제고	31. 특수학교(급) 교육과정 운영 충실 32. 직업·진로교육 충실 33. 특수교육 대상 학생의 치료교육 강화 34. 특수교육 정보화 지원 확대
Ⅲ. 특수교육 공동체가 만족하는 지원체제 구축	4. 교원의 특수교육 책무성 및 전문성 강화	41. 일반교원의 특수교육에 대한 책무성 강화 42. 특수교육 담당 교원의 전문성 및 책무성 강화
	5. 특수교육 지원체제 강화	51. 특수교육 행정·재정 지원 확대

나. 본교 특수학급

<table>
<tr><th>교육 목표</th><th>실행 계획</th><th>시기</th><th>비고</th></tr>
<tr><td rowspan="9">① 기본적인 학습 능력을 갖춘 사람</td><td>㉠ 개별화교육의 내실화</td><td rowspan="3">학기 초 3월</td><td rowspan="9">♣ 필요한 예산은 별도 계획에 따라 집행함.</td></tr>
<tr><td>• 학부모와 지역사회의 요구 조사</td></tr>
<tr><td>• 오리엔테이션(원반 적응) 기간 운영</td></tr>
<tr><td>• 장기/단기목표 수립과 월중 교육 활동 계획 수립</td><td rowspan="4">연 중</td></tr>
<tr><td>• 개별 지도 및 소집단 모둠별 수업</td></tr>
<tr><td>• 교재·교구 확충</td></tr>
<tr><td>㉡ 통합교육의 활성화</td></tr>
<tr><td>• 효율적인 통합교육을 위한 교직원 직무연수</td><td>1회(별도계획)</td></tr>
<tr><td>• 특수교사, 원반 담임, 교과지도 교사 간의 협의회</td><td>4과 9월 첫째 주, 필요시</td></tr>
<tr><td rowspan="11">② 자립에 필요한 기능을 갖춘 사람</td><td>㉢ 생활훈련의 강화</td><td rowspan="2">연 중</td><td rowspan="15">♣ 필요한 경우 학부모, 보조교사, 자원봉사자들을 적극적으로 활용함.</td></tr>
<tr><td>• 가정과 학교생활에 필요한 기본 예절과 규칙 익히기</td></tr>
<tr><td>• 단체생활 적응 훈련</td><td rowspan="2">월 1~2회 (현장학습)</td></tr>
<tr><td>• 지역사회 공공기관 이용하기</td></tr>
<tr><td>㉣ 치료활동의 체계화</td><td rowspan="4">연 중</td></tr>
<tr><td>• 부적응 행동 수정</td></tr>
<tr><td>• 언어 및 심리치료</td></tr>
<tr><td>㉤ 학교와 가정의 연계지도 강화</td></tr>
<tr><td>• 알림장을 활용한 의사 교환</td><td>매 일</td></tr>
<tr><td>• 학부모 개별 상담</td><td>3월, 필요시</td></tr>
<tr><td>• 명예교사제 운영</td><td>1회(별도계획)</td></tr>
<tr><td rowspan="4">③ 건전한 취미와 여가를 활용하는 사람</td><td>㉥ 1인 1취미 익히기</td><td rowspan="4">연 중</td></tr>
<tr><td>• 취미·동아리 활동에 참여하기</td></tr>
<tr><td>• 방과 후 지역사회 활동 강화</td></tr>
<tr><td>• 여러 가지 여가활동 경험하기</td></tr>
</table>

④ 신체 건강하고 정서가 순화된 사람	㉦ 위생생활의 습관화	연 중	♣ 필요한 경우 학부모, 보조교사, 자원봉사자들을 적극적으로 활용함.
	• 중식 후 이 닦기 지도		
	• 위생생활과 성교육 지도		
	㉧ 공동놀이 활동의 강화		
	• 공동놀이를 통한 운동능력과 협동심 배양		
	• 사제 동행 산행		
⑤ 직업을 인식하고 탐색하는 사람	㉨ 직업탐색 기회의 제공		
	• 지역사회 내의 다양한 직업을 조사·견학하기		
	• 전문기관의 직업적성 평가받기		
	㉩ 직업 전 훈련의 강화		
	• 다양한 기초작업 훈련의 강화		
	• 복지관, 자활작업장과의 연계 직업교육 활성화		

3) 교육과정 운영 계획

가. 운영 방침

① 교육과정은 학생들이 장차 사회로 진출하여 시민으로서의 권리와 의무를 행사할 수 있도록 ‘기능적 생활중심 교육과정’과 ‘학문중심 교육과정’을 병행하여 운영한다.

② 교육 목표 및 내용은 과정과 학년에 관계없이 학생의 능력과 장애 특성에 적합한 수준을 선택하여 개별화교육을 고안·운영한다.

③ 교과는 모든 영역과 내용을 통합하여 종합적인 학습이 되도록 하며 계속성과 계열성이 유지되도록 운영한다.

④ 개인별 능력에 따라 통합할 수 있는 교과를 확대해 나간다.

⑤ 다양한 지역사회의 자원들을 폭넓게 활용한다.

⑥ 자연과 사회적 현상을 직접 경험하게 하는 현장학습은 지도 영역이나 내용에 따라 수시로(월 1~2회) 실시한다.

⑦ 다양한 교재·교구를 확충하여 활용한다.

⑧ 운영의 효율성을 극대화하기 위하여 행정적·재정적 지원을 적극적으로 한다.

⑨ 직업인으로서의 태도와 기능을 향상시키기 위하여 지역사회에 있는 기관, 복지관 및 산업체와의 연계교육을 강화한다(주 1~2회).

나. 운영 계획

영 역	운영 내용
입 급	<입급 대상: 특수교육법 제15조에 해당하는 학생> ① 정신지체를 지닌 특수교육 대상자: 지능검사 결과 지능지수가 75 이하이며, 적응행동에 결함을 지닌 자 ② 정서장애를 지닌 특수교육 대상자 ㉮ 지적, 신체적 또는 지각적인 면에서 이상이 없음에도 학업성적이 극히 부진한 자 ㉯ 친구나 교사들과의 대인관계에 부정적인 문제를 지닌 자 ㉰ 정상적인 환경 하에서 부적절한 행동이나 감정을 나타내는 자 ㉰ 늘 불안해하고 우울한 기분으로 생활하는 자 ㉱ 학교나 개인 문제에 관련된 정서적인 장애로 인하여 신체적인 통증이나 공포를 느끼는 자 ③ 언어장애를 지닌 특수교육 대상자: 조음장애, 유창성장애, 음성장애, 기호장애 등으로 인하여 의사소통이 곤란하고 학습에 어려움이 있는 자 ④ 학습장애를 지닌 특수교육 대상자: 읽기, 쓰기, 말하기, 셈하기 등 특정한 분야에서 학습상의 장애를 지닌 자 ⑤ 지체부자유, 청각장애, 시각장애, 기타 교육부령이 정하는 장애를 지닌 특수교육 대상자
환 급	① 환급의 개념: 특수교육 대상자로서 심사·선정되어 입급된 학생이 특수교육을 받은 후, 일반학급에서의 교육이 가능한 최소한의 기초 학력이나 생활적응력이 향상되면 통합(원적)학급으로 환원시키는 과정을 말한다. ② 환급상의 유의점: 환급은 수시로 할 수 있으나 가능한 한 학기 초 30일 이내에 실시하는 것이 좋으며, 가급적이면 부분적인 교과환급을 통한 통합운영의 단계를 거친다.
편성인원	① 1명~12명: 1학급, ② 13명~24명: 2학급, ③ 25명 이상: 3학급

교육과정 운영지침	① 특수교육의 목적은 일반교육의 목적과 같다. ② 일반학급 교육과정에 준하되, 학생의 개별 능력에 맞게 내용을 하향 조정하여 운영한다. ③ 학년별 수업시수 및 연간 수업일수는 일반고등학교와 특수학교 교육과정을 절충하여 결정한다. ④ 항상 원적학급과 상호 교류하고, 필요하면 수시로 환급 조치한다. ⑤ 학년 초 3월의 오리엔테이션 기간에는 원적학급에서 생활적응훈련을 하되, 필요시 특수학급에서 각종 심리검사, 학력검사 및 예비훈련을 실시한다.
학 적	① 학적은 일반학급에 둔다. ② 학교생활기록부와 건강기록부는 일반학생과 동일하게 작성·비치한다. ③ 특수학급 출석부는 보조장부로 활용한다.
특수교사 임무	① 임무 ▷ 교과(국어, 수학, 영어, 한문) 및 직업 지도 ▷ 생활지도 ▷ 입·환급 심사 ▷ 자료 개발 및 제작 ▷ 학급 사무처리 및 교육환경 조성 ▷ 특수교육운영위원회 보조 등 ◈ 특수교육운영위원회 ㉠ 위원장: 학교장 ㉡ 부위원장: 교감 ㉢ 위원: 교무부장, 학생부장, 특수교사, 보건교사, 통합학급 담임
학생지도 지침	① 가정환경, 지능, 정서, 신체 및 사회성 등의 자료를 개별적으로 다양하게 수집·분석하여 지도한다. ② 통합학급 담임과 상호 협조하여 일관성 있게 지도한다. ③ 학교, 가정 및 사회가 서로 연계하여 지도한다. ④ 안전 및 위생교육을 지속적으로 실시한다.
교실환경 구성	① 학생들이 즐겁게 활동하고 생활할 수 있도록 다양한 환경을 구성한다. ② 행사, 계절, 경험, 과제 등을 고려하여 교육적으로 환경을 구성한다.
장부 관리	① 개별화 교육계획(IEP) ② 특수학급 운영계획서 ③ 특수학급 기교재 관리대장 ④ 현장학습 및 직업교육 일지 등

4) 교과활동 및 특별활동 운영 계획

가. 교과활동

① 교과지도 계획

㉮ 학생의 수준과 특성을 고려하여 과목별 개별화교육계획을 구안·운영한다.

㉯ 학생 개개인에 알맞은 학습자료를 개발·확충하며, 쾌적한 학습환경 조성에 주력한다.

㉰ 능력별 보상제도 운영으로 학습 성취동기를 높인다.

② 주요 교과지도 중점

주요 교과	지도 중점
국 어	① 상군: 생활에 필요한 말과 글을 바르게 표현하고 이해할 수 있게 한다. ② 중군: 자신의 의사를 바르게 표현하고 지시를 잘 따르며, 생활에 필요한 글을 바르게 읽고 쓸 수 있게 한다. ③ 하군: 간단한 말로 의사를 표현하고 지시를 잘 따르며, 생활과 관련된 낱말을 바르게 읽고 쓸 수 있게 한다.
수 학	① 상군: 생활에 필요한 논리적·수리적 지식과 기능을 익힐 수 있게 한다. ② 중군: 자연수의 사칙연산을 할 수 있고 화폐를 바르게 사용할 수 있게 한다. ③ 하군: 생활에 필요한 수 개념과 연산 능력을 가질 수 있게 한다.
직 업	① 상·중군: 직업에 대한 기본적인 지식과 기능을 습득하고 올바른 태도를 가질 수 있게 한다. ② 하군: 기본적인 생활기능과 작업능력을 신장시키고, 작업에 대한 흥미와 보람을 느낄 수 있게 한다.

나. 특별활동

영 역	지도 중점
학급 활동	① 자기표현 및 자기결정 능력을 기른다. ② 올바른 인간관계 방법을 익힌다. ③ 자율적인 문제 해결 능력을 기른다.
클럽 활동	① 여러 가지 활동을 통해 여가선용과 질서생활 방법을 익힌다. ② 다양한 체험학습으로 사회적응력을 기른다.
학교 행사	① 각종 행사를 통해 소속감과 국가관을 확립한다. ② 집단적응력을 기른다. ③ 사회봉사 태도를 기른다.

5) 직업교육 및 현장학습 운영 계획

가. 직업교육

<table>
<tr><td colspan="2">목 적</td><td>특수학생의 독특한 교육적 요구, 적성 및 능력에 알맞은 직업교육 기회를 부여함으로써, 일정한 직업능력을 갖추어 견실한 직업인으로서 건전한 사회생활을 영위할 수 있도록 함.</td></tr>
<tr><td colspan="2">운영 방향</td><td>① 학생의 교육적 요구, 적성 및 능력, 부모의 교육적 요구, 지역사회의 특성, 미래 사회의 변화 등에 부응하는 직업교육을 모색한다.
② 위탁 직업교육의 효율성을 극대화시킨다. 지역사회 공공기관(광명종합사회복지관, 광명장애인종합복지관, 광명시평생학습원, 자활작업장, 공공직업훈련원 등)의 교육훈련 여건(시설, 장비, 자격증 취득률, 취업률 등)을 고려하여 연계한다.
③ 안전사고 예방에 철저를 기한다.</td></tr>
<tr><td rowspan="3">내용 및 방법</td><td>자체 교육</td><td>① 내용: 컴퓨터, 기초작업, 요리
② 방법: 주당 1시간씩 운영을 원칙으로 한다.</td></tr>
<tr><td>강사 초빙 교육</td><td>① 내용: 수예, 종이접기
② 방법: 전문강사를 초빙하여 주당 2시간씩 운영한다.</td></tr>
<tr><td>위탁 교육</td><td>① 내용
㉠ 광명종합사회복지관의 '푸르미교실'
- 매주 월요일 실시
- 교육내용: 제과·제빵, 스포츠댄스 등
㉡ 광명장애인종합복지관의 '파랑새열린학교'
- 매주 금요일 실시
- 교육내용: 조립, 도예, 공예, 특수체육, 작업훈련 등
② 방법: 전일제로 운영하되, 도교육청에서 지급되는 직업교육비를 활용한다.</td></tr>
</table>

나. 현장학습

목 적	다양한 현장체험 학습을 통하여 바른 인성과 사회적응력을 기르며, 더불어 살아가는 공동체 의식을 함양할 수 있도록 함.
운영 방향	① 지역사회의 다양한 자원을 폭넓게 활용하는 교육을 통하여 향토애와 소속감을 갖게 한다. ② 바람직한 대인관계기술과 사회적응기술을 체계적으로 관찰하고 습득할 수 있는 폭넓은 기회를 제공한다. ③ 직업교육과 연계하여, 지역사회의 다양한 일터를 진로탐색의 장으로 활용한다. ④ 기본 질서 및 안전 교육을 철저히 한다.
내 용	① 관공서(동사무소, 은행, 시청, 경찰서 등) 및 공공기관(박물관, 도서관, 극장, 서점 등) 이용하기 ② 대중교통(버스, 택시, 전철 등) 이용하기 ③ 직업현장(보호작업장, 자활작업장, 특수학교, 산업체, 공장 등) 견학하기 ④ (문방구, 슈퍼, 식당, 백화점 등에서) 물건 주문·구입하기 ⑤ 기타: 사제 동반 산행 등
방 법	월 1~2회 실시

6) 본교 특수학급 현황 및 실태

가. 학생 관리

① 입학 및 편입학은 본교 특수교육운영위원회의 판별·심의를 거쳐 허가한다.

② 전학, 휴학 및 퇴학은 본교의 학칙에 준한다.

나. 학생 현황

구분 / 성별	장애유형						장애등급			계
	정신지체	발달장애	지체부자유	뇌병변장애	정서장애	중복장애	1급	2급	3급	
남	7	2	1	0	0	0	0	7	3	10
여	1	0	1	1	0	1	2	2	0	4
계	8	2	2	1	0	1	2	9	3	14

제 3 장 개별화교육 계획

1 법적 근거

미국에서 개별화교육을 처음으로 명문화한 법은 미국의 전장애아동교육법(PL 94-142, 1975)이다. 이는 모든 장애아동 개개인의 독특한 교육적 요구에 맞은 최적의 무상 공교육을 제공하기 위하여 제정되었다. 구체적으로, 장애아동의 독특한 교육적 요구를 충족시켜 주기 위해 고안된 특수교육과 관련 서비스를 강조하고, 장애아동뿐만 아니라 부모나 교육자의 권리를 보호하며, 모든 장애아동의 교육을 담당하는 기관을 지원하고, 장애인교육의 효과를 평가, 검증하기 위한 것으로 매우 중요한 법적 조치가 되었다. 이 법은 완전 취학, 공정한 평가, 개별화교육계획(IEP), 최소제한환경, 정당한 법의 절차, 부모 참여 등의 여섯 가지 중요한 철학과 원리를 제시하고 있는데, 이러한 상호의존적인 원리들은 IEP를 고안, 운영할 때 반드시 고려해야 할 요소들이다. 미국의 장애인교육법은 IEP를 다음과 같이 구체적으로 정의하고 있다. "개별화교육계획은 장애아동 개개인을 위한 문서화된 진술이며, 각 아동의 개별화교육계획은 아동이 받거나 받아야 할 특수교육과 관련 서비스를 자세하게 기술하기 때문에 매우 중요한 문서이다." 이 정의에 의하면, IEP란 장애아동이 받아야 할 교육과 이에 관련된 서비스를 구체적으로 진술한 문서이다.

우리나라의 장애인 등에 대한 특수교육법 제22조(개별화교육)는 "각급학교의 장은 특수교육대상자의 능력 및 특성에 적합한 개별화교육방법을 강구하여 특수교육대상자로 하여금 그의 능력을 최대한 계발하도록 하여야 한다"라고 규정하고 있는데, 이 조항은 특수교육 대상자의 능력을 최대한도로 발휘하도록 하는 가장 중요한 수단이 IEP임을 강조하고 있으며, IEP가 선택사항이 아니라 의무적임을 규정하고 있다. 보다 구체적으로, 특수교육법 시행규칙 제4조(개별화지원팀의 구성 등)에는 "① 각급학교의 장은 법 제22조제1항에 따라 매 학년의 시작일부터 2주 이내에 각각의 특수교육대상자에 대한 개별화교육지원팀을 구성하여야 한다. ② 개별화교육지원팀은 매 학기의 시작일부터 30일 이내에 개별화교육계획을 작성하여야 한다. ③ 개별화교육계획에는 특수교육대상자의 인적사항과 특별한 교육지원이 필요한 영역의 현재 학습수행수준, 교육목표, 교육내용, 교육방법, 평가계획 및 제공할 특수교육 관련서비스의 내용과 방법 등이 포함되어야 한다. ④ 각급학교의 장은 매 학기마다 개별화교육계획에 따른 각각의 특수교육대상자의 학업성취도 평가를 실시하고, 그 결과를 특수교육대상자 또는 그 보호자에게 통보하여야 한다"라고 명시하면서 개별화교육계획서의 작성과 작성 시기를 규정하고 있다. 위에서 언급된 IEP는 장애아동에게 매우 중요한 문서이며 교육 전반에 관한 것을 진술하고 아동의 수준에 적절한 교육을 하기 위한 교육계획서라고 할 수 있다. 또한 IEP를 효율적으로 작성하는 교사의 능력이 바로 특수교육 교사와 일반교육 교사의 질을 결정짓는다고 할 수 있다. 그러나 IEP가 특수교육의 중요한 수단이자 법적인 서류이기는 하지만, 특수교육 교사와 일반교육 교사들이 법이 요구하는 IEP를 효율적으로 작성하여 이를 활용하고 있는가?

이와 같은 중요성에도 불구하고 IEP에 대한 국내 연구는 매우 한정되어 있다. 대부분의 연구들은 개별화교육계획을 작성하는 절차와 내용에 관한 지침 수준에 머물러 있다. 이와 같은 결과는 우리나라의 개별화교육계획 단계가 가장 기본적인 '규범적 단계'에 머물러 있다고 할 수 있다. 따라서 통합교육이 국가의 중요한 교육시책이 되어감에 따라, 특수교육 교사뿐만 아니라 일반교육 교사도 손쉽게 IEP를 구안·운영할 수 있는 방안이 마련되고, 우리나라 개별화교육계획 수준이 '질적 실행단계'로 향상될 수 있는 연구가 필요하다.

2 IEP의 성격

IEP는 장애아동의 독특한 요구를 충족하기 위한 특수교육의 핵심적인 실천 방법이라고 할 수 있다. IEP의 성격을 미국 장애인교육법에 근거하여 보다 자세하게 정리하면 다음과 같다.

첫째, IEP는 아동에게 최적의 무상 공교육을 제공하기 위해 문서로 작성되는 과정이고 결과이다. IEP에는 장애아동에게 적합한 교육적 서비스와 활동이 명확하게 기술되어야 한다. 또한 IEP는 관련 법적 규정을 충족시키고, 일일 수업 지도안에 대한 지침을 제공할 수 있는 생생한 문서이다.

㉠ IEP 문서는 모든 팀 구성원이 이해할 수 있는 언어로 작성된다.

㉡ IEP에 명시된 대로 서비스를 실시한다.

㉢ IEP 양식은 법적 규정을 충족시킨다.

㉣ IEP는 최소한 1년마다 점검, 수정된다.

둘째, IEP는 미래에 대한 아동과 가족의 비전을 반영한다.

각 아동의 IEP는 그 아동과 가족의 희망, 꿈, 통찰, 기대 등을 기초로 작성된다. 비전은 아동, 가족 및 교사의 대화나 논의를 통해 개발된다. IEP 팀은 아동의 독특한 교육적 요구를 충족시켜 주고 미래의 성인 생활을 준비시키는 프로그램을 고안해야 한다.

㉠ IEP운영위원회의 참여자로서 가족과 아동에게 자신들의 희망, 꿈, 통찰, 기대에 관한 의견진술의 기회를 제공한다.

㉡ IEP 과정은 비전에 관한 IEP 팀의 논의로 시작된다.

㉢ 비전은 IEP 문서 내에 명확하게 진술된다.

㉣ 비전은 매년마다 점검, 수정된다.

㉤ 비전은 IEP 과정 전반에 걸쳐서 반영된다.

셋째, 교육효과를 극대화시키기 위해서, 장애아동은 일반아동과 함께 교육을 받는다.

일반교육환경이야말로 모든 아동에게 가장 적합한 교육의 장이라는 가정 하에, 모든 학교는 장애아동의 개인적 요구와 '최소제한환경'이라는 법적 규정을 충족시켜 주는 최적의 교육환경을 제공해야 한다.

㉠ 교육효과를 극대화시키기 위하여, 장애아동은 일반아동과 함께 교육을 받는다.
㉡ 장애아동은 정당한 이유 없이 일반교육환경에서 제외되지 않는다.
㉢ 장애아동은 일반아동의 학교경험으로부터 불필요하거나 부적절하게 분리되어서는 안 된다.
㉣ 학교는 일반아동과 함께 교육받는 데 필요한 보완전 보조기구나 서비스, 교육방법 개선이나 수정, 그리고 다양한 지원방안을 장애아동에게 제공한다.
㉤ 학교는 특수학급과 독립시설을 포함하는 일련의 서비스 공간을 제공한다.
㉥ 장애아동이 장애가 없었다면 입학했을 것으로 기대되는 이웃 학교가 제일 좋은 위탁교육 장소이다.
㉦ IEP 팀은 아동의 독특한 교육적 요구, 설정된 목표 및 목표 달성에 필요한 서비스를 고려하여 장애아동에게 적합한 교육환경을 결정한다.

넷째, IEP 구안은 협력적 과정이다.

모든 팀 구성원 간의 협력은 아동의 교육경험의 성패를 좌우한다. 모든 구성원은 동등한 참여자로서 서로 조언하고 경청하며 상대를 격려하고 질문한다. 모두가 서로를 대등한 입장으로 존경해야 한다. 부모나 다른 가족은 중요한 정보를 제공해 줄 수 있고, 아동 또한 자신의 요구, 강점 및 흥미를 그 누구보다도 정확하게 표현할 수 있다.

㉠ 아동은 가능한 한 어린 나이에 참여하여 자신을 변호한다.
㉡ 부모와 아동은 자신의 권리를 잘 이해한다.
㉢ IEP운영위원회의 모든 구성원은 상대방의 이름이나 직함을 잘 안다.
㉣ 부모는 장애아동에 관해 잘 알고 있는 다른 사람을 IEP운영위원회에 초청할 수 있음을 이해한다.
㉤ IEP운영위원회는 모든 구성원이 합의한 시간에 개최된다.
㉥ 모든 참여자는 상식적인 성과에 초점을 둔다.
㉦ 장애 관련 공공기관의 대표자가 초대되어 IEP 구안과정에 참여할 수 있다.
㉧ 협력적 IEP 과정은 상호 격려과정을 통해 보다 효율적이고 능률적이 된다.

다섯째, IEP 팀은 아동의 IEP를 일반교육과정과 관련지어 구안한다.

일반교육과정에의 접근을 용이하게 해 주거나, 참여와 향상에 필요한 지원을 제공하거나, 또는 교사가 장애아동에게 높은 기대를 가지고 있다면, 장애아동은 보다 많은 성공을 경험하게 된다. IEP 팀은 특수교육과 관련 서비스, 보완적 보조기구와 서비스, 보조공학, 교육방법의 개선, 교원 지원방안 등을 고려하여야 한다.

㉠ 일반교육 교사는 IEP 팀에 적극적으로 참여한다.

㉡ 일반교육 과정을 잘 알고 있는 사람이 IEP 팀의 구성원이 된다.

㉢ 현재의 교육적 수행수준은 일반교육 과정을 기준으로 진술한다.

㉣ 가능하다면, 교육목표는 일반교육 과정에서 선정한다.

㉤ 교육과정의 기준이나 표준은 아동의 발달상황 또는 향상을 평가하는 데 활용된다.

㉥ IEP에는 일반교육 과정에의 참여와 향상에 필요한 서비스와 지원을 명확하게 제시한다.

여섯째, IEP 과정은 아동의 향상을 점검·수정하는 과정이고, 아동의 요구를 제대로 반영하는지에 관해 의사결정하는 과정이다.

점검 및 의사결정 과정을 위해 수집된 자료는 IEP 팀의 중요한 의사교환 도구로 활용되며, 장애아동을 위해 특별히 고안된 교수-학습활동을 계획하는 데 매우 중요하다.

㉠ 교육목표는 의미 있는 것이고, 측정 가능해야 하며, 아동의 향상을 점검·수정하고, 의사결정을 하는 데 활용된다.

㉡ 의사결정 과정에 필요한 평가전략, 자료 수집 및 분석 방법을 개발한다.

㉢ IEP 팀의 모든 구성원은 교육목표 달성에 관한 정보를 제공받는다.

위에서 제시된 IEP의 여섯 가지 특성을 잘 이해해야 개별화교육계획을 잘 작성할 수 있다.

3 IEP의 구성 요소

특수교육법 시행규칙 제4조(개별화교육운영 등) 제3항은 개별화교육계획의 구성요소로서 ① 대상아동의 인적사항, ② 현재의 학습 수행 수준, ③ 장·단기 교육목표, ④ 교육의 시작 및 종료일, ⑤ 교수방법 및 평가계획, ⑥ 기타 개별화교육운영위원회가 정하는 사항을 규정하고 있다.

위에서 언급된 사항 이외에 미국의 장애인교육법(IDEA)은 ① 일반교육 과정에 일반아동과 함께 참여할 수 없는 이유에 대한 설명, ② 전환교육 서비스, ③ 권리의 위임, ④ 학령기의 연장에 관한 진술이 IEP에 포함되도록 규정하고 있다.

한 가지 흥미로운 사실은 우리나라의 특수교육법이 분리교육, 즉 특수학교 교육에 초점을 맞추어 제정된 반면에, 미국의 장애인교육법은 통합교육에 초점을 맞추어 제정되어 있다는 것이다. 그 중요한 근거로 미국의 장애인교육법은 IEP에 대상 아동이 일반교육 과정에서 일반아동과 함께 교육받을 수 없는 이유를 구체적으로 진술하도록 규정하고 있다는 점이다. 이는 장애인교육법이 처음부터 특수교육 대상자들의 완전한 통합교육을 전제로 하고 있음을 반증하고 있다. 물론, 우리나라 특수교육법에도 통합교육에 관한 규정이 있다. 즉, 동법 제21조에서 통합교육에 관하여 규정하고 있지만, 대부분의 규정이 특수학교 교육에 초점을 맞추고 있다.

4 IEP의 구안 및 운영

IEP를 효율적으로 구안·운영하기 위해서는 일련의 체계적인 과정을 꼼꼼하게 밟아야 한다. 즉, IEP 준비, 구안, 운영, 평가 과정을 거친다. 이를 보다 세분하면 IEP운영위원회의 구성, 아동의 현재 수행능력 평가, 연간 목표 설정, 단기 목표 설정, 차시별 목표 및 활동 추출, IEP 작성, IEP 실시, 평가, 수정 및 보완의 과정을 거친다. [그림 3-1]은 IEP 구안 및 운영 과정을 모형화한 것이다.

① 대상 아동의 인적사항 조사 ➡ ② 현재 학습 수행 수준 조사 ➡ ③ 연간 교육목표 수립

① 대상 아동의 인적사항 조사

조사 방법	• 생활기록부 참조 • 건강기록부 참조 • 가정환경조사서 • 진단평가 • 원적 담임 협조 • 부모 면담
기록 내용	• 아동의 인적사항 • 진단평가 결과

② 현재 학습 수행 수준 조사

조사 방법	• 진단평가 결과 종합분석 • 교사 자격 검사 • 교사 관찰
기록 내용	• 교과 중심으로 강점과 약점 영역으로 기록 • 부모 요구 • 교육활동계획

③ 연간 교육목표 수립

수립 방법	• 현재 학습 수행 수준 • 학업 성취 속도 • 아동의 우선적인 요구 • 교수활동 소요시간 • 원적 담임 협조 • 부모 면담
기록 내용	• 현재 학습 수행 수준에 따라 교과(국어, 수학, 기타) 영역별로 기록

④ 단기 교육목표 수립 ➡ ⑤ 주간 교수-학습계획안 작성 ➡ ⑥ 평가 후 재지도

④ 단기 교육목표 수립

수립 방법	• 원적 학급의 연간지도 계획 참조 • 계열성 있게 단원지도 목표의 재조정
기록 내용	• 월간, 주간 단위로 지도 시기와 내용 설정 • 학습목표의 단순 구체화 • 계열성 강조

⑤ 주간 교수-학습계획안 작성

수립 방법	• 단기 교육목표의 구체화 • 시간당 인원의 최소화를 위한 개인 시간표 조정
기록 내용	• 원적학습 학습목표를 단기 교육목표에 따라 단순, 구체화시킴 • 학습목표의 세분화

⑥ 평가 후 재지도

수립 방법	• 영역별 평가 • 월별 평가 • 종합 평가
기록 내용	• 문장식 기록 • 부진 영역에 대한 재지도 사항 기록

[그림 3-1] IEP의 구안 및 운영 과정

1) IEP 준비

IEP 준비단계에서는 IEP운영위원회와 IEP 팀의 구성이 중요하다.

(1) IEP운영위원회

특수교육법 시행규칙 제4조 제1항은 IEP운영위원회에 대해 구체적으로 규정하고 있다. 즉, 이 위원회는 위원장 1인을 포함한 5인 이상 10인 이하의 위원

으로 구성하며, 여기에서 개별화교육 프로그램의 구안·운영, 적절한 교육적 배치, 계획된 프로그램의 수행과 평가를 연구하는 역할을 하도록 규정하고 있다. 각급 학교단위의 IEP운영위원회를 보다 상세하게 정리하면 다음과 같다.

가) 목 적

개별화교육운영위원회는 특수교육 대상자의 능력과 특성에 적합한 개별화교육계획의 효과적인 수립과 시행을 통하여 장애아동의 능력을 최대한 계발할 수 있도록 설치·운영의 목표가 있다.

나) 법적 근거

특수교육법 시행규칙 제4조 제1항에 따르면, 각급 학교의 장은 특수교육법 제22조(개별화교육)의 규정에 의한 개별화교육계획의 효과적인 수립·시행을 위하여 당해 학교에 개별화교육운영위원회의 설치·운영을 규정하고 있다.

다) 설치 방법

개별화교육운영위원회는 위원장 1인을 포함한 5인 이상 10인 이하의 위원으로 구성하고 위원장은 당해 학교의 장으로 하되, 위원회의 구성 및 운영 등에 관하여 필요한 사항은 당해 학교의 학칙으로 정할 것을 명기하고 있다.

라) 기본 방향

㉠ 개별화교육계획의 효율적인 운영을 지원해야 한다.

㉡ 특수교육 대상 아동에게 최적의 교육방법과 내용을 제공하도록 지원해야 한다.

㉢ 통합교육이 원만히 이루어질 수 있도록 해야 한다.

㉣ 특수교육 대상자의 장애 극복력을 신장시켜야 한다.

마) 위원회의 구성 및 역할

(가) 구 성

특수교육법 시행규칙 제4조 제1항에 따라 다음과 같은 형태로 구성되어야 한다.

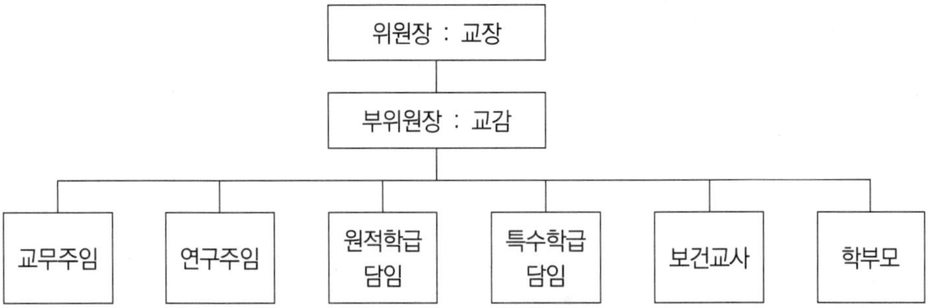

[그림 3-2] IEP운영위원회의 구성

(나) 역 할

㉠ 위원장(교장)

위원회를 조정하고 집단의 의사 수렴과 결정을 통하여 합당한 절차를 수행한다.

㉡ 부위원장(교감)

개별화교육계획 수행에 필요한 자료를 제공·지원하며, 운영위원회의 계획적 배치를 한다.

㉢ 위 원

- 교무·연구 주임: 개별화교육계획 수행과 관련한 교육 일반을 수행한다.
- 원적학급 담임: 아동의 현재 학습수행 능력 수준에 대한 정보를 제공하고 적절한 교육프로그램을 제언한다.
- 특수학급 담임: 개별화교육계획을 수립하고 수행한다.
- 보건교사: 아동의 신체·정신적인 정보를 제공하고 의견을 제시한다.
- 학부모: 가정 상황에 대한 정보를 제공하고, 아동의 평가와 교육 요구 수준에 대한 의견을 제시한다.

(2) IEP **팀**

IEP 팀은 IEP운영위원회를 통해 아동의 IEP를 개발한다. IEP 팀은 일련의 의사결정 과정을 거쳐 아동의 비전에 초점을 맞춘 IEP를 구안한다.

IEP 팀의 구성원은 다음과 같다.

① 장애아동의 부모

② 최소한 1명의 일반교육 교사(장애아동이 일반교육 환경에 참여하고 있거나 참여할 예정인 경우)

③ 최소한 1명의 특수교육 교사

④ 교육청 대표

– 장애아동의 독특한 교육적 요구를 충족시켜 주기 위해 특별히 고안된 교수를 제공, 감독 및 장학하는 자격인

– 일반교육 과정을 잘 알고 있는 자

– 교육청에 있는 다양한 자원들을 잘 활용할 수 있는 자

⑤ 평가 결과의 교육적 시사점을 해석할 수 있는 자(보통 위 ②~④에 기술되어 있는 팀의 구성원일 수 있다)

⑥ 부모와 기관의 관점에서, 아동에 관한 전문 지식과 특별한 경험을 가지고 있다고 판단되는 자(관련 서비스 전문가도 포함된다)

⑦ (가능한 경우에) 장애아동

IEP 팀은 아동의 IEP를 구안, 점검 및 수정하기 위하여 IEP운영위원회에 함께 참여하는 사람들이다. 각 구성원마다 명확하게 규정된 임무가 있다. 구성원들은 아동뿐만 아니라 제공될 서비스에 대해 잘 알고 있어야 한다. 구성원 모두가 의미 있고 효율적인 IEP를 구안하는 데 중요한 역할을 담당하기 때문에, IEP운영위원회에 적절한 인사가 초청되어야 한다. 대표적인 구성원을 보다 자세하게 설명하면 다음과 같다.

가) 부 모

장애아동의 부모는 IEP의 구안, 점검 및 수정 과정에 다른 교원과 동등한 자격으로 참석하게 된다. 부모는 아동의 능력, 흥미, 수행수준, 발달사에 관한 중요한 정보를 제공해 주는 능동적인 역할을 수행한다. 이들은 아동이 특수교육, 관련 서비스, 그리고 보완적 보조기구와 서비스를 요구하는지에 관한 논의에 참여하고, 다른 참석자들과 함께 아동이 어떻게 일반교육 과정에 참여하여 향상될 수 있는지를 결정하게 된다. 또한 아동이 어떻게 국가 및 교육청 수준의 교육 사정에 참여해야 하고 이들에게 어떤 학교 서비스가 제공되어야 하는지를 논의한다.

장애아동이 보다 좋은 성과를 달성하도록 하기 위해서, 부모의 역할을 강화

하고, 부모와 교원이 협력적인 관계에서 서로의 역할을 수행하도록 하는 것은 매우 중요하다. IEP를 구안, 점검 및 수정할 때에는 아동에 관한 부모의 관심과 정보를 반드시 고려하여야 한다.

나) 아 동

일반적으로 장애아동은 IEP운영위원회에 반드시 참여하여야 한다. 특히 아동이 참여하는 것이 적절하다고 부모가 결정하였을 때에 그러하다. 가능하다면, 교육청과 부모는 의사결정을 하기 전에 아동 참여의 적절성에 관해 논의하여야 한다. 이러한 논의를 통해, 부모는 아동의 참여가 IEP 구안에 도움을 주는지의 여부를 결정할 수 있다. IEP운영위원회가 개최되기 전에, 아동은 IEP가 무엇이고, 어떻게 IEP 구안과정에 의미 있게 참여하는지에 관한 교수를 받게 된다. IEP 구안에 참여하는 아동은 자신의 교육계획을 수립하는 데 중요한 역할을 담당하게 된다.

다) 특수교육 교사

IEP운영위원회에 참석하는 특수교육 교사와 관련 전문가(예 언어치료사, 물리작업치료사)는 IEP운영을 책임지고 있거나 책임질 사람이다. 장애아동에 대한 폭넓은 전문성과 풍부한 공감적 봉사정신을 가진 특수교육 교사와 관련 전문가의 질이야말로 IEP의 효율적인 운영을 결정짓는다고 해도 과언은 아니다.

라) 일반교육 교사

IEP운영위원회에 참석하는 일반교육 교사도 특수교육 교사처럼 IEP 운영을 책임지고 있거나 책임질 사람이므로, 이들은 장애아동을 위한 IEP의 구안, 점검 및 수정 과정에 참여한다. 또한 이들은 바람직한 행동 중재와 전략, 보완적 보조기구와 서비스, 프로그램의 교육방법 개선, 다양한 지원방안 등을 결정하는 데 도움이 된다. 일반적으로 일반교육 교사는 일반교육 과정과 일반교육 환경에 관한 중요한 전문지식을 가지고 있을 뿐만 아니라 장애아동 교육에서는 핵심적인 역할을 한다. 최근의 통합교육 추세가 일반교육 과정에의 참여와 향상을 강조해 왔기 때문에 특수교육 교사 및 관련 전문가와 협력하는 일반교육 교사의 역할이 한층 더 강조되고 있는 실정이다.

마) 교육청 대표

교육청 대표는 장애아동의 독특한 교육적 요구를 충족시켜 주기 위해 특별히 고안된 교수를 제공하고나 이를 장학하는 자격인이어야 한다. 이들은 일반교육 과정뿐만 아니라 교육청 자원의 활용 가능성도 잘 알고 있어야 한다. 교육청 대표는 다양한 교육청의 자원들을 활용할 권한을 가지고 있어야 하고, IEP에 기술된 서비스가 실제로 잘 적용되도록 책임질 수 있어야 한다. 일반적으로 시·도와 시·군·구 교육청에 특수교육 담당 장학사와 장학관이 배치되어 이러한 업무를 담당·수행하고 있다.

바) 기타 초빙 인사

부모나 교육청의 관점에서, 장애아동에게 관심이 있거나 이들에 대한 전문지식과 풍부한 경험을 가지고 있는 다른 인사가 IEP운영위원회에 참석하도록 초대될 수 있다. 이러한 인사에는 관련 서비스 전문가, 고용주, 전문의 등이다. 같은 맥락에서, 특수교육법 제10조(시·도 특수교육운영위원회)에 의사, 변호사, 심리전문 진단가 등이 특수교육운영위원회에 참여할 수 있다고 규정하고 있다.

(3) 아동과 부모의 비전

비전이란 미래에 대한 아동과 가족의 희망, 꿈, 통찰, 기대 등을 의미한다. IEP 팀은 아동과 가족이 아동의 선호도와 흥미에 꼭 맞는 비전을 발달시키도록 돕는다. 아동, 가족 및 교사는 비전에 관해 자연스럽게 대화하면서 아동의 전체상, 강점 및 요구를 파악한다. 또한 비전에 관한 논의는 가족과 아동이 무엇을 성취하고 싶어하는 지를 이해하도록 해 준다.

IEP 과정의 일부로서 비전을 포함시킴으로써, 제안된 프로그램과 의도된 교육적 이점이 가족과 아동이 원하는 것을 반영하도록 해 준다. 여기에는 두 가지 내용이 포함되어야 한다.

① 아동의 강점과 교육적 향상을 기대하는 부모의 관심

② 최초 또는 가장 최근의 아동 평가 결과

IEP운영위원회는 위원회 개최 전에 가족과 아동에게 비전을 논의할 기회를 제공해 주어야 한다. 즉, 비전 진술 방법의 예와 아이디어를 가족에게 보내 주거나, 아동이 학교에서 비전에 관한 생각을 시작할 기회를 준다. 교사는 부모, 아동과 함께 비전의 개념에 관한 생각을 시작할 기회를 준다. 교사는 부모, 아동과 함께 비전의 개념에 대해 논의하고 필요한 지원을 제공해야 한다. 가족, 아동 및 교사 간의 논의를 통해, 아동은 비전을 발달시키기 시작한다. IEP운영위원회에서, 가족과의 논의는 두 가지 질문, 즉 "당신의 자녀에게 무엇을 바라고 있습니까?"와 "아동은 스스로 무엇을 원합니까?"를 질문하면서 시작할 수 있다. 이러한 질문 다음에, "당신이 바라는 것을 달성하기 위하여 우리는 무엇을 할 필요가 있을까요?"라는 질문을 하면서 논의를 계속할 수 있다. 이러한 논의는 초기의 평가 과정에서뿐만 아니라 IEP 의사결정 과정에서도 활용할 수 있다.

2) IEP의 고려 요소

다음 사항들은 IEP 작성 시 고려해야 할 특정 요소들이다.

(1) 부적응행동

종종 아동은 자신이나 다른 아동의 학습을 방해하는 부적응행동을 보이는 경우가 있는데, 이들을 위한 정적 행동 중재, 전략 및 지원방안이 강구되어야 한다. 이를 위해,

① 다양한 정보원을 활용하여 아동의 사회적, 정서적 및 행동적 요구를 알아보고 설명한다.

② 정적 행동을 증가시키고 부적 행동을 감소시키는 데 필요한 전략에는 어떤 것이 있는지를 알아본다.

③ 아동의 행동이 자신뿐만 아니라 따른 또래에게 미치는 영향을 규명한다. 특히, 일반학급에서 통합교육을 할 때 다른 아동들에게 어떤 영향을 주는 지를 고려한다.

④ 아동에게 필요한 지원과 관련한 서비스를 규명한다.

⑤ 일반학급에 잘 적응하는 데 필요한 아동의 행동을 규명한다.

(2) 보조공학

보조공학은 보조기뿐만 아니라 프로그램을 포함하는 것으로 장애아동이 가정, 학교 및 지역사회에 보다 완전하게 참여하도록 도와준다.

① 장애로 인해 참여할 수 없는 교육프로그램(예 쓰기, 읽기, 셈하기, 글짓기, 의사소통, 이동, 여가, 자세, 자조, 독립성, 인지과정 등)에 참여하기 위해서 아

동이 필요로 하는 것이 무엇인지 고려한다.

② 아동의 특수교육 요구를 충족시켜 주기 위해 시도되었던 혹은 시도될 것을 IEP에 기록한다(예 곱셈을 하지 못하는 학습장애 아동에게 계산기는 보조기구로 제공될 수 있다).

③ 아동에게 적합한 것을 IEP에 기록한다(예 전략, 교육방법 개선 및 보조기구가 아동에게 효과적인가?).

④ 아동이 자신의 특수교육 요구를 지속적으로 충족시키는 데 필요한 지식과 자원을 가지고 있는지의 여부를 고려한다.

⑤ 아동이 필요한 지식을 가지고 있지 않다면, 추가적인 지원방안을 모색한다.

(3) 청각장애

청각장애 아동의 언어 및 의사소통 요구를 충족시켜 줄 수 있는 계획을 마련하면서 다음과 같은 사항을 고려한다.

① IEP 팀의 모든 구성원은 의사소통 계획을 세운다.

② 아동의 언어 요구를 고려한다.

③ 아동의 의사소통 요구를 고려한다.

④ 아동의 학업 수준을 고려한다.

⑤ 아동의 전반적인 요구 범위를 고려한다.

⑥ 또래나 전문가와의 직접적인 의사소통 기회를 기술한다.

(4) 시각장애

시작장애 아동의 교육적 요구를 충족시켜 줄 수 있는 다음과 같은 방안이 IEP에 포함되어야 한다.

① 아동의 시력 조건 및 요구에 관한 정보를 제공한다.

② 아동의 점자 및 촉지각 요구를 고려한다.

③ 아동의 읽기 및 쓰기 매체를 기술한다.

④ 보조공학과 수정을 마련한다.

(5) 직업교육

우리나라는 특수교육에서 직업교육이 중요한 위치를 차지하고 있다. 근래에는 미국의 영향을 받아 '전환교육'의 개념이 소개되고 이를 위한 연구모임이 결성·운영되고 있다. 전환교육의 개념은 전혀 새로운 것이 아니며 우리나라에서 직업교육 속에서 이루어지고 있다. 따라서 전환교육을 직업교육의 개념으로 이해해도 좋을 것 같다.

어쨌든 미국에서는 14세 이상의 모든 아동의 IEP에 전환교육이 포함되어야 한다고 규정하고 있다. 전환교육에 대한 고려는 다음과 같은 단계를 활용한다.

① 1단계: 아동 자료를 수집·점검한다.

IEP운영위원회 전에 교사와 아동은 이동, 학업기술, 대인관계, 의사소통, 자조 등과 같은 영역에서의 아동 능력에 관한 정보를 수집·점검한다. 아동이 16세가 되면, IEP 팀은 기능적 직업사정이 필요한 지를 추가로 고려하여야 한다.

② 2단계: 아동을 IEP운영위원회에 준비시킨다.

아동은 자신의 강점, 기술 및 장애를 이해하고서 이를 다른 사람에게 말할 수 있어야 한다. 또한 어떠한 교육방법의 개선과 수정이 자신의 학습 성공에 도움을 주는지를 알 필요가 있으며, 자신을 변호하거나 독립적인 의사결정을 하는 기술을 발달시켜야 하고, 자신의 학습에 보다 능동적으로 참여하여야 한다.

③ 3단계: IEP운영위원회 초청장을 보낸다.

교육청은 아동의 전환교육 요구에 적절한 외부 기관의 대표자 또는 참여자를 정한 후, 아동·부모 및 대표자에게 위원회 참석을 초청하여야 한다.

④ 4단계: IEP운영위원회를 개최한다.

아동의 비전과 장기 목표에 관한 논의를 시작하면서 위원회를 개최한다. 아동의 요구, 선호도 및 흥미는 교수, 관련 서비스, 지역사회 경험, 졸업 후 성인생활의 목표와 고용, 일상생활 기술 습득 및 기능적 직업평가 등의 영역에서 고려하여야 한다.

3) IEP 구안

(1) 최소제한환경

최소제한환경은 장애아동을 일반 아동과 성인에 최대한 노출시키고 이들과 상호작용하도록 해 주는 교육환경으로서, 장애아동이 최적의 교육을 받을 수 있도록 해 준다. 이는 일반교육환경이 모든 아동을 교육하는 데 가장 적절하다는 철학을 근거로 하며, 장애아동은 일반교육환경에서 특별한 지원을 필요로 할 것이라고 가정한다. 최소제한환경 결정은 다음의 내용을 기초로 한다.

① 개인의 특별한 요구
② 장애로 명명된 개인이 일반교육 장면에서 개별화된 지원을 필요로 하는지의 여부
③ 다양한 서비스의 점검

일반교육환경에는 일반아동이 경험하는 일반교육 과정, 교수, 교과학습 기회 및 장면뿐만 아니라 일반 아동이 참여하는 비교과 및 특별활동이 포함된다. 학령기 아동을 위한 일반교육환경을 다음과 같다.

① 초등 및 중등학교의 학급 장면
② 일반 아동에게 제공되는 일반교육 과정과 교수
③ 현장학습, 모임 및 공연을 주최하는 학교
④ 비교과 및 특별활동(예 교육청에서 주관하는 상담서비스, 육상경기, 차량이용서비스, 건강관리 서비스, 여가활동, 동아리 및 클럽 활동 등)

특수교육을 요구하는 취학 전 아동을 위한 일반교육환경은 동일 연령의 일반 아동에게 자연스럽게 제공되는 활동, 교수 및 치료 장면이다. 취학 전 아동에게 가장 적합한 최소제한환경은 가정환경이다. 취학 전 아동을 위한 일반교육환경의 예는 다음과 같다.

① 가정
② 놀이방
③ 조기교육실
④ 지역사회 센터의 활동들(예 지역사회의 기관이 주최하는 수영교실, 독서교실 등)
⑤ 초등학교 병설 일반 유치원에의 참여

교육청은 모든 아동에게 최적의 무상 공교육을 제공할 책임이 있다. 출생에서부터 21세까지의 특수교육 요구 아동을 위하여, 아동의 개별적 요구를 근거로 하여 최적의 교육환경을 결정하고 최소제한환경의 요구조건을 충족시켜야 한다. 교육청은 장애아동의 특수교육 및 관련 서비스 요구를 충족시켜 줄 수 있는 일련의 대안적 배치 방안을 강구해야 한다(예 일반학급→특수학급→특수학교→가정

→병원과 시설).

IEP 팀은 일반 아동이 교과, 비교과 및 특별활동에서 어떠한 경험을 하는 지를 고려할 필요가 있는데, 고려할 사항은 다음과 같다.

① 학습자 특성
㉠ 기술 습득의 비율
㉡ 전반적 기능 수준
㉢ 사회적 상호작용과 여가 기술의 요구
㉣ 행동 특성
㉤ 특별한 건강관리의 요구

② 일반교육환경 특성
㉠ 일반교육 과정의 내용
㉡ 일반 학급의 구조
㉢ 일반 교육의 내용영역과 기능적, 사회적 및 지역사회 기술훈련 간의 균형
㉣ 비교과 및 특별활동의 구조

또한, IEP 팀은 다음과 같은 다섯 가지 질문에 답을 하여야 한다.
① 아동의 교육환경에서 어떠한 교수방법의 조정, 수정 및 개선이 개인적 요구를 충족시켜 주는가?
② 이러한 교수방법의 조정, 수정 및 개선이 일반교육환경 내에서 제공될 수 없다면, 그 이유를 설명할 수 있는가?
③ 일반교육환경에의 참여가 아동 자신에게 어떻게 영향을 미치는가?
④ 일반교육환경에의 참여는 다른 아동에게 어떻게 영향을 미치는가?
⑤ 교수방법의 조정, 수정 및 개선을 제공하는 교사와 다른 교원을 돕기 위해 어떠한 체계적인 지원방안이 강구되어야 하는가?

(2) 현재의 교육적 수행수준

현재의 교육적 수행 수준은 평가에서 밝혀진 요구 영역의 현재 성취도를 말한다. 이는 아동의 가정, 효율적인 교수법, 아동의 성공 중재 방안 등을 자세하게 기술한 것이다. 또한 아동의 요구를 설명한 것이고, 아동의 장애가 일반교육 과

정에의 참여와 향상에 어떤 영향을 미치는지를 알려 준다. IEP에는 각 요구 영역에 대한 현재의 특정하고, 측정 가능하며, 객관적인 기초선 정보가 포함된다.

가족, 아동 및 교사가 일반교육 과정에서의 아동 향상을 점검·수정할 수 있기 때문에, IEP를 진술하는 것은 매우 중요하다고 볼 수 있다. 이는 평가결과를 명확하고 이해 가능한 언어로 변화, 요약하는 것이다. 아동의 특별한 요구를 규명하여 우선 순위를 결정하는 모든 교육목표는 IEP에서 밝혀진 요구와 관련되어야 한다. 이러한 목표에 대한 아동 향상 평가는 중재계획과 관련되어야 한다. 더욱이 IEP는 교육과정의 수정과 지도방안에 대한 지침을 제공해 준다. 부모, 아동 및 교사가 협력해서 IEP를 개발함으로써 이들은 아동의 교육계획에 보다 능동적으로 참여할 수 있게 된다.

IEP의 목표는 아동의 요구를 밝히고, 이를 근거로 의미 있고 측정 가능한 교육목표를 개발하기 위한 기초선을 설정하는 데 있다. IEP는 다음의 내용을 포함하여야 한다.

① 특정적이고 측정 가능하며 목적적인 용어로 진술되어야 한다.
② 과거가 아니라 현재의 수행 수준을 기술한다.
③ 일반교육 과정의 수행 수준을 기술한다.
④ 교육목표로 작성될 요구들의 우선 순위를 정한다.
⑤ 각각의 요구에 대한 기초선 정보를 마련한다.

가) 현재 IEP상의 중재와 향상

아동이 특수교육 서비스를 받게 됨에 따라 보는 학교가 일반교육 중재 방안을 마련함에 따라, 어떠한 접근법이 아동의 학습을 돕는 데 효과적인지에 관한 보다 많은 정보들을 모을 수 있게 된다. 학년 초가 되면 이전의 교사가 파악한 것을 알면서 시작하는 이점이 있다. 해가 갈수록 아동에 대한 지식은 깊이와 넓이 모두에서 풍부해지게 된다.

학습자들이 어떻게 학습하고 학습 향상을 위해서 어떠한 지원방안이 강구되어야 하는 지를 안다면, 우리는 최적의 교육기회를 효율적으로 제공할 수 있을 것이다. IEP 팀은 아동의 강점과 평가결과 등에 대한 '누가적인 정보'를 효율적으로 활용하여 IEP를 구안하여야 한다. 즉, IEP팀은 이전의 학습속도, 사용된 교수법 및 교육중재의 효과에 관한 정보를 잘 활용하여야 한다. 과거의 성취율이 낮음에도 불구하고 교육방법의 개선(예 집단 크기, 강화계획, 피드백 절차, 학습속도 조절 등)이 이루어지지 못했다면, 아동의 향상을 기대하기는 어려울 것이다.

IEP 팀은 다음과 같은 질문을 고려하여야 한다.

① 아동이 어떻게 학습하고 지식을 습득하는 지에 관해서, 우리는 무엇을 더 알 필요가 있는가?

② 어떠한 교수전략이 학습을 촉진시켜 주기 위해 제시되었는가? 그리고 무엇이 학습을 방해하였는가?

③ 아동은 자신의 강점을 어떻게 살렸는가?

IEP의 주된 목표는 평가과정과 연간 목표 설정의 가교 역할을 담당하는 데 있다. 교육과정 중심 평가정보는 학급교수와 관련 있는 연간목표를 선정하는 데 도움을 준다. IEP 팀은 평가결과로부터 실제적인 정보를 얻음으로써 IEP를 구안할 수 있다. IEP에 포함되어 있는 평가정보는 목표를 용이하게 진술하도록 해 주는 기초선 정보이다. 즉, 평가결과는 아동의 학습특성과 강점에 관한 정보를 제공해 준다. IEP 팀은 아동 요구의 우선 순위를 결정하여야 한다. 이러한 요구는 측정 가능해야 한다. 측정 가능이란 특정하고 관찰 가능하며 변형 가능한 것이라고 정의될 수 있다. 목표를 진술하고 향상을 알아보기 위하여, 기초선 정보를 파악해야 한다.

나) 일반교육 과정에서의 향상

일반교육 과정이란 지역교육청에서 채택한 교육과정이라고 정의할 수 있다. 즉, 지역교육청에서 채택, 제시한 기준과 기대를 말하는데, 이는 모든 아동이 습득해야 하는 단일의 교육과정이다. IEP가 일반교육 과정과 관련 있는 아동의 요구를 반영해야 하는 것처럼, 모든 장애아동을 위한 IEP에는 아동이 일반교육 과정에 어떻게 참여하고 향상하는 지가 설명되어야 한다. IEP팀이 가장 먼저 고려해야 하는 점은, 일반교육 과정이 아동에게 적절한지의 여부를 결정하는 것이다. 대부분의 아동에게 적절하지만, 일반교육 과정은 중도, 중복 장애아동에게는 부적절할 수 있다.

일반교육 과정에서의 향상을 측정하기 위해서, 아동이 교육과정 관련 기능들을 수행할 수 있는지를 아는 것이 중요하다. 일반교육 과정과 아동의 기술수준을 비교, 검토하면 가능하다. IEP 팀은 먼저 아동의 요구와 관련해서 일반교육

과정의 내용기준들을 검토해야 한다. 이를 테면, 아동이 읽기에 대한 요구가 있다면, IEP 팀은 교육청의 읽기 기준을 먼저 검토한다. 그 다음, IEP 팀은 아동의 요구를 충족시켜 주는 기준을 문서로 작성한다.

아동의 기술과 강점이 동일 학년 수준의 교육과정 기준에 지나치게 이탈되어 있다면, 일반교육 과정과 비교하는 것은 적절하지 못하다. IEP 팀은 이러한 아동을 위해 '발달적으로 적절한 기준'을 알아 보아야 한다.

다) 요구의 규명

IEP 팀은 IEP에 기록될 요구를 규명해야 한다. 요구들은 의미 있는 것이어야 한다. 각 요구는 수정 가능한 것이어야 하고, 특별하고 관찰 가능하며 측정 가능한 용어로 정의되어야 한다. IEP 팀은 다음의 내용을 문서로 작성할 필요가 있다.

① 일반교육 교육과정이나 발달적으로 적절한 교육과정에서의 요구 영역과 그 상태
② 요구 영역에서의 강점
③ 기초선 수행 수준
④ 요구와 수행 수준의 차이

(3) 연간목표와 단기목표

가) 연간목표

연간목표는 일반적인 교수 방향을 설정해 주고, 아동이 자신의 비전을 달성하는 데 필요한 특정 과정, 경험 및 기술들을 결정하는 데 도움을 준다. IEP에서 밝혀진 요구들과 목표 간에는 직접적인 관련성이 있다. 목표는 아동이 특수교육과 관련 서비를 받으면서 12개월 이내에 달성할 것으로 기대되는 것들을 기술하는 것이다. 잘 작성된 목표에는 네 가지 중요한 특성이 있다. 즉 목표는 의미 있는 것이고, 측정 가능한 것이며, 점검·수정 될 수 있어야 하고, 의사결정 과정에 유용하다.

IEP 팀은 다음과 같은 형식으로 연간목표를 작성한다.

– 시간: 36주 내에
– 조건: 초등학교 4학년 수준의 문장이 제시되면
– 행동: OO은 읽을 수 있다.
– 준거: 1분에 100단어를 95% 정확하게

시간은 일반적으로 연간목표 달성기간을 주로 표시한다. 조건은 연간목표에 대한 향상의 측정방법을 말한다. 행동은 점검, 수정될 수 있고 직접적으로 관찰 가능하며 측정할 수 있는 수행을 말한다. 준거는 행동이 얼마나 많이, 얼마나 자주, 혹은 어떠한 기준으로 일어나는지를 말해주는데, 이는 학년 말 성장의 양을 알려 준다.

나) 표준과 단기목표

연간목표를 보다 상세하게 진술하는 데 사용되는 것이 표준과 단기목표이다. 표준은 아동의 연간목표 달성을 위한 주요 이정표, 즉 실제 내용이나 수행 수준을 의미하는 반면에, 단기목표는 아동의 현재 교육적 성취 수준과 연간목표 간의 중간단계이다.

표준(주요 이정표)은 학습할 내용이나 수행될 기술을 진술하면서 작성할 수 있다. 이는 이정표에 관한 일반적이고 측정 가능한 진술이다. 표준을 작성하는 첫 번째 방법은 교육청의 일반교육 과정 기준을 표준으로 활용하는 것이다. 교육청 기준이 너무 복잡하거나 어려울 경우에, IEP 팀은 이를 세분하여 여러 가지 표준으로 나누어 활용할 수 있다. 두 번째 방법은 '발달적으로 적절한 기준'을 표준으로 활용하는 것인데, 이는 교육청의 기준이 장애아동에게 적절하지 않을 때 유용하다고 볼 수 있다.

〈표 3-1〉 표준과 단기목표의 차이

	표준(주요 이정표)	단기목표
차이점	목표 달성 이정표에 관한 일반적 진술	조건, 행동 및 준거에 대한 구체적 진술
공통점	– 측정 가능하다. – 연간목표의 분석을 통해 개발된다. – IEP와 연간목표 가능 연속선상에 있다(예 IEP가 50% 수준이고 목표가 90%라면, 60%, 70% 및 80%가 향상 기준이 된다). – IEP와 연간목표 간의 이정표로 제시된다.	

앞의 내용을 요약하면 다음과 같다.

① 높은 기대를 가지고 연간목표를 작성한다.

② 연간목표는 아동의 일반교육 과정 참여 및 향상 요구를 충족시켜야 한다.

③ 연간목표는 측정 가능하고, 의미 있으며, 점검·수정될 수 있고, 의사결정에 유용하여야 한다.

④ 연간목표는 PLEP의 요구와 관련 있는 진술이어야 한다.

⑤ 연간목표는 학년 말에 성취할 것으로 기대되는 결과에 관한 진술이다.

⑥ 각 목표에 대한 표준이나 단기목표가 작성된다.

⑦ 표준과 단기목표는 연간목표 달성과 관련이 있다.

(4) 점검·수정 전략

연간목표를 설정한 후에, IEP 팀은 연간목표 달성의 평가 방안을 모색할 필요가 있다. 점검·수정 전략을 수립하는 것이 최선인데, 이는 아동이 자신의 목표를 달성했는지의 여부를 IEP 팀이 평가하도록 해준다. IEP 팀은 점검, 수정 및 평가 절차를 수립하면서 많은 요인들을 고려하고 이를 문서로 작성해야 한다.

① IEP 팀의 모든 구성원이 점검·수정 전략과 의사결정 계획에 참여한다.

② 점검·수정 자료의 수집방법을 정한다.

③ 자료수집의 담당자, 장면 및 밥법, 평가조건, 일정 등을 고려하여 점검·수정 전략을 세운다.

④ 점검, 수정 결과를 기초로 하여 아동이 목표달성을 하지 못하는 조건과 이유에 관한 의사결정을 한다.

⑤ 바람직한 목표 달성 기회를 제공해 줄 수 있는 중재방안을 마련한다.

4) IEP 운영

IEP는 매 학년 시작 전에 작성하고, 학기 중에 배치된 때에는 배치된 날로부터 30일 이내에 작성하여 IEP운영위원회의 심의를 거친 후 운영하여야 한다. IEP는 어떤 특정인의 노력으로만 바람직하게 운영되는 것이 아니다. 일반교육 교사와 특수교육 교사뿐만 아니라 관련 서비스 제공자 모두 IEP 운영에 책임을 지게 된다. 학교가 아동의 향상에 관해 부모와 의사 교환할 책임이 있는 것처럼, 부모도 학교와 의사 교환할 책임이 있다. 모든 구성원이 IEP의 효과를 계속적으로 평가할 책임이 있다. 아동이 향상되지 않는다면, IEP팀은 다시 IEP운영위원회를 개최한다.

IEP 팀은 모든 구성원에게 그들의 역할을 알리고, 특히 부모와 교사는 IEP 사본을 보관한다. 또한 특수교육과 관련 서비스가 언제 제공되어야 할지를 결정하는 것이 중요하다. 목표달성을 위한 교수계획이 세워져야 하고, 향상에 관한 교수 및 점검, 수정 전략이 시작되어야 한다.

① 부모, 교사 및 아동 간의 협력과 의사 교환이 자연스럽게 이루어져야 한다.

② 계획에 따라, 서비스를 제공한다.

③ 서비스는 IEP 목표를 반영한다.

④ 아동의 향상을 점검, 수정한다.

⑤ 계획대로 주기적인 점검을 실시한다.

이러한 모든 과정을 문서화시키는 것이 가장 중요하다. 문서로 작성된 IEP는 기관장의 결제를 얻은 후 파일로 누가철한다. 아동이 발달함에 따라 누가철의 양은 많아지게 된다. 아동이 진학을 하게 되면 누가철을 반드시 해당 담임교사에게 인수하여야 한다. 이 때, IEP 관련 서류만이 아니라 아동과 관련 있는 모든 결과물(사진, 학습지, 포트폴리오, 미술작품 등)을 함께 전달해 주면 아동의 교육활동에 많은 도움이 된다.

수정, 검토단계에서는 아동의 활동평가 결과와 누가적인 관찰기록들을 기초로 아동의 학습활동을 점검하는 과정으로, 이러한 전체적인 결과들은 부모와의 상담으로 이어져 아동의 학습과정과 발달과정에 대한 교류 역할을 한다. 정기적인 상담(1학기에 1회/자유롭게 이루어지는 상담은 제외)을 기준으로 학습활동 내용과 과정에 대한 점검과정도 함께 수행하게 된다. 따라서 각 담당 교사들 간의 교류와 부모 상담 결과는 아동을 위한 2학기의 교육계획에 반영하게 된다.

5 IEP의 예(B초등학교)

서울 중구에 위치한 ○○초등학교에 다니는 특수학급 입급 대상자의 진단평가서는 다음의 <표 3-2>와 같다. 이 표는 아동의 주 장애와 학습능력, 행동특성, 부모의 상담 결과를 제시하고 있다.

〈표 3-2〉 특수학급 교육 (입급)대상자 진단·평가서

<table>
<tr><td rowspan="3">대상자</td><td>성명</td><td>최○○</td><td>성별</td><td>남·여</td><td>생년월일</td><td>2010.○.○</td></tr>
<tr><td>학교명</td><td colspan="5">서울○○초등학교 2학년 4반 재학·졸업</td></tr>
<tr><td>주소</td><td colspan="5">(☎ -)</td></tr>
<tr><td rowspan="7">진단·평가결과</td><td rowspan="2">장애인 등록사항</td><td>장애명</td><td>장애등급</td><td colspan="2">검사(판정)기관</td><td>등록 년 월 일</td></tr>
<tr><td></td><td>급</td><td colspan="2"></td><td>20. . .</td></tr>
<tr><td>발육 및 건강상태</td><td>전반적으로 건강상태 양호하며, 또래에 비해 체격이 큰 편이나, 대·소근육 운동 발달은 늦은 편임</td><td rowspan="3">기초 학력</td><td rowspan="2">읽기 및 쓰기</td><td colspan="2" rowspan="2">실선이나 점선을 따라 수직선, 수평선, 대각선을 그릴 수 있으나, 곡선의 경우 교사의 신체적 촉진과 모델링이 요구됨. 읽고, 쓰기 어려움. 여러 이름 중 자기 이름 찾기 어렵고, 글자를 인식해 이름을 찾기보다는 계속 같은 자리에 이름이 제시된 경우, 그 위치를 인지하여 찾아냄</td></tr>
<tr><td rowspan="2">행동특성 및 요인</td><td rowspan="2">양손(손목)을 흔드는 상동행동을 보이고, 특히 어떤 물체를 돌린 후 돌아가는 모습을 지켜보며 손목을 흔듦. 물체를 돌리거나 굴려서 나는 소리를 주의깊게 들으려고 함. 교사의 관심을 끌기 위해 문제행동(소리지르기, 물건 던지기)을 보일 때가 있음</td></tr>
<tr><td>수개념</td><td colspan="2">수 개념이 없으며, 열다섯까지 단순암기에 의해 수세기를 함</td></tr>
<tr><td rowspan="2">사회생활 적응능력</td><td rowspan="2">라포가 형성된 후에는 사람을 잘 따르는 편임. 간단한 선택형 질문을 했을 때 60% 정도 이해하고 자기 의사표현을 할 수 있음. 좋아하는 사람에게 신체적 접촉(안기)을 통해 표현하려고 하는데, 표현의 강도를 조절하기 어려워 오히려 상대방이 거부감을 보이는 경우가 많음</td><td colspan="2">지능 검사</td><td colspan="2">I·Q(43)</td></tr>
<tr><td colspan="2">학부모 상담</td><td colspan="2">일상생활에 필요한 기본적인 읽기·쓰기, 수 개념 학습. 일상생활의 적응과 조금이라도 학교활동에 참여할 수 있었으면 함. 아주 작은 일이라도 칭찬받으며 학습할 수 있기를 바람</td></tr>
</table>

<table>
<tr><td rowspan="2">진단
·
평가
결과</td><td>기 타</td><td>실제 자신이나 다른 사람의 몸에서 눈, 코, 입, 얼굴, 팔, 다리 등 신체 부위를 지적하고 언어로 표현할 수 있으나, 그림그리기는 전혀 안됨. 단순히 세모나 동그라미를 반복해서 그림. 사회적 상호작용을 위한 언어나 행동을 가르쳐 주었을 때 모방하고 습득하는 능력이 있어 반복학습의 효과가 좋은 편임</td><td>종 합
의 견</td><td>전반적으로 지적·신체 발달수준이 낮은 편임. 아동의 현행 수준에 맞는 학업기술 교수와 일상생활에서 필요한 여러 기술을 배울 수 있도록 기능적 생활중심 교육과정이 통합된 교육계획의 수립과 지도방안이 강구되어야 하겠음. 통합교육 시 아동에게 맞는 교육목표 설정과 또래와의 활동에 최대한 참여할 수 있게 지원전략이 모색되어야 함.</td></tr>
<tr><td>장애유형</td><td>정신지체</td><td>판 정</td><td>전 일 제() 시간제(O)
특별지도() 기 타 ()</td></tr>
</table>

이 <표 3-2>에 근거하여 개별화교육계획은 다음의 <표 3-3>과 같다.

〈표 3-3〉 개별화교육계획

<table>
<tr><td>학 반</td><td colspan="2">3학년 3반</td><td>성명</td><td colspan="2">최○○</td><td>성 별</td><td>여</td><td>생년월일</td><td colspan="2">2020년 ○월 ○일</td></tr>
<tr><td rowspan="2">보호자</td><td colspan="2">성 명</td><td>신○○</td><td>관계</td><td>모</td><td>직 업</td><td colspan="2">회사원</td><td>생활정도</td><td></td></tr>
<tr><td colspan="2">주 소</td><td colspan="6">서울시 종로구 ○○○○</td><td>전화번호</td><td></td></tr>
<tr><td>신체성</td><td colspan="10">전반적으로 건강상태 양호하며, 또래에 비해 체격이 큰 편이다. 대·소근육 운동 발달이 또래에 비해 늦은 편임</td></tr>
<tr><td rowspan="2">진단
평가</td><td>영역</td><td>검사명</td><td>검사일</td><td colspan="7">검 사 결 과</td></tr>
<tr><td>지적
능력</td><td>KEDI
-WIS
C</td><td>○○
○○.
12.19</td><td colspan="7">전체 IQ: 43, 언어성 IQ: 56, 동작성 IQ: 40
전체 지능은 훈련가능급 정신지체(중도)에 속하며, 전반적으로 지적 발달 수준이 낮고, 언어성 IQ오 동작성 IQ 사이에 유의미한 차이는 없음.개인내차를 보았을 때 공통ㅇ성 점수가 다른 소검사에 비해 비교적 높게 나타나 언어적 개념형성 능력이 다른 영역에 비해 좀더 우수할 것으로 추정됨. 특히 상식, 산수, 기호쓰기, 미로에서는 전혀 수행을 하지 못해 아동의 낮은 기억능력, 새로운 지식 습득의 어려움, 숫자적 재능, 시각/운동의 통합과 추리에서 많은 어려움이 있을 것으로 생각됨</td></tr>
<tr><td>진단
평가</td><td>정서
및
심리</td><td>HTP
BGT</td><td>○○
○○.
12.20</td><td colspan="7">실제 자신이나 다른 사람의 몸에서 눈, 코, 입, 얼굴, 팔, 다리 등 신체 부위를 지적하고 언어로 표현할 수 있으나, 그림그리기는 전혀 안되고 나무와 집그리기도 어려움. BGT의 경우, 도형 보고 그리기가 어려움. 단순히 세모나 동그라미를 반복해서 그림</td></tr>
<tr><td>발달
특성</td><td colspan="10">전반적으로 지적·신체적 발달수준이 낮은 편임. 신체발달이 약간 느리고, 행동이 느린 편이나 할 수 있는 일에 대해 스스로 해보고자 함</td></tr>
</table>

		강 점	약 점
	국어	- 어른을 만났을 때와 헤어질 때 하는 인사말을 구분하여 사용 - 상대방에게 사물이나 행위를 요구하는 말이나, 도움을 요청하는 말을 "○○를 줘", "○○해 주세요"라 표현하고, 한 낱말로 자신의 현재 감정을 표현할 수 있음 - 간단한 질문을 듣고, 장소와 행위, 장소와 실체, 행위자와 장소, 소유자와 소유의 형태를 지닌 2어 문장으로 대답할 수 있음 - 그림이나 구체물에서 빨강, 노랑, 초록, 파랑, 보라색, 주황색, 검정색, 흰색을 구분하여 말할 수 있음 - 실선이나 점선, 외곽선으로 제시된 받침이 없는 글자를 덧쓰기 할 수 있음 - '아, 야, 우, 유, 으, 이'를 필순에 맞춰보고 쓸 수 있음	- 단모음만 제공될 때 글자 읽기가 어려움(손으로 단서 제공시 아, 어, 오, 우, 으, 이를 구별해 읽음) - '오이', '여우', '우유', '아이'와 같이 단모음으로 이루어진 두 음절 낱말을 보고 쓰기를 할 수 있으나, 다른 글자 중에서 모음자를 찾아내거나 단서 없이 읽기가 어려움 - '가~마', '사'를 보고 쓰기를 할 수 있으나, '가, 나, 사'를 제외한 글자는 모델링 없이 필순에 맞추어 쓰기 어려움(글자를 따라 그리는 쪽에 가까움) - 이름보고 쓰기가 안 되고 여러 이름 중 자기 이름 찾기 어려움(사물함이나 강화판에서 자신의 이름을 찾을 때 이름을 읽어서 식별하는 것이 아니라 그 위치를 인지하여 찾음)
	인지·수학	- 구체물을 이용하여 '하나~열다섯'까지 수를 셀 수 있지만, 단순 암기된 것이어서 중간에 한두 개 빠뜨리는 경향이 있음 - 실제상황이나 그림에서 두 쪽의 수가 두 개 이상 차이가 날 때 더 많은 쪽과 더 적은 쪽을 구분하여 찾을 수 있음 - 3~4개의 쌓기나무로 이루어진 입체도형을 보고 똑 같은 모양의 입체도형을 쌓기나무로 만들 수 있음	- 5까지의 수에서 3과 5를 쓸 때 교사의 모델링과 신체적 촉진 요구됨 - 1~5까지의 수 개념이 70% 정도 있으나, 숫자를 보고 아무런 단서 제공 없이 '일, 이, 삼'과 같이 수 읽기에는 어려움이 있음 - 학년반 팻말(3-3, 3-6)에 있는 '3', '6' 숫자를 구하기 어렵고, 교실을 찾아가는 반복 훈련을 통해 위치를 인지하여 학년 반을 찾음

<table>
<tr><td rowspan="1">현재 수행 수준</td><td>사회성 및 행동</td><td colspan="3">- 다른 사람과 rapport가 형성된 후에는 잘 따르는 편이고, 간단한 선택형(양자택일)의 질문을 했을 때 70% 정도 이해하고 자기의사를 말할 수 있음
- 자발적으로 선생님을 만나고 헤어질 때의 인사말을 구분하여 "안녕하세요", "안녕히 계세요"라고 인사함
- 자신의 현재 감정을 "싫어요", "○○하니까 좋아", "나 울었어요"라고 표현하고, 다른 사람에 대해서 "나, ○○ 좋아요", "나, ○○ 싫어요", "무서워요" 등과 같이 인물에 대해서도 자신의 감정을 표현함
- "○○송화 좋아해?" 또는 "나, 소리지르면 용훈이 오빠가 나 싫어해요?"와 같은 표현을 사용해 다른 사람이 자신에 대해 어떻게 생각하는지도 알고 싶어하는 질문을 할 수 있음
- 좋아하는 사람에 대한 표현이 분명함</td><td colspan="2">- 양손을 흔드는 상동행동을 자주 보이고 산만하며 집중력이 짧음
- 어떤 물체를 돌리거나 굴려서나는 소리를 들으려 함
- 선생님의 관심을 끌려고 문제행동(소리지르기, 물건던지기)을 보일 때가 있으며 무관심하면 그만둠
- 산만하고 집중력이 짧음
- 좋아하는 사람에게 신체적 접촉(안기)을 통해 표현하려고 하는데, 표현의 강도를 조절하기 어려워 오히려 상대방이 거부감을 보이는 경우가 자주 있음(안은 후 들어오리는 경우가 많은데, 안고 있던 친구를 놓도록 하면 그냥 공중에서 놓아 버려 안겨 있던 아동이 바닥에 세게 부딪쳐 우는 경우가 자주 있음)</td></tr>
<tr><td>부모 요구</td><td colspan="6">일상생활에 필요한 기본적인 읽기·쓰기, 수 개념 학습. 일상생활의 적응과 조금이라도 학교활동에 참여할 수 있었으면 함. 아주 작은 일이라도 칭찬받으며 학습할 수 있기를 바람</td></tr>
<tr><td rowspan="5">교육 활동 계획</td><td>유 형</td><td>교 과</td><td>기 간</td><td>주당시간</td><td>장 소</td><td>책 임 자</td></tr>
<tr><td>특수교육</td><td>국어·수학</td><td>1·2학기</td><td>11시간</td><td>3학년 6반</td><td>특수교사</td></tr>
<tr><td>일반교육</td><td>기타교과</td><td>1·2학기</td><td>18시간</td><td>3학년 3반</td><td>담임교사</td></tr>
<tr><td colspan="6">일반학급 담임교사, 학부모와 협의하여 필요한 경우 교수계획을 수정·보완하도록 함</td></tr>
<tr><td colspan="2">교육 시작일자</td><td>○○○○년 3월 19일</td><td colspan="2">예상 종료 일자</td><td>○○○○년 2월 20일</td></tr>
</table>

위의 개별화교육계획표는 아동의 인적 사항, 현재 수준, 부모의 요구, 주당 시수, 교육 시작일과 종료일을 제시하고 있다. 그러나 장·단기 목표와 평가법 등이 제시되지 않고 있다.

다음 <표 3-4>는 수학교과와 행동에 대한 지도 결과이다.

〈표 3-4〉 지도결과-1

교 과	지도결과
수 학	- 0~9까지의 숫자를 보고, 전자계산기에서 같은 숫자를 찾아 누를 수 있고, 가게놀이를 하면서 돈 계산이 어려워 각 금액과 +, −, = 기호를 보고 누르게 한 후 계산된 금액을 보고 두 가지 예에서 고르게 하면 고르기 가능) - 무늬나 색깔 등으로 구분된 2~3가지 기준에 따른 분류하기를 비교적 아무런 도움 없이 수행함(예 흰바탕에 빨간 줄무늬 티셔츠를 입은 아이에게는 빨간 줄무늬 모자와 장갑을 찾아주고, 빨강/노랑 줄무늬 티셔츠를 입은 아이에게는 빨간 줄무늬 모자와 장갑을 찾아주고, 빨강/노랑 줄무늬 티셔츠를 입은 아이에게는 빨강/노랑 줄무늬 모자와 장갑을 찾아 짝을 지어줄 수 있음) - 3~4개의 구체물이나 그림에서 가장 큰 것과 가장 작은 것을 구분하여 고를 수 있음
행 동	- 자신이 할 수 있는 일에 대해서도 많이 위축되고 다른 사람에게 해 달라고 할 때가 자주 있었는데, 최근 들어 자신이 할 수 있는 것을 교사나 동료가 도와 주려고 하면 "내가 할 거야"라고 말하고 스스로 하려고 노력함 - 특정 활동(예를 들어, 컴퓨터를 이용한 학습이나 글씨 쓰기)만을 하려고 고집할 때 선행되는 활동을 해야 할 수 있다고 말해 주면 소리를 지르거나 물건을 던지는 것과 같은 공격행동을 가끔 보였으나, 현재는 물건을 던지는 행동은 거의 나타나지 않음. 아주 가끔 "던질거야"나 "던져"라고 말하며 연필 같은 것을 던지려는 시늉을 할 때가 있으나, 던지는 행동으로 이어지지는 않음. 소리 지르는 행동은 가끔 나타나는데, 학기 초와 비교할 때 두세 번 정도로 끝나고 오랫동안 지속하지는 않음. 소리 지르는 행동은 가끔 나타나는데 학기 초와 비교할 때 두 세 번 정도로 끝나고 오랫동안 지속하지는 않음(컴퓨터와 같이 자신이 하고 싶은 것을 아직 할 때가 되지 않아 기다리도록 하거나, 좀더 과제를 해야 할 수 있다는 것을 알려 주었을 때 "왜 못하게 해요?"라고 소리 지르는 경우가 대부분인데, 소리 지르는 행동을 무시하고 잠시 후 아동이 다시 과제로 돌아와 하고 있거나 바른 행동을 보일 때 상황을 설명해 주고, 어떻게 하면 하고 싶은 것을 하게 되는지 알려 주며 대체로 문제행동을 멈춤) - 한 아동만을 택해서 세게 안는 것을 좋아하고 학기 초 안기 행동이 자주 나타났으나, 빈도가 많이 줄었고 행동을 할 때도 "하지 말아요?"와 같이 교사에게 확인하는 질문을 함 - 물건을 돌려 돌아가는 모습을 관찰하거나 그 때 발생하는 소리를 듣는 행동은 전혀 나타나지 않으나, 자신이 무엇인가를 하고 기분이 좋을 때나 마음에 드는 것을 보고 있을 때 양손을 펴서 흔드는 상동행동을 지속적으로 나타남(상동행동을 멈추고 손을 바르게 하였을 때 칭찬해 주거나 손을 어떻게 해야 하는지 아동의 이름을 불러 주의를 환기시키면 행동을 멈추지만, 손으로 어떤 과제를 조작하는 과제가 아닌 경우 여전히 많이 나타나고 있음)

위의 지도결과는 수학과 행동의 향상 정도를 기록하고 있다. 또 다른 아동의 지도 결과는 다음의 <표 3−5>와 같다. 이 표에서는 교과와 행동 그리고 1년 동안의 향상 정도를 종합적으로 평가 기록하고 있다.

〈표 3-5〉 지도결과-2

아동명	○○○	학년 반	3학년 3반	기 록 자	○○○
교과 학습 발달상황					
국 어			수 학		
- 전화기를 통해서 들은 짧은 내용이나 방송에서 본 내용을 다른 사람에게 전달할 수 있으며, 전화 대화에서 높임말을 사용해 예의바른 태도로 전화를 받을 수 있음 - 4~6장 정도의 그림을 순서에 맞게 배열한 후 그림에 알맞은 이야기를 꾸며 말할 수 있음 - 들은 동화나 이야기에 대한 내용 이해가 빠르고 구어로 단순히 내용과 관련한 질문을 제시했을 때 90% 정확도에서 답할 수 있음 - 청각적 매체를 통해 학습 자료를 제시하였을 때 훨씬 정확하고 빠르게 이해함 - 그림마다 한 문장 정도씩 이야기가 적혀 있는 10쪽 정도의 쉬운 동화책을 3~4회 정도 반복하여 읽은 뒤, 그림을 단서로 책읽기를 할 수 있으나, 문장 전체를 외워 읽는 경우가 많아 동일한 어절이나 음절이 다른 잘에서 나왔을 때 첫 번째 시도에서 읽기를 수행하는 데는 어려움이 있음 - 완전 습득된 글자는 받아쓰기하고 읽을 수 있으나 일견 단어로 이해를 하기 때문에 각각의 글자가 다른 낱말에서 쓰였을 때는 이미 습득된 단어를 써 보고 해당하는 글자를 기억해 내도록 해야 함 - 발음할 때 혀의 위치나 모양으로 받침에 쓰인 'ㄴ'과 'ㄹ'을 바르게 찾아 쓸 수 있음			- 받아올림이 2번 있는 세 자리 수 덧셈과 받아내림이 2번 있는 세 자리 수 뺄셈을 계산할 수 있으며 피감수에 0이 있는 세 자리 수 뺄셈도 계산 원리를 알고 계산할 수 있음 - 합하거나 모두 얼마인지 알려면 덧셈식을 세워야 하고 차이를 알아보거나 어떤 값이 줄어들었을 때 뺄셈식을 세워야 함을 구분할 수 있음 - 동전과 지폐를 사용해 금액만큼 물건값을 지불할 수 있고 5,000원 이하에서 지폐와 동전을 혼합한 거스름돈을 계산할 수 있음 - 동일한 값만큼 계속 더해가는 곱셈구구의 원리를 이해하거나, 외우기는 0, 1, 2, 3, 5단만 가능. 4단은 60%, 6~9단은 동수누가를 통해 곱을 구해야 함 - 곱셈구구의 교환법칙을 알고 곱셈식을 바꾸어 쓸 수 있으며, 그림을 보고 곱셈식을 만들어 쓴 후 곱을 찾아 쓸 수 있음 - 10개 이상의 쌓기나무를 사용해 만들어진 입체도형을 보고 똑같이 만들 수 있으며, 눈에 보이지 않는 곳에 있는 쌓기나무의 수를 생각하여 입체도형에 몇 개의 쌓기나무가 이용되었는지 수를 구할 수 있음 - 자를 이용해 cm단위의 길이를 측정할 수 있으며, 길이를 측정해 '약 ~cm' 또는 '~cm 조금 더 된다'나 '~cm 조금 못 된다'로 측정한 길이를 나타낼 수 있음 - 받아올림과 받아내림이 있는 길이의 덧셈과 뺄셈을 할 수 있음 - 자료의 수를 세어 표를 완성하고, 합계를 구할 수 있음 - 표를 보고 그래프로 나타낼 수 있으며 문제를 듣고 표나 그래프에서 알맞은 값을 찾아 답할 수 있음 → 계산능력이 비교적 우수한 편이나 한글 습득이 미흡하여 주어진 문제를 읽고 이해하는 능력이 많이 떨어지며 문장제 해결이 어려움		

행동발달 상황	
- 교실에서 지속적으로 착석하는 것이 어렵고 자주 돌아다니는 편이나 자신이 자신 있고 흥미 있어 하는 활동의 경우 적극적으로 수업에 참여하고 과제 참여시간도 비교적 오래 지속됨 - 자신의 물건을 챙기고 준비물을 확인하는 등의 생활습관 형성이 많이 부족하나 자신의 소지품에 대한 인식이 조금씩 형성되어 가고 있으며, 비록 준비물을 챙겨오지는 못하지만 교사에게 도움을 청해 통합학급에서 이루어지는 활동에 함께 참여하고자 하는 의욕과 빈도가 조금씩 늘고 있음 → 아동의 공격성을 표출할 수 있는 사회적으로 수용 가능한 상황(놀이를 통한 공격성 해소)의 제공과 바람직한 대체행동을 습득할 수 있도록 지속적인 지도가 요구됨 - 자신이 선호하는 활동을 고집하거나 요구가 받아들여지지 않았을 때 불특정 대상(사물이나 주변 인물)에게 자신의 욕구 불만을 공격적인 방식으로 표출(소리지르기, 발로차기, 부정적인 언어 표현 등)하는 경우가 종종 있음 → 학교에서뿐만 아니라 가정에서도 아동의 행동지도에 대한 일관성 있는 대책 마련이 시급히 요구됨 - 무엇보다 음식물과 관련하여 자신의 것에 대한 집착이 강하여 타인에게 양보하고 배려해 주는 태도가 부족함	
종합의견	국어 교과의 기초학력이 낮아 읽기에 대한 두려움과 거부감이 있으며 읽기·쓰기의 필요성 인식과 언어습득에 대한 의지가 약하여 아동의 잠재능력에 비해 한글 습득 속도가 많이 느린 편임. 수학 교과에서 계산능력이 뛰어난 반면 수에 대한 기본적인 개념 이해가 미흡함. 실생활에서 화폐의 쓰임과 계산 방법에 대한 이해가 뛰어나며 물건값과 거스름돈 계산을 비교적 능숙하게 하나, 화폐가치에 대한 이해가 미흡해 금전 관리를 계획성 있고 짜임새 있게 하지 못함(공공기관에서 주어지는 식권을 물물교환의 수단으로 사용하거나 아무 이유 없이 자신이 가진 돈을 다른 아동에게 준 후 다시 돌려 달라고 하기도 하여 간혹 금전 문제로 인해 또래와 다툼이 생김). 불안한 정서·심리 상태와 산만한 행동특성이 아동의 잠재능력 발휘와 학업성취에 큰 저해 요소로 작용하고 있으며, 가정에서 생활·학업지도가 전혀 이루어지지 못해 학습의 연계가 이루어지지 못하고 있음. 주의집중 시간이 짧고 자리 이탈 빈도가 많아 과제의 양을 적게 하고 주어진 과제 안에서 성취감을 맛볼 수 있도록 하는 것이 중요하며, 자신의 활동에 대한 칭찬과 긍정적인 피드백을 받고자 하는 욕구가 강하여 지속적으로 간헐강화를 제공하는 것이 과제 수행과 과제 지속시간 연장에 많은 도움이 됨.
통합학급 담임교사 의견	

6 관련 서식

[서식 1]

입급아동 종합판별 카드

<table>
<tr><td colspan="2">학교명</td><td colspan="3"></td><td colspan="2">원적 학년</td><td colspan="3">학년</td></tr>
<tr><td colspan="2">아동명</td><td></td><td>성 별</td><td></td><td>생년 월일</td><td colspan="4">년 월 일(만 세)</td></tr>
<tr><td colspan="2">주소</td><td colspan="8"></td></tr>
<tr><td rowspan="3">보호자</td><td>성명</td><td colspan="3"></td><td></td><td></td><td></td><td colspan="2"></td></tr>
<tr><td>주소</td><td colspan="4"></td><td>☎</td><td colspan="4"></td></tr>
<tr><td>학력</td><td></td><td>가족 상황</td><td colspan="2"></td><td>생활 정도</td><td colspan="3"></td></tr>
<tr><td colspan="10">학 력 수 준</td></tr>
<tr><td colspan="2">구 분</td><td colspan="3">읽 기</td><td colspan="2">쓰 기</td><td colspan="3">수</td></tr>
<tr><td colspan="2">정 도</td><td colspan="3"></td><td colspan="2"></td><td colspan="3"></td></tr>
<tr><td rowspan="3">장애 상황</td><td>발생 원인</td><td colspan="8">내인 외인 혼 합불 명</td></tr>
<tr><td></td><td colspan="8">1) 감 염 ( ) 2) 중 독 ( ) 3) 외상물리작용 ( )
4) 영양 상태 ( ) 5) 고열 경기 ( ) 6) 출산 전 ( )
7) 심리적 요인 ( ) 8) 불명 ( )</td></tr>
<tr><td>병력</td><td colspan="8">1) 태중( ) 2) 출생시( ) 3) 0-3세( ) 4) 4-6세( ) 5) 그후 ( )</td></tr>
<tr><td rowspan="4">지능 및 심리 검사</td><td>검사내용</td><td colspan="5"></td><td>면접 및 상담</td><td colspan="2">최종 판결</td></tr>
<tr><td>검사일지</td><td colspan="5"></td><td rowspan="2"></td><td colspan="2" rowspan="2"></td></tr>
<tr><td>결 과</td><td colspan="5"></td></tr>
<tr><td>정 도</td><td colspan="5"></td><td></td><td colspan="2"></td></tr>
<tr><td colspan="2">평 가 자</td><td colspan="5"></td><td></td><td colspan="2"></td></tr>
<tr><td colspan="2">종합 의견</td><td colspan="8"></td></tr>
<tr><td rowspan="2">확인</td><td>시·
군교육청
위원장</td><td>시·
군교육청
판별위원</td><td>교장</td><td>교감</td><td>교무
주임</td><td>연구
주임</td><td>통합학급
담임</td><td>양호
교사</td><td>특수
교사</td></tr>
<tr><td></td><td></td><td></td><td></td><td></td><td></td><td></td><td></td><td></td></tr>
</table>

[서식 2]

입급원서

아 동 명		성 별		주민등록번호	
보호자명		아동과의 관계		직 업	
주 소					

위 아동을 귀 학급에 입급시키고자 원서를 제출하오니 입급을 허가하여 주시기 바랍니다.

2020. . .

보호자 (인)

○○○○ 학 교 장귀 하

[서식 3]

특수학급 입급 동의서

아동명:
생년월일:

상기 학생을 2002학년도 귀교의 제 1학년 특수학급에 입급시켜 주실 것을 바라며 이에 동의서를 제출합니다.

2020. . .
학부모: (인)

○ ○ ○ ○ 학 교 장귀 하

[서식 5]

환 급 동 의 서

제　　학년　반 (특수학급)
성　명
(　　년　　월　　일생)

위 아동은 특수학급에 입급되어 있는 아동으로서 일반학급으로 환급시키는 것에 동의합니다.

.　　.　　.

보 호 자 :　　　　　　(인)

○ ○ ○ ○ ○ 장 귀 하

[서식 6]

학 부 모 의 견 서

<table>
<tr><td rowspan="3">학부형
인적 사항</td><td>성명</td><td></td><td>주민등록번호</td><td></td><td>학생과의
관계</td><td></td></tr>
<tr><td>주소</td><td colspan="5"></td></tr>
<tr><td>연락처</td><td colspan="5">자택) 직장)</td></tr>
<tr><td rowspan="2">학생
인적 사항</td><td>학생명</td><td></td><td>주민등록번호</td><td></td><td>장애유형</td><td></td></tr>
<tr><td>출신교</td><td colspan="5">학교 년 (졸업, 졸업예정)</td></tr>
<tr><td>배치희망
사유</td><td colspan="6"></td></tr>
<tr><td>학부형
의견</td><td colspan="6"></td></tr>
</table>

위와 같이 학부형 의견서를 제출합니다.

년 월 일

학부형 (인)

[서식 7]

(앞 면)

<table>
<tr><td colspan="3">특수교육대상자선정신청서(전문대학과정 이상)</td><td rowspan="4">사 진
(3cmX4cm)</td></tr>
<tr><td>장애종별</td><td>접수번호</td><td>학생명</td></tr>
<tr><td rowspan="2"></td><td rowspan="2">(시·도)
( ) - ( ) - ( )</td><td>한글:</td></tr>
<tr><td>한자:</td></tr>
<tr><td colspan="2">출신학교(재학중 포함)</td><td>주민등록번호</td><td>주 소</td></tr>
<tr><td colspan="2">( )고등학교(특수학교여부 :)
( )학교 고등부 년 월 졸업(예정)</td><td rowspan="2"></td><td rowspan="2">□□□ - □□□

(전화번호:)</td></tr>
<tr><td colspan="2">년 시행 고등학교졸업학력검정고시
합격</td></tr>
<tr><td colspan="4">특수교육진흥법 제10조·동법시행령 제9조제1항 및 동법시행규칙 제3조 제1항의 규정에 의하여 위와 같이 신청합니다.

년 월 일

학생성명 : (인)
보호자성명 : (인)
붙임: 1. 장애인증명서, 장애인등록증 사본 또는 상이등급이 기재된 국가유공자증명서 사본 1부
2. 진단서 1부
3. 고등학교졸업증서 사본 또는 고등학교졸업증명서 1부(해당자에 한함)
4. 고등학교졸업학력검정고시합격증서 사본 또는 고등학교졸업학력검정고시합격증서 1부(해당자에 한함)</td></tr>
<tr><td colspan="4">위 기재사항은 사실과 틀림없음을 확인합니다.
년 월 일
학교장 인</td></tr>
<tr><td colspan="4">시 · 도 교육감 인
학교의 장 귀하</td></tr>
</table>

-------------------- (절취선) --------------------

특수교육대상자선정신청서(전문대학과정이상)접수증

<table>
<tr><td>장애종별</td><td>원서접수번호</td><td>학생명</td><td>출신학교(재학중 포함)</td><td>교부자 성명(인)</td></tr>
<tr><td></td><td>() - () - ()</td><td></td><td></td><td></td></tr>
<tr><td colspan="5">위와 같이 접수하였음을 증명합니다.
년 월 일</td></tr>
<tr><td colspan="5">학교의 장 인</td></tr>
</table>

[서식 8]

<table>
<tr><td colspan="9">특수교육대상자선정·배치신청서(고등학교과정 이하)</td></tr>
<tr><td colspan="2">접수번호</td><td colspan="7">(-)</td></tr>
<tr><td rowspan="7">신
청
인</td><td rowspan="4">대상자</td><td>장 애
종 별</td><td colspan="5"></td><td rowspan="3">사 진
3cm x 4cm</td></tr>
<tr><td>성 명
(한 자)</td><td></td><td>성
별</td><td>남
여</td><td>주민등록 번호</td><td></td></tr>
<tr><td>주소</td><td colspan="5"></td></tr>
<tr><td>출신학교</td><td colspan="6">학교 제 학년 반 재학 졸업 수료</td></tr>
<tr><td rowspan="2">보호자</td><td>성 명</td><td colspan="3"></td><td>대상자와의 관계</td><td colspan="2">대상자의 ( )</td></tr>
<tr><td>주 소</td><td colspan="3"></td><td>전화번호</td><td colspan="2"></td></tr>
</table>

특수교육진흥법 제10조·동법시행령 제9조제1항 및 동법시행규칙 제3조 제1항의 규정에 의하여 위와 같이 신청합니다.

년 월 일

학생성명 : (인)

보호자성명 : (인)

붙임: 1. 장애인등록증사본, 장애인증명서, 상이등급이 기재된 국가유공자증명서 사본, 진단서 또는 학교장 의견서 1부

2. 삭제

3. 중학교졸업증서 사본 또는 중학교졸업증명서 1부(해당자에 한함)

4. 고등학교입학자격검정고시합격증서 또는 고등학교입학자격검정 고시합격증서 1부(해당자에 한함)

시·도교육감(교육장) 귀하

-------------------- (절취선) --------------------

특수교육대상자선정신청서(고등학교과정이하)접수증

접수번호

장애종별	학생명	성별	주민등록번호	비고

위와 같이 접수하였음을 증명합니다.

년 월 일

시·도교육감(교육장) 인

[서식 9]

특수교육대상자선정결과통지서(전문대학과정 이상)

교부번호 :

장애종별 :

주 소 :

성 명 : 성별( )

생년월일 : 년 월 일생 주민등록번호(-)

출신학교 : 학교 제 학년 재학(졸업)

특수교육진흥법 제10조 및 동법시행령 제9조의 규정에 의하여
위와 같이 특수교육대상자로 선정되었음을 통지합니다.

교부자 서명(인)

년 월 일

학교의 장 인

[서식 10]

특수교육대상자선정결과통지서(고등학교과정 이하)
교부번호 :
배정학교 : 학교 부 제 학년 (학급)
주 소 :
성 명 : 성별( )
생년월일 : 년 월 일생 주민등록번호(−)
출신학교 : 학교 제 학년 재학(졸업)
특수교육진흥법 제10조 및 동법시행령 제9조 및 제 10조의 규정에 의하여 위와 같이 특수교육대상자로 선정·배치되었음을 통지합니다.
교부자 서명(인)
년 월 일
시·도교육감(교육장) 인

[서식 11]

기관명

(전화번호)

문서번호: 년 월 일

수신: 시·도교육감(교육장) 발신: 학교장 인

제목: 특수교육대상자 지원상황통보

특수교육진흥법 제11조의 규정에 의하여 본교로 직접 입학지원한 학생의 현황을 다음과 같이 통보하오니 특수교육대상자로 선정·배치하여 주시기 바랍니다.

장애종별 지원현황	계	시각장애	청각장애	정신지체	지체 부자유	정서장애	기타
계							
( )과정							

붙임: 1. 특수교육대상자선정·배치신청서 사본 1부
2. 시·도교육감(교육장)이 필요하다고 인정하는 서류 끝.

[서식 12]

위탁교육기관변경신청서

<table>
<tr><td colspan="6" align="right">처리기간
30일</td></tr>
<tr><td colspan="2">학생명</td><td></td><td>보호자명</td><td colspan="2"></td></tr>
<tr><td colspan="2">주소</td><td></td><td>전화번호</td><td colspan="2"></td></tr>
<tr><td colspan="2">주민등록
번호</td><td></td><td>위탁교육
중인
학교명</td><td colspan="2">학교 부
(학년 반)</td></tr>
<tr><td rowspan="2">변경내용</td><td>희 망
학교명</td><td></td><td colspan="3"></td></tr>
<tr><td>사 유</td><td></td><td colspan="3"></td></tr>
<tr><td colspan="6">특수교육진흥법시행령 제8조제1항의 규정에 의하여 위와 같이 신청합니다.

년 월 일

신청인: (서명 또는 인)

시·도교육감 귀하</td></tr>
<tr><td colspan="5" rowspan="2">붙 임: 1. 취학증명서 1부
2. 주민등록등본 1부</td><td>수수료</td></tr>
<tr><td>해당
없음</td></tr>
</table>

<table>
<tr><td rowspan="2">처리란</td><td>접수연월일</td><td>년 월 일</td><td rowspan="2">결정
번호</td><td rowspan="2">제호</td><td rowspan="2">결정
내용</td><td rowspan="2"></td></tr>
<tr><td>결정연월일</td><td>년 월 일</td></tr>
</table>

[서식 13]

<table>
<tr><td colspan="8">특수교육대상자숙식경비지급신청서
처리기간 14일</td></tr>
<tr><td>학생명</td><td></td><td>학생명</td><td></td><td>주민등록 번호</td><td colspan="3"></td></tr>
<tr><td>주소</td><td colspan="3"></td><td>전화번호</td><td colspan="3"></td></tr>
<tr><td colspan="8">(　)년도 숙식경비의 산정내역</td></tr>
<tr><td>구분</td><td colspan="4">숙 식 내 용</td><td colspan="3">비 고</td></tr>
<tr><td>지급신청금액</td><td colspan="7"></td></tr>
<tr><td>신청내역</td><td colspan="7"></td></tr>
<tr><td colspan="8">특수교육진흥법시행령 제12조 및 동법시행규칙 제6조제1항의 규정에 의하여 위와 같이 신청합니다.

년 월 일

신청인: (서명 또는 인)

시·도교육감 귀하</td></tr>
<tr><td colspan="7">붙임: 1. 취학증명서 1부
2. 주민등록등본 1부
3. 기타경비산출의 근거자료 1부</td><td>수수료
해당 없음</td></tr>
<tr><td rowspan="2">처리란</td><td>접 수 일</td><td>년 월 일</td><td rowspan="2">지급 결정 번호</td><td rowspan="2">제 호</td><td rowspan="2">지급 결정 액</td><td colspan="2" rowspan="2">월 원</td></tr>
<tr><td>지급결정일</td><td>년 월 일</td></tr>
</table>

[서식 14]

<table>
<tr><td colspan="8">재심청구서</td></tr>
<tr><td colspan="2">① 사 건</td><td colspan="6"></td></tr>
<tr><td rowspan="4">② 청구인</td><td rowspan="3">특수교육 대상자 또는 보호자</td><td>성명</td><td></td><td>성별</td><td></td><td>주민등록번호</td><td></td></tr>
<tr><td>주소</td><td colspan="5">(전화번호:)</td></tr>
<tr><td>소속학교</td><td colspan="5"></td></tr>
<tr><td>학교장</td><td>성명</td><td></td><td>학교명</td><td colspan="3">(전화번호:)</td></tr>
<tr><td colspan="2">③ 피청구인</td><td colspan="6"></td></tr>
<tr><td colspan="2">④ 재심청구의 대상이 되는 처분 내용</td><td colspan="6"></td></tr>
<tr><td colspan="2">⑤ 재심청구의 취지</td><td colspan="6"></td></tr>
<tr><td colspan="2">⑥ 재심청구의 이유</td><td colspan="6"></td></tr>
<tr><td colspan="2">⑦ 재심청구의 이유</td><td colspan="6"></td></tr>
<tr><td colspan="2">⑧ 근거법률</td><td colspan="6">특수교육진흥법 제26조</td></tr>
<tr><td colspan="8">위와 같이 재심을 청구합니다.
년 월 일
청구인: (서명 또는 인)
특수교육운영위원회위원장 귀하
붙 임 : 처분사유설명서 사본 1부</td></tr>
</table>

1. 재심청구서 작성요령

① 사 건 명: ○○ 처분 취소 청○구

③ 피청구인: 처분권자를 말함

④ 재심청구의 대상이 되는 처분내용 : 년 월 일자
○○ 처분

⑤ 재심청구의 취지 : 피청구인이 년 월일 청구인에 대하여
한 ○○ 처분에 대하여 이의 취소를 구함

⑥ 재심청구의 이유 : 청구의 취지가 인용될 수 있도록 원처분이 위법 또는 부당하다고 생각되는 점을 지적하고 그 시정을 요구하는 주장을 논리적으로 기술

⑦ 기타 입증자료: 본 건과 관련 있는 제반 증거 및 참고자료

※ 재심청구이유 및 입증자료 내용이 많을 때는 목록만 기재하고 첨부자료로 제시 가능

2. 재심절차

1. 재심청구 → 2. 사건배정 → 3. 재심청구서 검토
↓
5. 변명서 접수·검토 ← 4. 재심청구서 접수 및 변명서 제출 요구
↓
6. 사실조사 →7. 심사기일 지정·통지 → 8. 심사회의 → 9. 결정
↓
11. 결정서 송부 ← 10. 결정서 작성

제 4 장 현장 특수교육 연구

1 현장 특수교육 연구의 의의

연구는 우리가 가지는 막연한 의문이나 궁금증을 밝히기 위해, 체계적으로 관련 정보를 수집하여 분석하고 규명해 나가는 과학적 탐구 과정이라 할 수 있다. 이러한 연구의 개념을 교육 현장에 적용하여 효율적인 교육적 방안을 강구하려는 절차가 현장 특수교육 연구이며, 이는 학생을 효과적으로 지도하고 교육하려는 교사들의 능동적인 교육 실천을 위한 노력의 한 과정이다. 특수교육 현장에서는 교사들의 현장연구에 대한 열의와 관심이 높기는 하지만, 학습자가 장애를 지니고 있기 때문에 교과지도뿐만 아니라 생활·진로지도 및 부모교육 등 부가적인 업무까지 겹쳐 논문 혹은 보고서라는 형식적인 결과물의 도출까지는 당면한 문제들이 많다는 어려움을 호소하고 있다. 그러나 현장의 특수교육 연구는 특수교사의 자질 향상은 물론 특수교육의 질을 제고하는 데 크게 기여할 수 있는 매우 가치 있는 일이다. 또한, 현장연구의 양적 증가만큼 특수교육의 학문적 발전이나 특수교육 현장의 발전에 기여할 수도 있을 것이다. 이를 위해서는 현장 교육 연구의 효과를 적절히 전파하고 현장교사나 교육 연구자들의 연구 방법에 대한 이해를 확산시킬 필요가 있다.

연구는 체계적인 활동으로 연구 활동에 포함된 각각의 활동은 일정한 형식을 갖추고, 각 활동 간에 상호 긴밀한 논리적 관계를 맺는 하나의 체계로 구성된다. 하나의 연구가 별개의 활동으로 이루어지거나 논리적 일관성과 체계가 없는 활동은 연구라고 할 수 없다. 연구란 활동의 모든 단계와 내용이 통합된 하나의 논리적 체계를 이루는 활동이어야 한다. 또한, 연구란 과학적인 탐구활동으로 객관적인 방법으로 사물이나 현상을 기술하고 그것들 간의 관계를 밝힘으로써 새로운 지식을 창조해 내는 활동이다.

연구에 대한 정의는 여러 연구자들의 관점과 강조점에 따라 다소 차이가 있으나, 연구는 "사회 일반의 관심이나 연구자의 개인적 관심 혹은 학문분야에서 필요하다고 여겨지는 어떤 현상을 체계적으로 검증하고 일정한 형식과 과학적인 방법으로 진행되는 탐구 과정"이라 할 수 있다. 현장 특수교육 연구는 "현장교사나 동료교사 또는 대학연구자의 도움을 받아 자신의 교육실천을 스스로 체계적, 반성적으로 탐구하여 개선하는 것"을 근본적인 특징으로 한다. 이러한 내용들을 종합해 보면, 현장 특수교육 연구는 현장교사들이 자신들이 실천하고 있는 일을 정확히 이해하고 문제점을 파악해서 그것을 개선하려는 의도로 행해지는 교사들의 체계적인 노력이라는 데 그 의의를 찾을 수 있다. 즉, 교사들이 행하는 현장연구는 자신의 필요에 의해서 스스로가 시도하는 노력이라는 데에 보다 큰 의의를 둘 수 있다.

대학이나 전문연구기관에서 연구를 수행하고 현장교사들은 그 결과를 적용만 한다면 된다는 연구와 실천의 이분법은 오늘날 비판을 받고 있다. 교육현장에 대한 깊은 이해가 없이 만들어진 교육학적 일반이론은 구체적인 실천 현장에 별로 도움을 주지 못한다. 동시에 '연구－실천'의 이분법은 현장교사들을 대단히 무기력하고 수동적으로 만든다. 이러한 문제를 해결하기 위한 한 방안으로서 오늘날 '연구자로서의 교사'라는 말이 강조되고 있다. 이는 교사 스스로가 실천 현장의 문제점을 진단하여 이를 개선하기 위한 실행계획을 세워서 실천하고, 그 실천과정을 면밀하게 검토하여 그 타당성을 확인한 후 새로운 대안을 도출해가는 능력 있는 실천가가 되어야 한다는 것이다. 즉, 실행연구(action research)의 하나인 현장교육연구(일명 현장연구, 현장개선연구 등)는 교육적 실제에 대한 변화와 개선을 가져오는 것을 목적으로 함으로써 연구자로서의 교사가 되어야 한다는 것이다.

여기서 유념할 점은 '연구자로서의 교사'라고 할 때, 연구자의 개념이 대학의 연구자의 개념과 꼭 같은 것은 아니라는 사실이다. 일반적으로 대학의 연구자는 실천 현장으로부터 한 발 떨어져 있는 관객이다. 그러므로 이들은 현장의 실천적인 문제를 즉시 해결하는 데 관심을 기울이기보다는 현상의 배후에 있는 원리를 탐구하여 추상성이 높은 이론을 만들어내는 데 관심이 있다. 이에 비해, 교사는 관객의 입장이 아니라, 매일 매일 학교와 교실 현장에서 삶을 영위해 가야 하는 실천가의 입장에 있다. 이렇게 양자가 처한 맥락이 다르면 당연히 연구주제나 연구방법도 달라야 한다.

2 현장 특수교육 연구의 개념

현장교육 연구는 교육 현장에서 벌어지고 있는 교육 관련의 실천적 활동에 대한 연구이기 때문에 '현장성'과 '실천성'이라는 두 가지 특징을 지닌다. 즉 현장교육 연구란 한 집단으로서의 연구자인 교사가 스스로의 실천적 행위와 그러한 실천행위의 효과에 대한 반성적 검토 또는 평가를 통하여 교육의 실제를 개선 또는 변화시키려는 체계적 활동이라 할 수 있다.

이러한 현장교육 연구의 목적은 교육 실제의 개선 또는 변화이다. 현장교육 연구는 연구자의 지적 호기심을 충족시키며 새로운 지식을 창조하고 개념들 간의 새로운 관계를 정립하는 것을 목적으로 하는 이론적 연구가 아니다. 현장교육 연구의 궁극적인 목적은 지식을 추구하는 데 있지 않고 교육의 실제를 개선하는 데 있다. 현재의 교육적 상황을 개선하며, 교육적 실천행위의 효과를 증진시키는 것이 현장교육 연구의 목적이다.

현장교육 연구의 내용은 교육의 실제를 개선하기 위하여 시도된 모든 종류의 실천 또는 행위가 그 핵심이다. 교육의 현장에서 교육의 실제를 개선하기 위하여 시도된 행위들은 무수히 많다. 그러한 행위는 주로 교사들에 의해 주도되지만 교사뿐만이 아니라 교감, 교장과 같은 학교 교육행정가 또는 학부모, 그리고 때로는 학생 등에 의하여 시도될 수도 있다. 누구에 의해 주도된 행위이냐 보다는 교육의 현장에서 교육의 실제를 개선하고자 하는 의도 하에 실천된 모든 행위, 사건 등이 현장교육 연구의 내용이 된다.

현장교육 연구방법의 특징은 '체계적'이라는 말과 '자기 반성적'이라는 말로 요약될 수 있다. 현장교육 연구활동이 체계적이어야 한다는 점은 현장교육 연구

활동도 하나의 연구활동으로 인정받기 위하여 만족시켜야 할 최소한의 조건이다. 앞에서 연구란 형식적, 체계적, 과학적인 탐구활동이라고 정의하였다.

마지막으로 현장교육 연구의 주체는 교육의 실천에 참여하고 있는 교육의 실천가, 즉 교사나 교감, 교장, 학부모나 학생 그리고 교육의 현장에 간접적으로 참여하고 있는 교육 관계 행정가나 연구자이다. 그러나 오늘의 우리 교육 현실을 감안할 때 현장교육 연구의 주체는 교사집단이라고 할 수 있다. 따라서 현장교육 연구는 그 어느 누구도 아닌 교육의 실천을 직접 담당하고 있는 교사들에 의하여 수행되는 연구이다. 물론 교사집단은 연구의 수행 과정에서 외부 인사들의 도움을 받을 수 있다. 그러나 그 연구가 현장교육 연구로 간주되기 위해서는 연구의 주체는 교사집단이어야 한다는 점이다.

1) 현장 특수교육 연구의 단계

연구의 요소와 단계는 해당 연구문제의 성격이나 연구의 유형에 따라 다를 수 있다. 현장교육 연구에서 흔히 보는 연구의 일반적 요소와 절차는 논리적 단계라 할 수 있는 연구문제의 발견, 관계문헌의 고찰, 가설의 형성, 그리고 방법론적 단계라 할 수 있는 연구의 설계, 도구의 제작, 자료 수집이 있으며, 끝으로 결론 도출의 단계인 자료의 분석, 연구 결과의 평가 및 보고 등으로 나누어 생각해 볼 수 있다.

각 요소와 단계는 명확히 구분되어 있는 것이 아니고 어느 정도 서로 중첩되면서 계열적으로 연결되는 일련의 연구활동이다. 특히 연구문제의 발견에서 연구의 설계에 이르는 과정에서는 경우에 따라 위로 거슬러 올라가 그 단계의 연구활동을 재고해야 할 때가 있다.

2) 현장 특수교육 연구의 목적

연구의 목적은 크게 기술, 설명, 예측, 통제로 구분하여 설명할 수 있다. 먼저, 기술은 주어진 현상을 있는 그대로 정확히 관찰·서술하는 것으로, 어떤 변인의 값을 구체적으로 명시하는 상황의 기술과 어떠한 2개의 변인들 사이의 인과관계를 명시하는 과정의 기술이 있다. 설명은 현상의 이유를 밝히고 해석하는 것으로, 예를 들면 '여러 가지 교육환경에서 읍·면 고등학교는 도시 고등학교보다 열악하며 중학교에서 성적이 우수한 많은 학생들이 도시 고등학교로 진학하는 것을 선호하여 도시 고등학교 학생들의 성취수준은 일반적으로 읍·면 고등학교 학생의 성취수준보다 높다'는 식으로 서술하는 것이다. 예측은 주어진 현상을 대상으로 어떤 변인(독립변인) 또는 조건을 어떻게 변화시키면 어떠한 결과(종속변인의 변화)가 나올 것이라고 사전에 기대 또는 서술하는 것이며, 통제는 주어진 문제를 해석하고 연구결과를 실용화하자는 것이다. 여기서 변인이란, 여러 가지 다른 값을 갖는 속성을 지닌 것으로 연구자가 연구하고자 하는 개념을 지칭하는 것이며, 연구는 변인과 변인의 관계에 관한 심도 깊은 질문과 답변을 구하는 과정으로 설명할 수 있다. 순수학문의 경우, 예측의 기능까지만 주장되며, 실용학문에서는 통제의 기능을 보다 중시한다.

3) 현장 특수교육 연구의 과정

현장교육 연구의 특성은 연구자가 교사중심으로 이루어진다. 연구의 유형에 따라 교사 개인 단독으로, 또는 동료교사나 외부인사의 도움을 받아 연구를 수행하기도 하지만 팀을 이루어 공동으로 수행하는 경우가 많다. 대개는 교육 실천 여건의 개선이나 교사의 실천행위에 대한 이해의 증진을 목적으로 교실, 학교 등 교육의 실제 현장에서 발생하는 모든 교육의 문제, 교사의 행위 자체를 연구대상으로 한다. 연구방법은 교육의 실제와 현장에 대한 문제의식에서 연구문제를 발견하거나, 문헌 분석의 단계를 거치기도 하지만 필수적인 것은 아니다. 대체로 행동 분석의 형태를 취하고, 행동 가설에 따른 연구자 자신의 교육 실천행위가 기반으로 결과를 도출한다. 연구 결과는 일반화에 중점을 두지 않으며 결과의 응용범위는 한정적이긴 하나 그 결과는 연구가 수행된 해당 교실, 학교, 또는 지역에서는 유용하여야 하며 언제나 실천에 반영한다. 이와 같은 과정으로 진행되는 현장교육 연구는 다음의 사항을 참고하여 하여야 한다.

첫째, 연구의 주제는 몇 가지의 연구 문제를 포괄한 보다 상위의 개념으로 특정 연구문제라기보다는 연구의 영역이나 분야에 관련된다. 그러므로 구체적인 연구에서 연구의 주제는 연구의 제목으로 나타나고 연구의 문제는 연구의 목적을 구체화한 형식으로 서론에 포함한다.

둘째, 현장교육 연구에서 연구주제 발견의 원천은 교육 현장에서 부딪쳤던 수많은 문제, 갈등, 의아심, 또는 호기심 등이다. 그리고 연구의 주제는 참신해야 하고 실용적 가치가 있어야 하고 수행 가능한 것이어야 한다.

셋째, 연구제목은 간단명료하게 진술하여야 한다. 연구제목이 방법과 결과, 수단과 목적의 형식으로 진술될 때에는 방법과 수단(독립변인)을 전반부에, 목적이나 결과(종속변인)를 후반부에 제시하도록 한다. 그리고 연구제목에 따른 부제는 반드시 필요한 경우를 제외하고는 붙이지 않도록 한다.

넷째, 연구문제의 진술은 세부적이고 구체적으로, 그리고 의미가 분명하게 진술하여야 하며, 일반적으로 의문문의 형식을 취한다.

다섯째, 문헌 분석의 목적은 연구의 현황에 대한 정보 수집, 연구 방법에 관한 정보 수집, 그리고 가설 설정근거에 대한 정보 수집에 있다.

여섯째, 연구의 가설은 크게 연구 가설, 통계적 가설, 실행 가설로 구분할 수 있다. 현장 연구의 가설은 실행 가설에 포함되며, 실행 가설을 실천 가설, 또는 행동 가설이라 부른다. 가설의 진술은 연구가 수행되기 전에 설정하고 변인간의 관계로 진술, 간단명료하게 진술, 가능한 한 상세하게 진술·검증이 가능하게 진술·선언적 또는 가정적 형식으로 진술하여야 한다. 특히 현장연구의 실행 가설은 방법과 결과가 명확하게 진술되어야 하고 실행계획과 검증계획이 구체적으로 진술되어야 한다.

일곱째, 현장교육 연구에서는 내적 타당도를 높일 수 있도록 철저한 통제와 적합한 검증이 계획되고 실천되어야 한다. 즉 연구의 결과가 연구가 수행된 특정 상황 안에서 얼마나 타당한가에 관련된 내적 타당도를 높여야 한다. 그렇다고 연구 결과의 일반화 정도에 관련된 외적 타당도가 중요하지 않다는 말은 아니다.

여덟째, 자료 수집을 위해서는 타당도와 신뢰도가 높은 측정도구를 사용하여야 하고, 자료의 처리는 반드시 적합한 통계적 방법, 분석 방법을 적용하여야 한다.

3 현장 특수교육 연구의 실제

현장교육 연구는 어떠한 특별한 형식이 정해져 있지 않으나 연구의 성격이나 내용, 그리고 현장교육 연구가 지니는 일반적인 특징을 포괄하면서도 본인 연구의 특징이 잘 나타날 수 있는 체제로 구성하는 것이 바람직하다. 앞서 밝힌 바와 같이 본고에서는 연구방법이나 보고서 작성법 등 구체적인 내용들에 대해서는 생략하기로 하고, 여기서는 보고서 작성 시 일반적으로 지켜야 할 몇 가지만 간략히 살펴보기로 한다.

1) 연구주제의 선정

연구주제는 연구의 결과를 예측 가능하게 하며, 연구문제와 내용 및 방법이 함축된 주제여야 한다. 연구주제는 학급, 학교, 지역사회에서 또는 사회의 변화에서 파생되는 새로운 문제(장애학생 폭력 문제), 학문적 탐색으로 인지된 예감의 문제(통합교육) 등을 최신의 연구논문, 전문가와의 상담 등을 통해 선정하는 것이 바람직하다. 그리고 연구주제를 선정할 때에는 연구주제가 연구할 만한 가치가 있는지를 알아보고, 연구의 가능성(연구자의 능력, 연구기간), 참고문헌의 충분성, 자료 수집의 가능성 등을 충분히 검토하여야 한다.

❑ 학위논문, 현장교육 논문 공통(특히 학위논문)

(1) 때로는 '직관'에 의한 연구주제 선정도 훌륭할 수 있으나, 너무 의존하지 않도록 하라.

(2) 나의 연구는 참신하고, 독창적이어야만 한다는 생각에 너무 강박적으로 매달리진 말라.

(3) 관련된 최신의 선행연구의 제언 부분을 검토하라.

(4) 설정한 연구주제를 통하여 달성코자 하는 연구의 목적이 무엇인지를 분명히 하라.

(5) '~에 관한 연구', '~방안' 등의 표현을 삼가라(학위논문).

(6) 주제를 기술한 기본적인 표현방법에 익숙하라.

❑ 현장교육 연구

(1) 주제어는 대체로 ~ 신장, 함양, 제고, 거양, 배양, 증진, 향상, 강화, 개선, 조장, 기르기, 계발, 육성, 고취, 예방, 교정, 정착, 효율화, 내면화, 활성화, 극대화, 생활화 등의 용어를 사용한다.

(2) ~에 관한 연구라는 주제어는 개인 실천연구에 적합하지 않다.

(3) 인성실천 사례연구 등은 고도의 실천력을 강조하는 사례연구이므로, 학생들의 행동변화를 위한 연구여야 하며, 종속변인 위주의 진술이 되어야

한다.

- 프로그램 학습방식(독립변인)이 정신지체 학생의 학업성취(종속변인)에 미치는 영향
- 교육관계 개선을 위한 학생 좌석배치 방법에 관한 연구

2) 서 론

❑ 연구의 필요성 및 목적

연구의 필요성에는 이 연구가 왜 필요한지, 무슨 가치가 있는 것인지, 왜 중요한 것인지를 설득력 있게 논리적으로 제시하여야 한다. 연구의 중요성과 가치 그리고 필요성에 대하여 객관적이고 타당한 근거와 논리를 제시하지 못하면 연구자가 아무리 중요하다고 해도 설득력이 없다. 그리고 연구의 필요성을 진술할 때에는 국가적 요청, 시대적 필요, 교육적·사회적 필요라는 거창한 말들을 사용하지 말고 교육의 현장에서 부딪치는 실제적인 문제와 그것의 해결이 지니는 교육적 의의를 분명하게 그리고 구체적으로 제시하는 것이 바람직하다.

연구목적은 연구의 필요성에서 이미 언급되어진다. 이 연구의 가치가 무엇이며, 왜 중요하고 얼마나 필요한지를 진술하는 과정에서 연구의 목적은 거의 다 암시된다. 일반적으로 연구의 목적은 그러한 연구주제에 대하여 지금까지 알려지지 않은 새로운 정보를 수집한다든가 연구주제로 표현된 문제의 해결방안을 탐색하는 것이다. 따라서 연구의 목적은 연구의 필요성과 연결되어 제시되는 경우가 많다. 연구의 필요성을 진술하고 난 후 마지막 부분에서 "이러이러한 필요성에 부응하여 이러이러한 일을 하고자 하는 것이 본 연구의 목적이다"라고 진술하는 경우가 많다. 이 경우 필요성과 목적은 별개의 항으로 구분되지 않는다. 그러나 연구의 목적으로 제시할 내용이 많을 경우는 항을 따로 분류하여 보다 명료하게 연구의 목적을 제시할 수도 있다.

► 학위논문

(1) 도입말의 진술시 사념적(思念的) 표현, 근거 없는 표현을 삼가라.

(2) 명확한 용어로 진술하며, 독자의 흥미를 적절히 자극하라(수필체가 아닌 간결체 사용).

(3) 필요성을 먼저 제시한 다음에 연구의 목적을 논리적으로 추론하여 제시

하라.

(4) 관련변인들을 각각 분리하여 차례대로 선행연구의 경향 및 방법들을 간단히 제시하라.

(5) 선행연구들의 특징을 비교 요약하면서 본 연구가 선행연구들과 어떻게 다르고, 선행연구의 어떤 점을 보완하는지를 제시하라.

(6) 관련 학문 분야에서의 의의, 교육장면에의 기여 및 시사점을 '반드시' 제시하라(공통).

▸ 현장논문

(1) 연구를 수행하게 된 구체적 동기를 언급하라.

(2) 객관적 현장의 문제를 제시하라.

(3) 연구의 실천적, 실재적 의의는 현장연구의 중핵이다.

❑ 연구문제(및 연구가설)

연구문제 항에서는 연구의 필요성과 목적에서 진술된 내용들을 구현하기 위하여 연구자가 실제로 취급할 연구의 문제를 진술한다. 이 때 진술되는 연구의 문제들은 결국 연구의 내용과 연구의 범위를 결정하게 되며, 연구란 바로 제기된 문제에 대한 해답을 얻기 위한 활동이기 때문에 연구의 목적과 비슷한 의미를 갖게 되나 구체화·상세화된다.

가설은 연구문제에 대한 연구자의 잠정적인 대답이다. 따라서 가설은 연구문제 다음에 제시하는 것이 좋을 때가 있다. 그러나 가설은 연구자의 경험과 광범한 문헌 고찰, 즉 연구의 이론적 배경을 검토한 다음에 형성될 수 있는 것이기 때문에 이론적 배경 다음에 제시하는 것도 바람직하다. 최근 현장연구 보고서에는 가설이 제시되지 않는 경우가 많다. 그 대신 실행목표, 실행 중점, 연구과제라는 말이 쓰이고 있다. 그러나 훈련이나 교육적 처치, 그리고 특수교육에서 이루어지는 치료교육 관련 방법 및 전략의 적용 효과를 알아볼 경우에는 이러한 용어 대신 가설을 설정하여 제시하는 것이 바람직하다. 만약 연구의 성격상 가설을 설정할 수 없는 경우라면 가설의 제시 없이 연구문제의 제시만으로도 충분하다.

▸ 학위논문

(1) 연구문제가 산발적 접근이 되지 않도록 하라.

(2) 연구가설과 통계적 가설을 분명히 구분하라.
(연구가설－변인과 변인의 관계, 통계적 가설－집단과 집단, 모수치에 대한 진술)

▸ 현장논문

학위논문과는 그 형식을 달리하는 경우가 많으며, 현실적인 과제가 주가 된다.

❑ 용어의 정의

▸ 학위논문

(1) 사전식(명명적) 정의와 조작적 정의를 구분하라.
(2) 측정적, 조작적 정의와 실험적, 조작적 정의 진술방식에 익숙하라.
(3) 필요 이상으로 용어의 정의를 무조건 제시하지는 말라(공통).

▸ 현장논문

특별히 의미 있는 용어를 검증 가능하게 제시하되, 특히 학생 수준에 맞게 정의한다.

❑ 연구의 제한점(연구의 범위)

▸ 학위논문

(1) 연구의 제한점은 연구의 범위이다. 연구결과의 제한점과 혼동 말라(공통).
(2) 연구의 범위를 제한하는 이유와 명시해야 하는 이유에 대하여 분명히 인식하라(공통).

▸ 현장논문

(1) 연구의 제한점은 연구의 범위이다. 연구결과의 제한점과 혼동하지 말라.
(2) 연구대상, 지역, 기간, 교과, 단원, 교수－학습방법, 투입자료 등

3) 관련 이론 탐색 및 선행연구 분석

이론적 배경은 일반적으로 연구의 주제와 관련되는 주요 개념이나 이론에 대한 세밀하고도 광범한 진술을 하는 부분과 선행연구들을 정리·분석·제시하는 부분으로 구성된다. 이 두 부분은 모두 연구의 기본이 된다. 우선 이론적 배경의 첫 부분에서는 연구주제에 포함되는 기본 개념이나 이론을 명확히 규정하는 작업을 한다. 연구에 사용되는 여러 개념 또는 변인 그리고 이론 등에 대한 명확한 규정이 되어 있지 않으면 연구는 혼란스럽고 무엇을 위한 연구인지 알 수가 없

게 된다. 일반적으로 현장연구는 추상적 개념을 포함하지 않는 경우가 보통이지만 경우에 따라서는 복잡하고 고차적인 추상적 개념들을 변인으로 사용하는 경우도 종종 있다. 지능, 창의성, 도덕적 가치, 판단력, 자율적 학습능력 등등 이론적 개념들을 변인으로 사용할 때는 이들에 대한 충분한 고찰을 하고 본 연구에서 그것들을 사용하는 맥락과 의미를 분명히 해 두어야 한다.

선행연구 분석은 본 연구의 성격과 위치를 파악하는 데 필수적이다. 선행연구 중 본 연구와 직접 관련되는 연구는 그 연구의 목적, 사용된 방법, 도구, 대상, 결과 등에 대하여 자세히 언급하는 것이 좋다. 간접적으로 관련이 되는 것은 연구의 의의나 결과 등 중요한 내용만 간단히 제시하도록 한다.

► 학위논문

(1) 이론적 배경을 기술하는 목적을 분명히 알자. 제한된 지면으로 한정된 서론부의 '문제의 필요성 및 목적'을 보다 상세화하는 것이다.

(2) 이를 통하여 연구문제의 한계를 정하면, 새로운 방법적 접근을 발견하고자 한다. 기존의 연구결과 및 제언을 찾아봄으로써 새로운 통찰을 한다.

(3) 일반적인 기술 순서를 기억해 두라.

(4) 모자이크식 서술을 하지 않도록 하며, 교과서적 접근을 피하라(목차, 제목 등)

(5) 필요 이상의 하위절을 만들지 않도록 하며 1), (1), 가), (가), ① 등을 남발하지 말라.

► 현장논문

(1) 현장연구는 추상적 개념을 사용하지 않는 경우가 대부분이지만, 추상적인 이론적 개념들을 변인으로 사용할 때는 이들에 대한 충분한 고찰을 해야 한다.

(2) 특히 선행연구 분석에 유의하라

• 최근, 가능하면 5년 이내의 연구물 7~8편 이상을 제시한다.

• 진술방법은 연도순으로 한다.

• 선행연구의 분석을 통하여, 본 연구의 시사점을 특히 강조한다.

4) 연구의 방법 및 절차

연구의 방법에는 연구대상 및 연구기간, 연구절차, 연구도구, 자료처리 등에 대해 기술한다. 연구대상은 어떤 학년을 담임하고 어떤 교과시간에 적용하고 가르치는 것인지 구체적으로 표현한다. 연구절차는 주로 도표를 사용하여 어떤 시기에. 어떤 내용을, 어떤 대상에게, 어떤 도구로서, 어떻게 실시하여, 어떻게 자료를 처리하여, 어떻게 수집·분석·종합·정리하는가를 자세하게 기술한다. 연구도구는 실제 학생지도를 위해 사용한 학습지도안, 훈련 프로그램 등 처치도구와 학력평가지, 검사지 등 학생지도 결과를 측정하는 데 사용한 평가(검사)도구로 나누어서 진술한다. 자료처리는 자료처리 방법, 통계처리 방법 등에 대해 기술하도록 한다.

연구의 실제 부분에서는 가설을 실천계획에 따라 실천할 과정을 구체적으로 기술한다. 전술한 바와 같이 현장연구에서의 가설은 대개는 새로운 지도방법을 의미한다. 그러므로 가설의 실천 과정을 제시할 때에는 가능한 한 적용한 방법의 독특성이나 새로운 측면의 어떻게 전개해 나갔는지에 초점을 맞추어 기술하는 것이 바람직하다. 따라서 새롭고 가치 있는 부분을 중점으로 명료하게 진술하는 것이 좋다. 가설이 여러 개 있을 때에는 구분하여 기술한다.

► 학위논문

(1) 연구(실험 설계) 모형

가) 연구형태에 따라 적절한 실험설계 혹은 연구모형을 구축하고 제시하라. 연구설계 모형은 크게 두 가지로 구분된다(도식화하는 방법, 실험설계 모형).

나) 실험설계에 충분히 익숙하라.

다) 전형적인 실험설계 모형에만 너무 의존하지 말고 연구목적에 부합하도록 구축하라.

라) 실험설계의 내외적 타당도에 익숙하라(예 성숙, 검사, 피험자 탈락/통계적 회귀 등).

(2) 연구대상

가) 현실적인 이유로 우연적 표집, 의도적 표집을 사용할 경우 연구대상의 특성을 밝혀라.

나) 실험연구의 경우, 피험자 탈락에 유의하여 선정하라.

(3) 측정도구

가) 기존 도구+자작검사 문항 첨가, 자작검사를 사용할 경우 예비검사를 반드시 실행하여, 문항 양호도를 분석하라.

나) 검사의 양호도로써 인지적 검사(타당도), 정의적 검사(신뢰도)를 점검하라.

(4) 자료수집 방법/프로그램(실험) 절차: 독자가 알 수 있도록 친절하게 설명하라.

► 현장논문

(1) 연구문제가 선정되면 연구주제와 직접 관련 있는 실태조사나 문제를 분명히 분석하여 기초조사로 제시하라.

(2) 실태분석 결과는 분석내용 및 방법표, 실태분석 결과표, 분석결과 요약을 통한 문제점, 진단표 등으로 제시한다.

(3) 실행중점(실천과제, 실천목표, 가설)을 제시한다.

5) 연구의 실행: 실천목표(가설) 및 실천과제

실천목표는 계획적 추진을 위한 활동계획, 실천을 통하여 얻고자 하는 최후의 결과 또는 도달점이다. 실천목표의 표현은 일반적으로 "~해서(방법) ~되게 한다(결과)"라는 형식으로 쓴다.

실천목표	1. 교수-학습모형을 구안(개발)한다.
실천과제	1. 교과 교육과정 분석
	2. 교수-학습모형 구안방향 모색
	3. 교수-학습모형 구안
실천목표	2. 교수-학습모형을 실제 학습에 적용한다.
실천과제	1. 연간지도계획
	2. 자료개발 및 활용계획
	3. 평가계획

6) 연구결과의 검증

연구결과의 검증은 대부분 설문을 통하여 전후를 비교하거나 연구반(실험반)

과 비교반(통제반)을 두어 검증한다. 이 경우 대상이 적을 때는 개별 학생에 대해 전후를 비교하는 방법도 있고, 학생이 많을 때는 실험반과 비교반을 두어 지도결과에 따른 차이를 검증하는 방법도 있다(통계적 방법). 또 어떤 내용을 어느 교과, 어느 단원과 관련지어 가르치기 위하여 연간계획을 어떻게 세웠으며, 능력별 지도를 통하여 처음 배우는 학생들에게는 어떤 방법으로 가르치는 것이 가장 효과적이었으며, 어느 정도 알거나 익숙한 학생들에게는 어떻게 가르치는 것이 좋은지와, 잘 가르치기 위해서 교사는 어떤 자료나 준비물을 준비하여 어떤 방법이나 기법으로 가르쳤는지 가르치는 과정에 대하여 상세하게 누가 기록하는 방법도 있다(논리적 방법).

<연구유형에 따른 검증방법>

① 지적인 영역, 기능적인 영역에 속하는 내용의 검증에는 통계적인 검증을 주로하고 논리적 검증은 할 수 있는 데까지 한다.
② 정의적 영역을 내용으로 하는 연구에서는 논리적 방법을 주로 하고, 통계적 방법은 할 수 있는 데까지 한다.

7) 연구결과 및 논의

이 부분의 가설의 실천 결과를 검증하는 부분과 그러한 결과에 대하여 논의하는 두 부분으로 되어 있다. 검증은 위의 검증계획에서 수립된 내용과 절차에 따라 검증을 하고 그 결과를 명료하게 구체적으로 제시하면 된다. 연구자가 유의해야 할 사항은 이 부분에서 제시한 내용으로 인하여 가설이 과연 충분하게 검증되었는가 하는 점이다. 즉 가설 검증에 필요한 모든 자료들이 충분하게 제시되었는가 하는 점이다.

이 점에서 현재의 현장연구 보고서는 대단히 취약하다. 제목은 '실행가설(대개는 실행 중점, 실행목표, 연구과제라는 말을 사용함)의 검증'이라고 해 놓고는 검증과는 전혀 관계없는 내용을 제시하는 경우가 많다, 또는 조금하다가 중간에서 그쳐 버리는 경우도 허다하다. 가설의 결과가 과연 원래의 가설을 긍정하는 방향으로 나왔는지, 부정하는 방향으로 나왔는지 그 검증에 별 관심이 없는 듯이 보인다. 이는 가설 자체에 별 흥미와 관심을 두지 않은 이유이고 이는 또한 연구자체에 별 의의를 두지 않고 있다는 뜻이기도 하다.

검증 결과를 제시할 때 우선은 연구자의 의견이나 해석은 제시하지 말고 결과만을 객관적으로, 서술식으로 기술한다. 가설이 여럿일 때 각각에 대하여 검증 결과를 제시한다. 그 다음 논의의 부분에서 연구자의 의견, 해석, 소감 등을 기술한다, 또한 논의에서는 연구결과를 다른 연구와 관련지어 보기도 하고, 연구결과의 일반화나 문제점, 연구 진행 과정에서의 느낀 점, 연구방법상의 문제나 제한점 등을 폭넓고 자유롭게 기술할 수 있다.

► 학위논문

(1) 결과표에 대한 설명은 친절히(?) 상세히 하라(학술지 투고논문→명쾌, 간략).
(2) 통계적 유의성 찾기에만 급급하지 말라.
(3) 분석(analysis)과 해석(interpretation)의 차이점을 구분하라.
(4) 논의는 연구결과에 대한 해석과 견해, 연구상의 제한점에 대한 논한다.

► 현장논문

(1) 연구문제나 실행중점 및 목표 등을 현장에 적용한 후의 성과 여부를 알아보는 것이다.
(2) 연구의 실천과정에서 수집된 모든 증거자료를 바탕으로 하여 예측했던 결과가 달성되었는지를 알아보는 것이다.
(3) 통계적 분석결과에만 국한되지는 않는다. 다만 객관성, 수량화, 계수화 자료는 반드시 추가될 필요가 있다.
(4) 가설 또는 목적별로 기술한다.
(5) 자료를 방대하게 수집해 놓고 버리기 아까워 무리하게 주제와 관련을 짓는 방식은 버려라.
(6) 발견된 사실에 충실하며, 그러한 결과가 나타난 가능한 이유, 선행연구와 비교, 현장에의 적용 가능성 등을 소상히 제시하라.

8) 요약 및 결론

요약 부분에는 전체 보고서를 읽지 않아도 연구의 윤곽을 파악할 수 있도록 간결하면서도 포괄적으로 연구 전체를 기술한다. 대개 연구의 목적과 문제, 가설과 연구방법, 그리고 결과를 포함시킨다. 이론적 배경은 생략하는 경우가 많다.

결론을 제시하는 방식은 결과를 제시하고 논의를 제시하고 논의를 제기하는 방식과는 다르다. 결론 부분에서는 제기된 연구문제에 대한 최종적인 답을 제시하는 것이다. 그러므로 결론은 보다 일반적이면서도 명확하게 진술되어야 한다.

요약은 연구의 동기, 목적, 실천방법, 실천결과 등의 순서로 연구의 내용을 요약하여 제시하고, 연구의 기획과 진행 그리고 과정에 대하여 상술하고, 연구의 의미와 성과에 대하여 부각시켜야 한다. 결론은 처음에 정한 연구의 목표와 실천 목표에 따라 적용한 결과에 대하여 기록하며, 연구가 일반화에 기여하게 되었다는 점을 기록하여야 한다.

너무 많은 결과를 나열하는 것보다는 과제별로 성과를 정리하는 것이 좋다. 제언은 다음(후속) 연구자들을 위해 연구의 과정에서 예기치 못했던 오류나 결과 등에 대한 의견이나, 다루지 못했던 아쉬운 점이나 발전적 대안을 제시한다. 시행착오를 일으키고 있는 부분이나 유의점, 또는 연구를 정리하면서 또 다른 확산적인 생각을 다음 연구를 위하여 기록한다.

9) 첨부물

연구물에는 초록, 요약서, 지도확인서, 서약서, 부록 등 여러 가지 첨부물을 요구하는 경우가 많은데, 잘 정리하여 첨부한 요약이나 결과물들은 보고서의 가치를 높이는 역할을 한다. 부록은 연구 진행 중 발생된 결과물로서 본문에 삽입하기에는 많은 부분을 차지하는 경우, 보고서의 뒷부분에 철하는 자료이다. 따라서 본문 중에 가장 중요한 결과물은 수업일지이다. 보고서의 앞부분에 첨부되는 초록은 선행연구물들을 모델로 하되, 틀보다는 그 내용을 중시하도록 한다.

10) 참고문헌과 주석

인용이란 타인의 논문 또는 저서의 일부를 원문 그대로, 또는 내용을 간추려서 자기 논문에 삽입하는 것을 말한다. 직접인용을 할 때에는 따옴표 등 인용부호를 적절히 사용하고, 그 인용출처를 각주를 이용하여 분명하게 밝혀 주어야 한다. 참고문헌의 기재는 국내문헌과 외국문헌으로 구분하되, 저자의 성을 기준으로 전자는 가나다순으로 후자는 알파벳순으로 배열한다. 연구에서 인용을 잘하는 능력은 보고서의 수준을 한층 높일 수 있다. 보고서에 삽입할 참고문헌은 가능하면 최신의 것을 다는 것이 좋다.

참고문헌은 자신이 읽은 자료를 밝히는 것을 원칙으로 한다. 교육심리학 계열의 연구는 미국심리학회(APA)에서 정한 기재방법을 따르며, 후주를 원칙으로 한다. 최근의 현장교육 연구에서도 일반적으로 APA에서 정한 참고문헌 기재방법을 따르고 있다. 부록은 특별한 형식은 없으며 주로 연구에서 사용한 프로그램이나 지도안 등에 대한 예시자료를 제시하며, 검사·측정도구, 설문지 등을 제시한다.

11) 기타 문장의 표현과 문체

(1) 문장의 표현

① 간결한 표현

글은 자기가 전달하고자 하는 또는 주장하고자 하는 바를 질서정연하고 일관성 있게 펴 나가야 하고, 동시에 독자로 하여금 자기의 참뜻을 분명히 파악할 수 있도록 정확히 표현해야 한다. 구어체보다는 문어체를, 부드럽고 군소리가 많은 일상용어보다는 간결한 표현으로 나타내는 것이 좋다. 이미 사용되지 않는 술어, 즉 고어나 외래어 및 신조어는 가급적 피하도록 하는 것이 바람직하다. 특히, 논문은 독자에게 호소하고 독자를 이끄는 것이므로 혼한감과 거리감을 주어서는 안 된다.

② 구체적 표현

용어에 대한 정의나 수식어가 명확하다면 독자들은 앞 페이지의 용어나 수식어를 다시 찾아 볼 필요는 없을 것이다. 이를테면, 가장 간단한 수식어, 즉 '이것', '저것' 등은 독자들에게 혼란을 주게 되므로 이러한 용어는 가급적 사용하지 않는 것이 좋다. 실험집단에 관해 기술할 때에도 집단의 규모나 성격을 제시해야 한다.

③ 표현의 경제성

단문은 장문보다 이해하기가 용이하다. 논문에 있어서는 무엇보다도 풍부한 사고와 정확한 표현법이 중요하다. 쓸데없는 수사나 기교만의 논문은 내용이 없는 언어 장난에 불과한 것이다. 그러므로 논문 작성에서는 우선 탁월한 사고가 으뜸이고, 언어의 수사는 2차적인 문제이다. 짧고 단조로운 서술은 문장 간에 단절이 오기 쉽다. 그러나 긴 문장은 그 내용을 이해하기 어려운 점이 있다. 문장의 길이를 짧게, 또는 길게 표현하면 독자로 하여금 지루함을 느끼지 않게 되어 흥미를 이끌 수도 있다. 아주 짧은 글을 제외한 긴 서술은 몇 개의 단락으로 나누는 것이 필요하다. 만약 몇 개의 단락으로 나누어질 수 없다면 우선 서술된 내용이 이론적이고 명확한 것인가를 검토할 필요성이 있다. 나누는 방법은 글의 내용과 사고가 바뀌는 곳에 따라 단락을 구분하면 된다. 만약 그렇지 않다면 시각적으로 구분하여 제시하는 것이 독자들에게 권태감과 싫증을 일으키지 않고 산뜻한 기분을 주게 된다.

④ 표현상의 유연성

서술에 있어서 사고의 비약은 독자들을 어리둥절하게 한다. 시제에 있어서의 갑작스러운 변화는 피한다. 동일 문장에서 과거와 현재를 자주 사용해서는 안 된다. 같은 말의 반복은 되도록 피하고 유사한 말을 쓰도록 한다. 유사한 말의 대입은 문맥의 진의를 다소 손상시킬 우려가 있지만 같은 말을 자꾸 되풀이하면 독자에게 불쾌감을 주게 된다.

⑤ 비 평

논문은 자신의 의사를 표현하는 활동이므로, 원고를 제출하기 전에 관련 연구분야에 관심이 있는 전문인사의 자문을 받을 필요가 있다.

(2) 논문의 문체

① 시 제

연구보고서에 있어서는 현재형과 과거형만을 사용하고 미래는 쓰지 않는다. 과거형을 쓸 경우에는 문제의 진술에 있어서 다른 특정 연구결과를 인용할 때 쓴다. 따라서 "ㅇㅇㅇ은 ㅇㅇ차를 발견하였다"라고 기술한다. 방법과 기술에 있어서도 과거형을 사용한다.

<예>
- 방법: "… 방법으로 표집하였다."
- 결과: "평균의 차이는 6.8이었다. 이것은…"
- 요약: 전부 과거형을 쓴다.

한편, 현재형은 정의를 내릴 경우, 어떤 이론의 일반적인 진술을 인용할 경우, 가설을 진술할 때와 논의에 있어서 연구자의 의견을 삽입할 경우이다.

<예>
• 정의: 본 연구에 있어서 자아개념은 …라고 정의한다.
• 이론: piaget에 의하면 인간발달은 모든 면에 있어 단일한 방향으로 이루어진다.
• 가설: X변인과 Y변인 간에 의미 있는 상관이 있다.
• 논의: "…는 …라고 해석된다."
• 목적의 서술에 있어서도 현재형을 쓴다.

② 인칭과 숫자

연구자 자신을 표현할 때는 일반적으로 3인칭을 사용한다. 그러나 가급적이면 인칭을 쓰지 않도록 하기 위하여 수동형을 쓰는 것이 좋다. '우리'라는 1인칭 복수를 쓰지 않는다. 1인칭의 경우 '연구자, 필자, 저자' 등의 간접적인 표현은 허용될 수 있다. 숫자의 사용은 아라비아 숫자를 사용한다. 10 이내의 수를 사용할 경우에는 하나, 둘, 셋 … 의 표현을 사용하여도 좋다. 따라서 2명, 3자루, 6개가 아니라 두 명, 세 자루, 여섯 개의 표현이 된다. 10 이상의 경우에는 아라비아 숫자를 쓴다. 수열을 표시할 때도 아라비아 숫자를 쓰지 않고 첫째, … 다섯째의 표현을 사용한다. 이 원칙에서 벗어나는 경우는 년, 월, 일, 고유명사로 사용된 번호일 때에는 모두 아라비아 숫자를 사용한다.

③ 외래어 및 인명

연구보고서에 외래어와 역어가 빈번히 사용되는 것은 불가피한 일이다. 학문의 역사가 비교적 짧은 실정에서 술어가 부족하기 때문이다. 이와 같은 외래어와 역어를 통일성 있게 사용하도록 하려는 뜻에서 몇 가지의 원칙을 보면 다음 같다.

- 역어를 사용하였을 때 괄호 속에 원어를 사용하도록 한다. 이때 대문자를 사용하지 않는다. 예 변량오차(Error Variance)
- 적절한 역어가 없거나 공통된 역어를 발견하기 어려울 때는 원어의 음을 한글로 옮겨서 쓴다. 이때 표기는 외래어 표기법을 따른다. 예 오리엔테이션 등

- 고유명사는 원어를 그대로 쓴다. 이때 단어의 첫 글자는 대문자로 표시한다. 예 American Psychological Association
- 인명 표기에 있어서 한국명과 중국명은 성명을 모두 기입하고, 기타의 인명은 성만을 기입한다. 이때 일체의 존칭은 생략한다. 예 강문희(한국 성명), 임어당(중국 성명), Hobbs(미국 성), 아베(일본 성)

④ 약어와 기호

연구보고서의 불필요한 길이를 축소시키고 표현의 간소화를 위해서 약어나 기호를 사용하는데, 다음의 원칙을 지킨다.

- 한국어의 약어는 가급적 사용하지 않는다. 그러나 일반적으로 알려져 있는 기관의 명칭은 약어로 표시할 수 있다. 예 전주대(전주대학교)
- 일반적으로 알려져 있는 외국어로 된 약어는 그대로 사용한다. 이때 약어의 표기는 모두 대문자로 한다. 예 IQ, YMCA
- 외국어로 된 약어만을 사용하였을 때 그 뜻이 전달되기 어려우리라고 판단되는 것은 괄호 속에 전어를 삽입한다. 이 경우에도 처음에 한 번 삽입하면 족하다. 예 T.A.T: Thematic Apperception Test
- 한국어의 술어를 외국어로 약어화 또는 기호화해서 사용할 수 있다. 이 경우에는 비교적 빈도가 높은 술어만을 약어화하도록 한다. 예 피험자(S), 실험자(E), 자아개념(SC)
- 통계적인 기호는 다음과 같이 표기하도록 한다. 예 M(평균치), t검증, F검증
- 양, 수, 거리를 표시하는 기호는 통상적인 기호 표기에 따른다. 예 %, cm

⑤ 구두점

구두점 사용에 관한 원칙은 다음과 같다.

- 문장 속에 콤마(,)를 비교적 자연스럽게 사용할 수 있다. 콤마를 쓰는 요령에 대하여는 통일된 안이 나오지 않으므로 현재는 각 필자의 자유스러운 사용에 맡기는 실정이다.
- 콜론(:)만을 사용하고, 세미콜론(;)은 사용하지 않는다. 콜론의 용도는 보충적인 설명을 필요로 할 때에만 사용하도록 한정한다.
- 괄호는 통상적인 ( )를 사용한다. 2중괄호는 사용하지 않는 것을 원칙으로 한다. 부득이 ( ) 속에서 다시 설명해야 할 필요가 있을 때에는 콤마를

붙이고 그 다음에 사용한다. 예 EQ: Edaucation Quotient

- 대시(dash)와 하이픈(hyphen)은 되도록 사용하지 않는 것을 원칙으로 한다.
- 언더라인(Underline)은 일체 사용하지 않는다. 특히 주의를 환기시켜야 할 부분이 있으면 고딕체로 인쇄한다.

4 현장연구를 위한 고려 사항

1) 일상적인 수업의 개선에 실질적인 도움이 되는 주제의 선정

현장교육 연구를 통해서 연구교사가 더 훌륭한 교사가 될 수 있다면, 그것만으로도 현장교육 연구는 가치가 있다. 나아가 그 현장교육 연구가 다른 교사들의 수업 개선에도 도움을 준다면 더 큰 가치가 있을 것이다. 이 두 가지 목적을 위해서 현장교육 연구는 연구수업 때에나 해볼 만한 특별한 프로젝트 개발과 적용과 같은 주제보다는 일상적인 수업에서 항상 적용해 볼 만한 주제를 가지고 이루어지는 것이 더 바람직하다고 본다. 많은 교사들은 자신의 수업에서 작은 부분을 개선하는 것으로는 현장연구 주제를 삼을 수 없는 것으로 생각하는 것으로 보인다. 그러나 오히려 이런 주제들이야말로 다른 교사들에게 더 쉽게 활용될 수 있는, 일반화 가능성이 큰 주제라고 할 수 있다.

2) 연구과정에서 수집된 자료의 다목적 활용

연구설계로 반성적 실천연구를 수행한다면 연구과정에서 다양한 질적 자료가 수집되는데, 이러한 자료들을 연구만을 위해 활용한다는 것은 커다란 낭비라고 할 수 있다. 수집된 질적 자료들은 당장의 교수-학습 개선과 수행평가 자료로도 활용될 수 있기 때문이다. 예를 들어서, 학생들에게 학습일자를 쓰게 한다는 것은 그 자체로서 중요한 학습활동이며, 교사가 학습일지를 읽고 알맞은 피드백을 줌으로써 바로 다음 차시부터의 학생들의 학습을 개선할 수 있다. 특히, 학습일지에 '수업 중에 갖게 된 의문'이나 '더 알고 싶은 점' 등에 대해서 쓰도록 유도한다면, 학습일지로부터 수업에 대한 학생들의 반응을 알 수 있으므로 수업을 개선하게 된다. 또한 교사들은 꾸준한 수업일지 작성을 통해 자신의 수업을 반성하고 개선을 모색하는 것을 습관화할 수 있다.

3) 협동적 연구의 활성화

실천적인 현장교육 연구를 통해서 학교교육을 개선하기 위해서는 교사 개인의 독립적인 연구에만 의존하는 것으로는 한계가 있다. 우선 협력교사를 활용하는 것만으로도 최소한 다음과 같은 3가지의 장점이 있다.

첫째, 협력교사의 활용으로 프로그램의 효과를 과대평가할 가능성이 줄어든다.

둘째, 협력교사가 있으면 연구의 과정에서 협력교사와 대화를 하고, 이때 협력교사를 이해시키기 위해서 연구의 개념이나 프로그램을 더 명료화하게 된다.

셋째, 연구가 끝난 후에 연구결과만을 받는 교사들과 달리 협력교사들은 연구의 수행 과정에서 함께 고민을 해보고 성취도 맛보게 되므로, 연구가 끝난 후에도 연구과정에서 개발된 프로그램이나 수업 개선 아이디어 등을 계속 활용할 가능성이 높아진다.

협동적 연구라는 것은 교사들끼리의 협동만이 아니라 전문연구자와 연구교사의 협동도 필요하다. 현장교육 연구를 하는 교사들 중에는 전문연구자 못지않은 연구능력을 가진 경우도 있지만, 그렇지 못한 경우가 대부분이다. 따라서 전문연구자와의 협동을 통해서 연구의 질을 더 높일 수 있을 것이다.

4) 현장교육 연구의 일반화를 저해하는 요인 고려

일반적으로 현장교육 연구의 일반화를 제거하는 요인으로는 호손효과(Hawthorne effect)와 플라시보 효과(placebo effect), 특별한 열성이나 특별한 시설 하에서 추진된 연구결과를 들 수 있다.

첫째, 호손효과(Hawthorne effect)는 실험학교의 교사와 학생들은 그들이 참가하고 있는 연구과제의 중요성에 의하여 흥분되어 있기 때문에 연구과제가 끝났을 때 그들이 할 수 있는 행동 이상으로 그들의 최선을 다하면서 나타난 효과이다. 즉, 연구결과 나타난 효과가 연구 때문인지 또는 교사나 학생이 연구를 지각하고 있기 때문인지를 구분할 수 없다. 만일 호손효과 때문이라면 연구결과를 연구학교 아닌 다른 학교에 적용해 보면 연구학교에서 나타났던 것과 같은 효과가 나타나지 않을 것이다. 호손효과를 최소로 줄이려면 장기간에 걸치는 연구와 실천이 필요하다.

둘째, 조건통제가 어렵기 때문에 일반화할 수 있는 정도의 깨끗한 결과를 기대하기가 어렵다. 플라시보 효과는 의학연구에서 문제되는 '약'을 먹었다는 그 자체로 인하여 나타나는 효과를 말한다. 예컨대, X라는 약의 효과를 알고자 할 때, 실험집단에는 X를 투약하고, 통제집단에는 이를 투약하지 않고 그 효과를 알고자 할 때, 실험집단의 효과는 X라는 약 때문인지, 또는 약을 먹었다는 기분 때문인지, 또는 양자의 상호작용 때문인지를 알 수 없다. 따라서 좋은 실험설계라고 할 수 없을 것이다. 이 경우에 연구의 타당성을 높이기 위해서는 통제집단에도 X와 똑같은 모양, 색깔, 무게를 가진 약의 성분이 없는 '가짜 약'을 복용하도록 하면 된다. 플라시보 효과의 문제는 의학뿐만 아니라 교육학, 심리학에서도 조건의 통제라는 관점에서 문제되고 있다.

셋째, 특별한 열성이나 특별한 시설 하에 추진된 연구결과는 일반화가 되지 않는다. 따라서 현장교육 연구는 처음부터 일반화를 전제로 하지 않고 내 학급, 내 학교의 보다 나은 교육실천을 목적으로 추진되어야 할 것이다. 이와 같은 실천이 장기화되면 오히려 연구결과는 일반화될 가능성이 높다.

5) 특수교육 연구에서 질적 연구의 필요성

지금까지 특수교육에서는 양적 연구를 통하여 장애학생의 심리적 특성이나 장애의 경감과 극복 등 교육방법 및 교육내용 면에서는 많은 성과를 거두었지만, 거기에 비해 미흡했던 것은 장애인에 대한 문제를 사회적인 관점에서 제대로 해명하지 못하였다고 할 수 있다. 또한 장애학생은 각각 특별한 교육적 요구가 있는 학생들이며, 한 사람 한 사람이 존중되어야만 교육이 성립한다. 개인의 독특한 요구는 결코 전체적으로 다루어져서는 안 되며, 주변과 단절되어서는 더더욱 안 된다. 주변과의 관계 속에서 개인적인 요구와 가치를 설명해야 한다. 정상에서 일탈된 장애인의 결함을 계량적으로 객관화하는 것이 특수교육 연구인양 우기는 동안 특수교육 요구 학생들의 삶의 질은 좀처럼 개선되지 않는다. 이처럼 특수교육 연구에서는 인간 존재의 개별적 가치를 설명하고 높여주는 개체기술적 방법론인 질적 연구가 보다 많이 강조되었으면 한다. 다음은 특수교육의 질적 연구의 적절성에 대한 내용이다.

(1) 양적인 연구에서 가장 유용하게 쓰이는 방법인 통계분석이 특수학생에게는 별 도움이 안 된다.
(2) 특수교육 연구에서는 사전에 연구의 독립 및 종속변수 선택이 어렵다는 점이다.
(3) 질적 연구는 일반화에 취약하다는 비판이 있는데, 개별 연구가 중요시되는 특수교육 연구에서는 일반화가 크게 고려될 필요가 없다.

6) 기타 유의사항

첫째, 현장연구 논문을 작성하는 데 있어 남의 논문을 그대로 모방하는 것은 안 된다. 이것은 저작권 및 표절시비와 관련된 것이므로 주의하여야 한다. 논문 작성자는 각종 자료를 이용해서 자기 나름의 논리로 이를 재구성하여 표현하려는 노력을 하여야 한다.

둘째, 기존의 자료를 이해하지 않고 그대로 붙여 구성하는 짜깁기 식의 논문 역시 피해야 한다. 특히, 최근 인터넷 등을 이용해 자료를 원문 그대로 다운받아 이를 논문에 그대로 원용하는 경향이 있는데 이 역시 지양되어야 한다.

셋째, 대표성 혹은 보편성 있는 서술을 하여야 한다. 연구자의 임의적, 독단적인 주장보다는 다른 연구자들의 의견을 충분히 검토한 후 논리를 전개시켜야 할 것이며, 자기의 주장을 뒷받침할 수 있는 자료를 제시해야 할 것이다.

넷째, 논문의 기술에 있어서 용어와 서술문법 등이 정확해야 한다. 논문문장의 표현은 간결해야 하며, 객관적이어야 하고 논리적으로 분명해야 한다.

다섯째, 보고서를 규정에 따라 멋있게 꾸미는 일도 매우 중요하다. 따라서 대회규정을 준수하여 보고서를 편집하여야 한다.

여섯째, 자신의 능력에 맞게 연구를 추진하여야 한다. 간혹 연구방법 등에 익숙하지 못하여 연구 도중에 포기를 하거나, 감당하지 못하여 전문가 집단이 수행한 연구를 모방만 하거나 남에게 의존하게 된다.

제 2 부

초등특수교직실무

교원행정 교직실무

제5장 학사관리
제6장 교원 복무 및 인사
제7장 학교회계 및 감사
제8장 학교 내규 및 학급 경영

제 5 장 학사관리

1 출결관리

□ 출결상황 관리

► 수업일수 개념

• 초·중등교육법 시행령 제45조의 규정에 의하여 학교장이 정한 학년별 학생이 연간 총 출석해야 할 일수

• 수업일수와 출석일수는 동일 개념임.

► 수업일수 산정

• 전출·휴학·면제·유예·제적·자퇴·퇴(유)학일까지 산입

• 전출·휴학·면제·유예·제적·자퇴·퇴(유)학일과 재입·편입·전입·복학일이 동일한 경우는 재입·편입·복학일만 수업일수로 산입

• 재입·편입·전입·복학생의 수업일수는 원적교의 수업일수와 합산하되, 중복되는 재학기간 의 수업일수는 제외

► 학적 처리시 유의 사항

• 재입·편입·전입·복학생의 수업일수는 다른 학생의 수업일수와 같지 않을 수 있으나, 그수업일수가 당해 학교, 당해 학년 수업일수의 3분의 2 미만이 될 경우에는 당해 학년도 재입·편입·전입·복학이 불가능

► 결석 처리 사유

• 질병으로 인한 결석

– 결석한 날부터 3일 이내에 의사의 진단서를 첨부하여 결석계를 제출
– 병결임을 증명할 수 있는 증빙자료(담임교사의 확인의견서 등)를 첨부한 결석계를 3일 이내에 제출하여 학교장의 승인을 받은 경우

• 사고로 인한 결석
– 사고로 또는 무단으로 결석한 경우(태만, 가출, 고의적인 출석 거부, 범법행위로 관련 기관에 연행 및 도피 등)
– 초·중등교육법 시행령 제31조(학생의 징계 등) 제5항의 가정학습 기간
– 학교폭력예방 및 대책에 관한 법률 제15조(가해학생에 대한조치) 제1항의 출석정지 기간
– 기타 결석
– 학교장이 인정하는 부모 및 가족 봉양, 가사 조력, 부득이한 개인사정 또는 공납금 미납으로 출석하지 못하는 경우
– 질병이나 사고로 인한 결석 사유 외의 결석

► 지각·조퇴·결과
• 지각은 소정의 등교시간에 출석하지 않는 경우, 조퇴는 소정의 하교시간 이전에 하교하는 경우, 결과는 소정의 교과 수업시간에 출석하지 않는 경우
• 같은 날짜에 결과가 1회 이상이라도 1회로 처리
※ 같은 날짜에 지각, 조퇴, 결과가 발생된 경우에는 한 가지로만 처리
※ 지각·조퇴·결과 횟수는 수업일수 부족에 의한 유예처리에 반영되지 않음.

► 출석 처리 사유
• 천재지변, 법정전염병 등 불가항력의 사유로 인한 결석
• 병역관계 등 공적 의무 또는 공권력의 행사로 인한 결석
• 학교장의 허가를 받아 학교를 대표한 경기, 경연대회 참가, 현장실습, 훈련 참가, 교환학습, 현장(체험)학습 등
• 초·중등교육법 시행령 제31조(학생의 징계 등) 제1항의 규정에 의한 학교 내의 봉사, 사회봉사, 특별교육 이수 기간
• 경조사로 인하여 출석하지 못한 경우
• 기타 부득이한 사유로 학교장의 허가를 받아 결석하는 경우
• 폭력학생에 의한 피해로 출석을 하지 못한 경우

사 례

Q. 2013. 4. 15일 자퇴하고 2014. 3. 20일 편입한 경우의 수업일수는?

원적교의 2013. 3. 2 ~ 2013. 3. 19일까지의 수업일수는 합산하고 2013. 3. 20~2013. 4. 15일까지의 수업일수는 제외함.

Q. 2013. 4. 15일 자퇴하고 2014. 3. 20일 편입한 경우의 수업일수는?

원적교의 2013. 3. 2~2013. 3. 19일까지의 결석일수는 합산하고 2013. 3. 20~2013. 4. 15일까지의 결석일수는 제외함.

Q. 수업일수 부족 학생의 학적 처리는?

의무교육 대상자로 진급 또는 졸업을 위해서는 해당 학년 수업일수의 $\frac{2}{3}$ 이상 출석해야 하며, 출석일수 미달자는 해당 학년을 수료하지 못하므로 상급학년 진급을 못함(자동 유급). 따라서 정원외 관리(유예 처리)를 해야 함.

Q. 수료, 진급을 결정하기 위해 수업일수를 계산할 때 조퇴, 지각, 결과가 3회 있으면 1일 결석으로 간주하여 출석일수에서 감해야 하는지?

• 수료 및 진급을 위한 출석일수는 학생이 해당 학교에 출석한 일수임. 수업일수에서 결석(결석일수와 지각·조퇴·결과 횟수를 합산한 일수)한 일수를 뺀 일수가 아님.
• 지각·조퇴·결과 3회를 결석 1일로 간주하는 것은 단지 개근 여부를 판단하기 것임.

❑ **학적 처리시 학생 인권·학습권 보호**

► 가정폭력 피해 학생의 거주지 이전 없는 전학 허용

• 거주지 이전 없는 전학이 가능하며, 업무처리에 있어서 해당 학생의 인권 및 학습권이 보호될 수 있도록 함.
• 전학을 간 학교 등에 관한 비밀 엄수(불이행시 법적 처벌을 받음)

► 무호적자·불법체류외국인 등의 의무교육 취학 허용

• 의무교육 실시·확대의 취지와 아동의 권리에 대한 국제협약 준수 등 인권존중을 고려해 교육과정 이수에 지장이 없는 아동에 대해서 초등학교

및 중학교 취학 및 전·편입학을 적극 허용

- 불법체류 외국인의 경우 취학에 필요한 서류로 전·월세계약서 혹은 거주확인인우보증서 등으로 대신할 수 있음.
- 내국인이면서 호적이 없는 아동이거나 호적에 등재된 연령이 실제 연령과 다른 아동 등의 적령기 취학과 관련해 중빙서류를 갖추어 신청할 경우 취학을 허용함(서류 미비 시 일단 취학 허용 후 서류 제출 요구).

► 취학 유예·면제 적정 처리

- 의무교육 취학 적령(3월 1일에 만 6세) 아동이라도 교육감이 정한 질병, 성장부진 등의 경우에 관련 증빙서류를 제출함으로써 취학 전 유예가 가능
- 이민·해외발령에 의한 전 가족 출국, 교육장 추천에 의한 예·체능특기자 유학 등 적법한 사유 의무교육에서는 취학 유예 또는 면제가 가능

알아둡시다!

가정폭력범죄의 처벌 등에 관한 특례법 제18조(비밀엄수등의 의무) "피해자의 보호하에 있는 아동이나 피해자인 아동의 교육을 담당하는 학교의 교직원 등은 정당한 사유가 없는 한 해당 아동의 취학, 진학 또는 전학의 사실을 행위자인 친권자를 포함하여 누구에게든지 누설하여서는 아니 된다."

사 례

Q. 해외근무로 인해 전 가족이 동반 출국할 때 중학교 1학년 자녀는 어떤 절차를 밟아야 하는지?

의무교육 대상자이므로 부모의 인사발령통지서를 구비하여 학교에 취학 유예 또는 면제를 신청하여야 함.

Q. 유예기간이 만료된 연락두절자의 유예 연장 처리는?

행방불명 등 부득이한 사유로 보호자의 유예 신청을 받을 수 없는 경우에는 학교장이 직권으로 유예 연장 또는 면제 처분하고 그 내용을 관할 교육청 교육장에게 통보하면 됨.

Q. 초등학교 4학년 학생이 불법 유학을 갈 경우 학적 처리 방법은?

중학교 이하 학생의 자비유학(자연과학·기술·예체능 분야의 도 규모 이상의 대회에서 입상한 실적이 있는 학생)과 부모의 해외 출국으로 인한 가족 동반 출국을 제외하고는 외국에서 공부하는 것은 불법 유학에 해당되는바, 해당 학생이 나오지 않는 시점부터 결석 처리를 한 후 3개월 경과 시 정원외 학적 관리를 해야 함.

Q. 불법체류 외국인 자녀의 입학 허용 및 취학 절차는?

- 교육과정 이수에 지장이 없는 아동에 대해서는 적극적으로 취학 및 전·편입학을 허용(학교장이 결정)하고, 국내의 초·중학교를 졸업하면 중·고등학교에 진학할 수 있음.
- 출입국사실증명서 대신에 전·월세계약서, 거주확인인우보증서 등 해당 학구 내에 거주하는 사실을 확인할 수 있는 서류를 학교장에게 제출하는 것으로 가능함.

2 학교생활(건강)기록부 관리

❑ **학교생활기록부 작성시 유의사항 1**

► 학교생활기록부의 처리 요령

- 학교생활기록부 작성에 필요한 보조부
  - 각 학교의 실정에 알맞게 계획을 수립하여 작성·활용하되, 전산 입력 후 그 출력물로 대신할 수 있음.
- 학생이 전학할 때, 원적교에서는 재학 당시까지의 상황을 입력한 학교생활기록부 전산자료, 출력물 및 향후 학교생활기록부 작성에 필요한 각종 자료를 전·편입학하는 학교로 이송하고, 원적교에서는 그 사본을 보관
- 학생이 전출·휴학·면제·유예·제적·자퇴·퇴학·유학할 경우,
  - 원적교에서는 그 학생이 재학할 때까지의 모든 상황을 학교생활기록부에 전산입력해서 보관
  - 전출시에는 전산자료(원본)나 입력하지 못한 각종 보조부 자료(성적, 월별 출결상황 등)를 전학 가는 학교로 우송

► 인적 사항 기록 방법

- 모든 문자는 한글로, 숫자는 아라비아 숫자로 입력
- 외국국적 학생의 주민등록번호 기록 방법
  - 앞 6자리는 생년월일, 뒤 7자리는 남자는 '1000000', 여자는 '2000000'으로 함. 예 890807－2000000, 880421－1000000
- 학생의 이름이 외자인 경우 성과 이름 사이에 공백을 넣지 않고 한자는 사용하지 않음.
- 주소: APT는 '아파트'로 기록하고 주소 변경은 누가 기록함.
- 부모 또는 그 중 1인이 이혼·사망 등으로 주민등록등본에 나타나지 않는 경우 부모 성명은 호적상의 부모 성명을 입력
  - 입학 전 부모 사망은 성명란에 '(사망)'으로 입력
  - 재학 중 부모 등 가족의 변동사항은 '특기사항'란에 입력

예 동거가족: 조부, 형(1), 이모(1) 1999. 5. 2. 부친 사망

► 학적 사항

- 교명이 변경된 경우 특기사항에 교명 변경 내용을 기록

예 2001. 3. 1. △△초등학교로 교명 변경 2004. 9. 4. ○○초등학교와 통합

► 출결 상황

- 특기사항란에는 질병, 사고 등으로 인한 장기결석, 기타 결석의 사유 등을 입력하되, 1일 결석은 입력하지 않음.

예 맹장 수술(10일), 무단 결석(5일), 부모 간병(3일)

❑ 학교생활기록부 작성시 유의사항 2

► 수상경력 입력 방법

- 동일한 작품이나 내용으로 여러 번 수상하였을 경우, 최고 수준의 수상경력만을 입력 예 정보꿈나무축제 지역예선에서 금상 수상하고, 도대회에서

은상을 수상한 경우 → 도대회 은상만 입력

- 「교내상」란에 입력할 수상 내용
  - 각종 교내 성적 관련 수상(교과우수상, 교내 학력경시대회 등)
  - 특별활동 관련 수상(나의 주장 발표대회 등 특별활동 관련 수상)
  - 행동특성 관련 수상(봉사상, 모범상 등)
  - 학생 근태 관련 수상(개근상 등)
- 「교내상」 NEIS 입력 방법: 학생생활>상훈관리>수상대장관리

► 자격증 및 인증 취득 상황

- 자격증
  - 국가기술자격법에 의한 국가자격증
  - 자격기본법에 의한 국가 공인을 받은 민간자격증
  - 자격증과 인증은 원본을 대조한 후 취득한 순서대로 입력
- 국가공인 민간자격증 및 정보소양인증을 제외한 인증은 <교과의 세부능력 및 특기사항>란에 기록할 수 있음.
- 초·중학교 때 취득한 자격증 또는 인증
  - 중·고등학교 1학년에서 원본을 대조한 후 입력

► 자격증 및 인증 취득 상황

- 특기 또는 흥미: 학년 초에 조사하여 입력
- 특기사항: 학기 말에 담임교사가 입력

❑ 학교생활기록부 작성시 유의사항 3

► 창의적 재량활동

- 활동주제와 주제별 이수시간을 입력
- 이수시간 입력 방법: 개별 학생의 출결상황이 반영된 시간 기록

  예 계획시간 17시간에 2시간 결석시 이수시간은 15시간

학년	활동영역 또는 주제	이수시간	특기사항
1	소집단 공동연구 정보통신기술교육	15시간 17시간	지역의 환경오염 실태를 잘 분석하여 발표함

- 활동주제가 세분화되어 특별히 많을 경우
  - 활동영역 또는 주제란에 범교과 학습, 자기주도적 학습 등으로 기록하고 해당 영역에 대한 개별 학생의 이수시간을 입력

► 교과재량활동의 국민공통기본교과의 심화·보충의 경우

- '심화·보충'의 이수 여부 및 단위수(시간수)
  - 교과학습 발달상황의 '세부능력 및 특기사항'란에 기록
  - 이수시간은 연간 계획된 시간을 기록
  - 단위수에 대한 기록은 생략(중학교의 경우)

    예 수학 34시간, 영어 34시간 이수한 경우

심화·보충 34시간 이수(수학, 영어)

► 교과 재량활동 중 선택과목의 평가

- 평가 원칙: 「교과학습발달상황 평가 및 관리」에 의거 시행
- 평가결과 기록: 「교과학습발달상황」란에 교과, 과목명, 단위수, 성취도, 석차, 동석차수, 재적수를 입력

□ 학교생활기록부 작성시 유의사항 4

► 특별활동

- 영역: 자치활동, 적응활동, 계발활동, 봉사활동, 행사활동
- 배정 시간
  - 초등 1, 2, 3학년은 연간 34시간(1학년은 30시간)
  - 초등 4~6학년은 연간 68시간
  - 중 1~3학년, 고1 학년은 연간 68시간
- 특별활동 이수시간 기록 방법
  - 개별 학생의 출결상황이 반영된 시간을 기록함

    예 계획시간 17시간에 2시간 결석시 이수시간은 15시간
- 학교교육 과정의 일환으로 실시한 봉사활동 입력 방법
  - '활동내용(교육과정)'으로 입력

    예 교내환경 정화활동(교육과정)

• 헌혈: 만 16세 이상 체중이 남자 50, 여자 45킬로그램 이상인 경우 시행하며, '특별활동 상황'란에 그 횟수만 기록

► 체험활동 상황 기록 방법
• 당해 학교 이외의 기관(단체)에서 주최·주관한 행사에 참여한 체험활동이나 개인 체험활동 상황항을 「체험활동」란에 실시 일자순으로 입력
  예 RCY, 보이스카웃 활동 등
• 당해 학교가 주관하여 특별활동(자치, 행사, 적응, 계발, 봉사활동)의 일환으로 실시한 체험활동 상황은 「특별활동상황란」에 입력
  예 학생야영활동, 수학여행 등 → 행사활동, 적응활동란에 입력

□ 학교생활기록부 자료의 관리 및 보관

► 학교장의 보안 관리
• 학교장은 학년 말 학교생활기록부 전산처리 후 출력물의 내용과 각종 보조부 내용과의 일치 여부를 확인한 후 이상이 없을 때 전산담당자에게 자료 확정 처리를 하도록 함.

► 자료 보관기간
• 학교생활기록부 전산매체 원본, 모든 학생 생활기록부: 졸업 후 50년
• 열람 또는 활용 편의를 위하여 출력물: 졸업 후 10년
• 부본 전산자료: 원본과 같은 기간 동안 보관

► 자료 정비 및 오류 정정
• 보조부의 내용에 정정사항이 발견된 경우 학교장의 결재를 받은 후 정정하고, 입력과정의 오류는 학교장 결재 없이 즉시 정정 입력
• 정정 완료 후 최종 출력물을 학급단위로 합철하여 정보부장, 교무부장, 교감, 교장 순으로 대조· 확인하게 한 후 결재
  – 결재란은 최종 출력물 합철 표지에 만들어 관련자가 서명(날인)
• 학교생활기록부의 정정
  – 최종 출력물의 결재과정에서 발견된 오류사항은 즉시 정정 입력
  – 최종 결재 후 오류사항은 별지 제7호 서식(생활기록부전산처리지침 제616호)에 의거 정정·입력

• 졸업생의 학교생활기록부 정정
 – 현재 관리·보관하고 있는 학교생활기록부를 학교장이 별지 제7호 서식에 의거 출력물에
 의하여 정정(증빙자료를 첨부)
• 휴학·면제·유예·제적·자퇴·퇴학·유학 등의 학생생활기록부
 – 재학 당시의 학교에 재입학(복학)한 경우에는 보관 중인 학교 생활기록부를 찾아 재입학 학급 학교생활기록부 전산매체에 당일 전산 입력

❏ 학생건강기록부 관리

► 전산 처리시 처리 요령
• 전산처리를 위한 자료 입력: 당해 업무를 수행하는 담당자가 수행
• 전산입력: 한글 또는 아라비아숫자
• 보조장부의 활용: 학교의 실정에 맞게 작성·사용
• 학생의 재·전·편입학할 때, 상급학교 진학할 때 전산매체와 출력물을 원적교에서 재·전·편
 입학 또는 진학하는 상급학교로 이관

► 자료의 보관 및 관리
• 고등학교를 졸업할 때 학생건강기록부를 본인 또는 보호자에게 교부
• 고등학교의 장은 학생이 졸업한 후에도 전산매체를 10년간 보관
• 학생이 휴학, 퇴학, 사망, 상급학교 미진학 시에는 학교에 10년간 보존
• 학교의 장은 학생건강기록부가 분실, 파손, 도난되지 않도록 관리
• 출력물은 사용 용도가 소멸되면 즉시 폐기
• 전산자료와 출력물은 '공공기관의 개인정보보호에 관한 법률' 등 관련 법규 및 지침에 의하여 민원인에 교부되거나, 공무에 제공되는 경우 외에는 외부로 반출, 유출할 수 없음(학생건강기록부등 전산처리 및 관리지침 교육부 훈령 제584호)

3 학교폭력 예방 및 대책

❑ 학교폭력대책자치위원회 구성·운영

► 구 성

• 위원장 1인(당해 학교장)을 포함하여 5인 이상 10인 이하로 구성

• 위원은 다음과 같은 자격을 가진 자 중에서 학교장이 위촉

– 학생생활지도 경력이 있는 자로서 10년 이상의 경력을 가진 교사

– 학교운영위원회의 학부모 대표

– 해당 학교의 구역을 관할하는 경찰서 소속 경찰공무원

– 청소년 보호에 지식과 경험을 가진 자

– 판사, 검사 또는 변호사의 자격을 가진 자

• 위원회는 분교를 제외한 모든 학교에 설치해야 함.

• 위원 임기: 2년(연임 가능)

► 기 능

• 학교폭력 예방 및 대책을 위한 학교 체제 구축

• 학교폭력 예방 프로그램의 구성 및 실시

• 피해학생 보호

• 가해학생에 대한 선도 및 징계

• 피해학생과 가해학생 간의 분쟁 조정

► 학교폭력대책자치위원회 운영

• 자치위원회의 회의는 최소한 년 1회 이상 개최

• 자치위원회 개의: 재적위원 과반수 출석(위원장 포함)

• 자치위원회 의결: 출석위원 과반수 찬성(위원장 포함)

• 자치위원회위원장(학교장)은 자치위원회 사무처리를 위해 교직원 중에서 서기 1인을 둠.

• 학교의 장은 교사 중에서 학교폭력 문제를 담당하는 책임교사를 선임하여야 함.

• 자치위원회에 출석한 외부 위원에 대해서는 예산의 범위 내에서 수당과

여비를 지급할 수 있음.

• 자치위원회 회의록은 작성·보존해야 함.

※ 회의록이란 학교폭력 예방 및 대책 관련 심의뿐 아니라 분쟁 조정 관련 심의 내용을 기록한 것임.

• 학교폭력대책자치위원회가 각급 학교에 설치·운영됨에 따라 기존에 설치된 학교폭력추방위원회는 폐지함.

알아둡시다!

학교폭력대책자치위원회 관련 문서 보존기간

- 위원위촉 및 지명문서: 5년
- 안건접수 및 처리부: 5년
- 위원회 운영 일반 사항: 3년
- 회의록: 10년

❑ 가해학생에 대한 조치

► 가해학생에 대한 처리

• 학교폭력 가해학생에 대한 보호조치 관련 심의는 반드시 학교폭력 대책자치위원회에서 해야 함.

• 학교폭력 가해자에게 취할 수 있는 9가지 조치

- 피해학생에 대한 서면 사과
- 피해학생에 대한 접촉 및 협박의 금지
- 학급 교체
- 전학
- 학교에서의 봉사
- 사회봉사
- 학내·외 전문가에 의한 특별교육 이수 또는 심리치료
- 출석 정지
- 퇴학 처분(의무교육 과정에 있는 가해학생은 제외)

• 학교폭력대책자치위원회에서 가해학생에 대한 조치를 학교장에게 요청하면 학교장은 해당 학생에 대해 반드시 당해 조치를 취하여야 함.

• 학교장의 조치를 이행하지 아니하는 가해학생에 대한 재처분은 초·중등

교육법 시행령 제31조(학생의 징계) 또는 교칙에 따라 가능함.

- 자치위원회는 가해학생에 대한 9가지 조치 중 하나를 요청하기 전에 가해학생 및 보호자에게 의견 진술의 기회를 부여하는 등의 적절한 절차를 거쳐야 함.

※ 가해학생 및 보호자 모두에게 의견 진술 기회를 부여해야 함.

- 학교장은 가해학생에 대한 조치를 취한 경우 해당 내용을 보호자 및 가해학생에게 통지해야 함

❑ 가해학생에 대한 출결 처리 및 유의사항

► 가해학생에 대한 출결 처리

- 교내봉사는 7일 이내로 하고 출석으로 처리
- 사회봉사는 7~10일로 하고 출석으로 처리
- 특별이수교육은 6일 이상의 기간으로 하고 출석으로 처리
- 출석정지는 사고결로 처리
- 징계 중인 학생이라도 각종 고사에 응할 수 있음(단, 고사기간은 처벌기간에서 제외할 수 있음).

► 학생 징계 시 유의사항

- 교육적이며 공평한 학생사안 조사 관찰
- 학생의 인격을 존중하는 가운데 충분한 대화, 설득, 교육 등 수행
- 타 학생과 균형이 이루어지게 실시
- 충분한 검토와 교육적 배려가 수반된 상태에서 실시
- 반드시 학부모 및 학생의 의견 진술의 기회 부여
- 제반 법적 절차와 방법을 준수하되 온화하면서도 분명하게 실시
- 징계 시에는 학생의 성장을 돕는 방안을 충분히 제시하도록 노력

알아둡시다!

- 폭력 가해학생에 대한 출석정지 조치는 해당학생에 대한 징계를 학교폭력자치위원회에서 심의할 때만이 가능하며 그 기간의 하한선과 상한선은 없음.
- 초중등교육법 시행령 제31조 제5항에 의한 가정학습은 고등학생에 대한 퇴학조치 전에 취할 수 있는 조치로 학교폭력대책자치위원회에서 심의하는 출석정지와는 다름.

❑ 피해학생에 대한 조치

► 피해학생에 대한 조치

• 피해학생의 보호를 위하여 필요하다고 인정하는 때에는 피해 학생에 대하여 다음과 같은 조치를 학교에 요청할 수 있음.

> • 심리상담 및 조언
> • 일시보호
> • 치료를 위한 요양
> • 학급 교체
> • 전학 권고
> • 그 밖의 피해학생의 보호를 위한 필요한 조치

► 피해학생의 출석처리

• 학교폭력 피해로 인하여 학교에 출석을 못하는 경우 '기타 부득이한 사유로 학교장의 허가를 받아 결석하는 경우'로 인정하여 출석처리

> • 종전의 학교폭력추방위원회는 폐지
> • 폭력으로 인해 학교폭력대책자치위원회에 회부된 학생의 징계와 학생선도위원회에 회부된 학생의 징계는 달리 다루어져야 함.
> ※ 학생선도위원회에서는 학생 폭력 외의 학생 사안을 취급함.
> • 다만, 학교폭력대책자치위원회에 회부된 학생에 대해서도 필요 시 자치위원회에서 해당 학생에 대한 심의가 끝나지 않았을 경우에 학생선도위원회를 통한 조치는 가능

❑ 학교폭력 예방

► 학교폭력 예방 교육

• 학교폭력 예방 교육 실시: 학기별 반드시 1회 이상 실시

► 학교폭력 신고 의무

• 학교폭력 현장을 보거나 그 사실을 알게 된 자는 학교 등 관계 기관에 즉시 신고

• 누구라도 학교폭력의 예비·음모 등을 알게 된 자는 이를 학교의 장 또는 자치위원회에 고발할 수 있음. 다만, 교원은 이를 알게 되었을 경우에 학교장에게 보고하여야 함.

► 신고센터

• 학생고충상담전화: 국번없이 1588－7179

• 아동학대 신고전화: 국번없이 1391

※ 아동학대 사실을 알게 된 경우 즉시 아동보호전문기관 또는 수사기관에 신고해야 함.

► 청소년유해매체물 접촉 예방

• 청소년보호위원회 홈페이지 활용: www.youth.go.kr

• 한국마약퇴치운동본부: www.drugfree.or.kr

• 한국사이버시민마약감시단: www.drugcci.or.kr

► 상담실 설치시 고려 사항

• 인터넷 이용시설, 전화 등 상담에 필요한 시설 및 장비 구축

• 피상담자의 사생활 노출 방지를 위한 칸막이 및 방음시설

• 전문상담교사는 가해학생 및 피해학생의 상담내용을 기록 보유

► 무료 법률 상담

• 전화 상담: 전국어디서나 국번 없이 132

• 사이버법률상담: http://www.klac.or.kr에서 리플을 통해서 상담 가능

❑ 비행 청소년의 법적 처리

► 비행 청소년 법적 처리 절차

경찰서에 접수(진단서 첨부) 피해자 및 가해자 조사 후 검찰 송치(합의 가능, 기간이 오래 소요됨) → 검찰 송치 후 보통 1개월 이내 검찰에서 재조사(이때도 합의 가능) → 검찰에서 가해자의 가해 정도에 따라 '기소유예' 및 '기소' 결정 → '기소'의 경우 법원에서 재판 → 재판 후 보호관찰 및 소년원 송치 등 결정

► 청소년 범죄 관련 용어

• 촉법소년: 형벌법령에 저촉되는 행위를 한 12세 이상 14세 미만의 소년

• 우범소년:

 － 보호자의 정당한 감독에 복종하지 아니하는 성벽이 있는 것

 － 정당한 이유 없이 가정에서 이탈하는 것

– 장래 형벌 법령에 저촉되는 행위를 할 우려가 있는 12세 이상의 소년
- 범죄소년: 죄를 범한 14세 이상의 소년

► 보호처분의 종류
- 1호처분: 보호자 등에게 감호를 위탁하는 처분(사실상 소년을 종전의 환경으로 되돌려 보내는 것)
- 2, 3호처분: 보호관찰관의 보호관찰을 받게 하는 처분(2호처분인 단기는 6개월, 3호처분인 장기는 2년)
- 4호처분: 아동보호시설 기타 소년보호시설에 감호를 위탁하는 처분
- 5호처분: 병원, 요양소에 송치하는 처분
- 6, 7호처분: 교화할 필요성이 절실한 소년을 소년원에 송치하는 처분(6호처분인 단기는 6개월 미만, 7호처분인 장기는 수용기간이 결정되지 않음)

사 례

Q. 초등학교 5학년 학생이 절도, 폭행 등을 저지른 경우 법적으로 어떠한 조치를 받나요?

이 학생은 만 12세 미만이므로 보호처분을 포함한 형사상 처분의 대상이 아닙니다. 다만 그 부모가 민사상으로 피해자 또는 그 유족에게 불법행위로 인한 손해배상 책임을 질 뿐입니다.

Q. 중학교 2학년 학생이 절도, 폭행 등을 저지른 경우 법적으로 어떠한 조치를 받나요?

이 학생은 범죄행위를 한 만 14세 이상의 소년이므로 보호처분뿐만 아니라 형사처분의 대상도 됩니다. 따라서 보호자, 학교장, 사회복리시설장(청소년상담원장 등)은 직접 가정법원, 지방법원 소년부에 통고하거나 경찰서장, 검사에게 신고할 수 있습니다. 이때 통고 또는 송치받은 소년부 판사는 소년보호 사건에 대해 불처분결정이나 보호처분결정을 할 수 있고, 검사가 기소한 경우 형사법원은 소년형사 사건에 대해 판결을 하게 됩니다.

4 생활지도

❑ 학생 체벌의 원칙 및 판례

► 교육부의 학생 체벌 원칙(1997)

- 체벌은 원칙적으로 금지하나, 교육상 불가피한 경우 학교공동체 구성원의 민주적 합의 절차를 거쳐 사회통념상 합당한 범위 내에서 학교생활규정에 명시

► 학생 체벌 관련 대법원 판례(2004. 6. 26)

- 교사가 학생을 징계가 아닌 방법으로 지도하는 경우, 교육상 필요가 있어야 하며, 신체적·정신적 고통을 가하는 체벌이나 비하하는 말 등의 언행은 교육상 불가피한 경우에만 허용
- 학생에 대한 폭행, 욕설 등의 지도행위는 사회통념상 용인될 수 있는 객관적 타당성을 갖춘 경우에만 정당한 행위로 인정 가능

알아둡시다!

사회 통념상 용인될 수 있는 객관적 타당성으로 보기 어려운 경우

- 체벌의 교육적 의미를 알리지 않은 채 교사의 성격 또는 감정에서 비롯된 지도 행위
- 개별적으로 훈계, 훈육의 방법으로 지도할 수 있는 상황이었음에도 공개적으로 학생에게 체벌, 모욕을 가하는 지도 행위
- 학생의 신체나 정신건강에 위험한 물건 또는 지도교사의 신체를 이용해 부상의 위험성이 있는 부위를 때리는 행위
- 학생의 성별·연령·개인적 사정에 따라 견디기 어려운 모욕감을 주는 행위 등

– 대법원의 「체벌가이드라인」(2004)

❑ 학생 사고에 대한 교원의 책임 한계

► 대리감독자로서의 교원의 책임

- 가해학생이 만 14세 미만인 경우 교사는 감독의무자에 갈음하여 무능력자를 감독하는 자로서 그 감독 하에 있는 학생이 타인에게 가한 손해를 배상할 책임이 있음.
- 그러나 부모가 자녀로 하여금 가해자에게 폭행하도록 시키지 않았다면 형

사적 책임은 지지 않음(민법 제755조 제2항).

► 학생 사고에 대한 교원의 책임 범위

- 학생의 학교생활 및 학교생활과 밀접 불가분한 관계에 있는 학교의 행위에 대해서는 교사와 학교는 감독 책임을 짐(대법원 판결, 1999. 1. 29)
- 교원의 직무수행상 과실이 사고의 한 원인이 된 경우 교원은 불법행위자로서 책임을 지게 됨

알아둡시다!

<학생 사고에 대해 교원의 책임이 부과되는 사례>

- 교사의 임장 지도 없는 청소시간·자율학습 시간 중에 학생 간 장난 또는 폭행에 의한 사고
- 수업 개시 후에도 교사가 나오지 않아 학생들이 운동장에서 계속 자치기를 하던 중 이를 구경하던 학생이 어미자에 눈을 맞아 실명한 사고
- 실험·실습기간 중의 안전사고
- 사회적 통념과 학교 범위를 벗어난 체벌 등

❑ 왕따 학생 지도 요령

► 왕따와 관련된 은어

- "따" – 일반적으로 따돌림을 당하는 학생들을 부르는 말
- "따돌이", "따순이" – 따돌림 당하는 남학생, 여학생
- "은따" – 학급이나 학교에서 은근히 따돌림을 당하는 학생
- "전따" – 전교생에게 따돌림 당하는 학생
- "개따" – 개인적으로 따돌림을 당하는 학생
- "집따" – 집단 따돌림의 준말
- "쌩까" – 집단으로 따돌리기 위해 피해학생을 무시하는 행동

► 왕따가 되기 쉬운 청소년의 행동 특성

- 내성적이며 자기주장을 잘 하지 못하는 학생
- 친구들이 놀리거나 괴롭혀도 가만히 있으며 얼굴 표정이 어두운 학생
- 신체 외모나 목소리가 특이한 학생
- 잘 씻지 않고 다니는 학생(복장이 지저분한 학생)

• 거짓말을 잘 하며, 말과 행동이 틀린 학생
• 잘난 척 하는 학생
• 이기적이며 자신의 생각만 주장하는 학생
• 친구들이 놀릴 때 부끄럼을 많이 타거나 과잉반응을 학생
• 교사가 편애하는 학생

► 학교에서의 왕따 지도법
• 상담부 활동을 다각적으로 활성화한다.
• 또래 상담원을 구성하여 학생 간의 문제를 해결할 수 있도록 한다.
• 학급회의 시간에 집단 따돌림에 대한 토의를 실시하여 학생들 스스로가 집단 따돌림이 잘못된 행동임을 깨달을 수 있도록 한다.
• 모둠학습을 통해 공동 과제물을 수행할 수 있도록 한다.

5 성희롱 예방 및 대책

❑ 성희롱 예방을 위한 행동지침

► 성희롱 예방을 위한 행동지침
• 피해자가 되지 않기 위한 행동지침
  – 평소 의사 표현을 분명히 하며, 자신감 있는 태도를 갖는다.
  – 남녀의 성 심리를 알고, 공·사를 분명히 하는 태도를 보여 준다.
• 가해자가 되지 않기 위한 행동지침
  – 항상 언행에 조심하고 상대방을 존중하는 태도와 마음씨를 갖는다.
  – 여성이 "싫다"고 하면 진정으로 싫은 것으로 받아들인다.
  – 성차별적이거나 혹은 불쾌감을 주는 언행을 하지 않는다.
  – 공·사를 분명히 한다.
  – 자신의 행위가 성희롱인지 잘 구별할 수 없을 때는 내 가족이 똑같은 경우를 당했을 때를 생각해 본다.

▸ 성희롱 예방 교육 실시

• 실시 횟수 및 시기: 연 2회 이상, 학교별 실정 감안
• 교육대상: 관리자, 교직원, 학생
• 교직원 및 학생을 대상으로 하는 행사 시 사전에 성희롱 예방 교육을 반드시 실시하고, 행사의 사후 자체평가항목에 성희롱 예방 조치에 대한 결과를 반영

❑ 성희롱·성폭력 사건 대처 요령

▸ 사건이 경미한 경우 대처 요령

• 사건 발생 기관에서 고충상담 등 자체 해결
  - 피해자로부터 고충상담 접수
  - 고충상담 조사 및 조사결과 보고(상담원 → 기관장)
  - 사안이 경미한 경우 조사결과에 대하여 합의·조정 후 종료

※ 기관장은 합의·조정 시 재발 방지 약속 및 각서 등을 받고 재발 방지를 위한 자체 대책 수립

▸ 사건이 중한 경우 대처 요령

• 사안이 중한 경우는 즉시 도교육청에 보고(지역교육청은 경유 기능만 함)
• 도교육청에서는 사건을 감사부서의 성희롱 사건 전담반에 분류
  - 사건의 신속·정확한 처리
  - 사건 처리 과정에 피해자 보호 철저(심신 안정 및 비밀 보호)
  - 시민단체 등이 관여하는 사안일 경우 외부 여성전문가를 자문위원으로 참여시켜 객관성 확보 노력

▸ 학교장의 책임

• 학교 실정에 맞게 성희롱· 성폭력 예방을 위한 세부계획 수립 시행
• 성희롱 등 남녀차별 방지를 위해 교직원, 학생에 대한 연수, 홍보물 배포, 포스터 게재, 홍보활동 실시, 교육자료 비치 등
• 학생의 수업상 또는 교직원의 고용상 적절한 환경이 침해되는 성희롱 등 남녀차별 행위 발생시 조사·지도·감독 및 재발 방지 책임 등
• 고충상담 시정 신청서에 의한 조사 및 처리 즉시 직근 상급감독기관에 관

련 자료 제출(단, 신청서 접수 즉시 구두 보고)

❑ 성희롱 등 남녀차별에 관한 고충상담 시 유의사항

► 고충상담 처리 개요

- 성희롱 등 남녀차별 관련 고충상담 창구를 마련함.
- 성희롱 등 남녀차별 관련 상담요원을 지정하고 신속히 상담 처리
- 상담원은 고충상담에 응함과 동시에 필요에 따라 지도, 조언
- 각 학급의 상담원은 담임교사 및 동 학년 교사로 함.
- 성희롱 등 남녀차별에 대한 신속·공정한 조사·처리와 개인 정보가 누출되지 않도록 함.
- 조사 및 처리 종료 시 관계 당사자에게 결과 통보
- 상담원은 상담일지를 비치하여 행위 발생 시 구체적으로 기재하여 적절한 조치를 취함.

► 고충상담 사무 추진 방법

- 고충상담을 받을 때 원칙적으로 2명의 상담원이 동석할 것
- 고충상담을 받을 때 동성의 상담원이 동석할 것
- 상담자는 고충상담에 적절히 대응하기 위해 상담신청자와 상호 협력할 것
- 실제로 고충상담을 받을 때 그 내용이 상담자 이외의 사람 눈에 띄지 않도록 주위로부터 차단된 장소에서 실시할 것
- 고충상담은 반드시 비밀을 유지하여 상담자의 명예를 지킬 것

► 고충상담 사실관계 청취시 유의 사항

- 상담신청자의 심신 상태 및 요구 사항 파악
- 상담신청자의 주장을 진지하고 정중하게 경청
- 상담신청자가 주장하는 내용에 대해 당사자만 아는 것인지 목격자가 있는지를 파악
- 청취한 사실관계 등을 서면이나 복창하는 등의 방법으로 상담 신청자에게 확인
- 청취한 사실관계를 반드시 기록 또는 녹취

❑ 직장 내에서 성희롱으로 간주될 수 있는 언동

► 성적인 내용의 발언 관련 사항

• 성적인 관심, 욕구에 의한 것

– 신체의 특정 부분 사이즈를 묻는 등 신체 특성을 화제로 삼는 것

– 듣기 거북한 비속어 농담을 하는 것

– 건강 상태가 안 좋아 보이는 여성에게 '오늘 생리일 인가?', '벌써 갱년기인가?' 등의 말을 하는 것

– 성적인 경험이나 성생활에 관하여 질문하는 것

– 외모에 대한 성적인 평가를 하는 것

• 성차별 의식 등에 의한 것

– '남자인 주제에 끈기가 없다.'

– '여자에게 일을 맡길 수가 없어', '여성은 직장의 꽃 역할만으로 좋다', '여자는 학문 같은 것은 못해도 좋다' 등의 발언

– 업무적으로 다툼이 있을 때 성적 내용이 포함된 심한 욕설을 하는 행위

► 성적인 행동 관련 사항

• 성적인 관심, 욕구에 의한 것

– 직장 컴퓨터 화면에 음란 화상을 표시하는 것

– 식사나 데이트를 끈질기게 요구하는 것

• 성차별 의식 등에 의한 것

– 여성이라는 이유로 차 따르기, 사적인 심부름 등을 강요하는 것

– 노래방에서 같이 노래 부르기를 강요하는 것

– 잔을 들고 옮겨 다니면서 옆자리로 다가와 술을 억지로 마시게 하는 행위

– 술자리에서 상급자 등의 곁에 좌석을 지정하거나 술 따르기, 춤추기 등을 강요하는 것

❑ 수업 관련 성희롱으로 간주될 수 있는 언동

► 육체적 행위

• 체육관, 운동장, 실험실, 보건실, 숙직실 등 외부와 차단된 장소에서 특정 신체 부위를 만지는 행위

- 필요 이상 오래 손을 잡거나, 특정 신체부위를 접촉하는 행위
- 몸을 접촉하거나 옆에 또는 무릎에 앉으라고 강요하는 행위
- 복장 지도를 하거나 또는 친근감의 표시라며 머리, 어깨, 배, 허리, 귓불 등을 만지거나 학생과 가까이 접촉하여 옷깃을 고쳐주는 행위
- 명찰을 넣고 빼면서 가슴을 스치거나, 속옷을 입고 다니도록 지도하면서 특정 의복의 일부를 만지거나 들추는 행위
- 다정한 듯 어깨동무를 하거나 충고하면서 어깨 안쪽을 치는 행위

► 언어적 행위

- 수업시간에 음란한 문구나 신문기사 등을 낭독하는 행위
- 학생의 신체적 특징을 성적(性的)으로 평가·비유하여 말하는 행위
- 음란한 농담을 하거나 특정 신체 부위 접촉을 강요하는 행위
- 언어적으로 연인 사이에 부르는 호칭을 사용하는 행위

► 시각적 행위

- 칠판에 음란한 그림을 그리는 행위
- 수업시간에 음란한 문구를 쓰고, 지우기를 반복하는 행위
- 수업지시용 막대로 여학생의 스커트를 들추는 행위

❑ 성희롱 피해자의 대응 방법 및 불이익 금지

► 성희롱 피해자의 대응 방법

- 개인적 대응
  - 싫은 것은 상대방에게 명확한 의사표시를 하고 그만둘 것 을 요구한다.
  - 직접 상대방에게 말하기 어려울 때는 편지나 E-mail 등의 수단을 이용하여 의사 표현을 한다(사본 남기기).
  - 신뢰할 수 있는 사람에게 상담한다(직장동료, 친구, 상사 등).
  - 피해 사실과 경과를 자세히 기록한다(육하원칙에 의거).
- 제도적 대응
  - 학교 내 상담실, 고충처리 상담창구 등을 통해 공식적인 처리를 요구한다.
  - 단, 비밀이 유출될 경우 가해자뿐만 아니라 피해자도 상당한 심리적 피해를 볼 수 있으므로 비밀 보장을 요구한다.

– 가해자에 대한 사과, 부서의 이동, 징계 등 해결방안을 제시한다.
– 시·도교육청 성희롱 사건 전담반에 신고한다.

► 성희롱 피해자에 대한 불이익 조치 금지

• 승급, 승진, 배치 등의 임용상이나 수당 등 급여상 불이익 금지
• 진학, 진급, 성적평가, 연구지도, 시상, 장학금 등 관련 불이익 금지
• 비방, 중상 등 사실상의 불이익 금지

► 성희롱 피해 구제조치 강구

• 성희롱 등 남녀차별 관련 상담 요원의 지정 및 신속한 상담 처리
• 성회롱 등 남녀차별에 대한 신속·공정한 조사 및 처리와 개인정보 누출 방지(30일 이내 완료)
• 조사 및 처리 종료 시 관계 당사자, 직근 상급감독기관에 결과 제출

사 례

Q. 사무실에서 음란사이트를 보는 것은 성희롱인가?

이 경우는 시각적 성희롱 유형에 해당된다. 설령 혼자 보겠다는 의도에서 시작했다 하더라도 그 장소가 여러 직원이 함께 일하는 공적인 장소인 사무실이라면, 다른 직원에게 언제든지 노출될 가능성이 있기 때문이다. 남에게 보이기 위해서가 아니라 혼자만의 자유를 즐기겠다고 거리에서 모두 옷을 벗는 행위 역시 다른 사람이 볼 '가능성'과 '개연성'을 무시했기 때문에 위법행위가 되듯이 남에게 보이고자 하는 의도가 없었다 하더라도 언제든지 타인에게 노출될 수 있는 공적인 장소인 사무실에서 음란사이트를 보는 것은 타인에게 성적인 굴욕감과 혐오감을 일으키는 성희롱에 해당된다.

Q. 교사가 학생에게 성적인 농담을 하는 것은 성희롱에 해당되는가?

「남녀차별금지 및 구제에 관한 법률」은 종사자, 사용자 및 근로자가 학습자나 교육용 시자에 대하여 성적 수치심이나 혐오감을 유발하는 언동을 성희롱으로 규정하여 금지하고 있다. 따라서 교사가 학생에게 하는 성적 언동은 성희롱에 해당될 수 있다. 이 외에도 의사가 환자에게, 공무원이 민원인에게 하는 성적 언동도 성희롱에 해당될 수 있다.

Q. 성희롱 예방조치에 대한 공공기관장의 의무는?

「남녀차별금지 및 구제에 관한 법률」 및 동법 시행령에서는 공공기관의 장과 사용자에 대하여 성희롱 예방을 위한 조치를 취할 법적인 의무를 부과하고, 공공기관의 장 및 사용자에게 성희롱의 방지를 위하여 연 1회 이상 성희롱 예방교육을 실시하는 등 필요한 조치를 강구하도록 의무화하고 있다.

Q. 성희롱 피해자가 명확한 거부 의사를 밝히지 않았다면 성희롱으로 문제삼을 수 없는가?

피해자가 거부의사를 명확하게 표현하지 않더라도, 피해자의 언행이나 주변 정황을 고려할 때 그것이 실제로 피해자가 원하지 않는 행위였음을 판단할 수 있기 때문에 거부의사 표시 여부가 성희롱 판단의 요건이 되지는 않는다. 성희롱 예방교육과 의사표현 훈련의 기회가 부족하고, 성희롱을 사소한 것으로 간주해 온 문화 속에서 이를 시정해줄 것을 요구하기는 쉽지 않으며, 인간관계 등을 고려하여 피해자가 곧바로 거부의사를 표현하지 못하는 경우가 매우 많다는 점이 고려되어야 하기 때문이다.

Q. 성희롱은 사적인 문제이므로 당사자끼리 사적으로 해결해야 하는가?

성희롱은 단순한 성적 욕구에 기초한 행위가 아니라 권력의 불평등과 관련된 행위로서, 업무와 관련성을 가지며, 성적인 언어나 행동 등으로 또는 이를 조건으로 고용상의 불이익을 주거나 성적 굴욕감을 유발하게 하여 고용환경을 악화시키는 행위이다. 따라서 성희롱은 더 이상 개인의 문제가 아닌 사회문제로 인식되어야 하며 그 해결 역시 당사자 간이 아닌 공적인 절차를 통해 이루어져야 한다.

Q. 성희롱 여부의 판단기준은 어떤 것인가?

성희롱인지 아닌지를 판단하는 기준 가운데 가장 중요한 것은 피해자가 어떻게 느끼고 어떤 영향을 받았는가 하는 것이다. 성적인 농담이나 음담패설이 직장생활의 활력소라고 생각하고 습관적, 무의식적으로 행해지는 행위들이 상대방에게 성적 굴욕감이나 혐오감을 주고 작업환경을 해치기 때문에 성희롱의 법적 규제가 이루어지게 된 것임을 이해하여야 한다.

제 6 장 교원 복무 및 인사

1 교원의 신분

❑ 교육공무원의 신분

► 공무원의 분류

- 교원: 교사, 교삼, 교장
- 교육공무원: 교원, 교육전문직
- 교직원: 교원, 행정직원

► 용어의 정의

- 임용: 신규채용, 승진, 승급, 전직, 전보, 겸임, 파견, 강임, 휴직, 직위해제, 정직, 복직, 면직, 해임 및 파면
- 직위: 1인의 교육공무원에게 부여할 수 있는 직무와 책임(예 교사, 교감, 교장, 학무과장, 교육장 등)

► 전직과 승진의 구분

- 전직: 교육공무원의 종별과 자격을 달리하는 임용

• 교사, 교감(원감), 교장(원장) ⇔ 교육전문직 • 교육연구사 ⇔ 장학사, 교육연구관 ⇔ 장학관 • 초등학교교원 ⇔ 중등학교교원 • 유치원교원 ⇔ 초등학교교원, 중등학교교원

• 승진: 동종의 직무에 종사하는 바로 하위직에 있는 자 중에서 대통령령이 정하는 바에 의하여 경력평정, 재교육성적, 근무성적, 기타 능력의 실증에 의하여 행하는 임용

• 교사 ⇒ 교감(원감) ⇒ 교장(원장) • 장학사 ⇒ 장학관 • 교육연구사 ⇒ 교육연구관

❑ 공무원 복무 규정

► 복무 개념 및 특성

• 공무원이 공직생활을 함에 있어 지녀야 할 자세와 지켜야 할 행동

• 복무관계란 의무관계(영리행위 금지, 정치행위 금지 등)와 근무관계(연가, 출장, 병가 등)으로 나뉘어 짐.

• 복무관계는 권리 측면보다 의무 측면이 보다 강조됨(연가나 병가와 같이 개인의 권익적 성격이 짙은 근무관계의 경우에도 공무원이 자유롭게 누릴 수 있는 권리는 없고, 대부분 기관장의 허가를 받아야 함).

► 공휴일(관공서의 공휴일에 관한 규정)

• 공휴일: 일요일, 국경일(삼일절·제헌절·광복절·개천절), 기념일(식목일·어린이날·현충일), 명절(1월 1일, 설날 전날과 설날, 설날 다음날, 추석 전날, 추석, 추석 다음날), 석가탄신인, 기독탄신일

• 임시공휴일: 국가적인 행사나 국민적인 축제 등을 기념하기 위해 정부에서 수시로 지정한 날

사 례

Q. 학교에 함께 근무하는 교육행정직 공무원과 교사의 근무 시간은?

초·중고교의 경우, 교사는 교육부가 정하는 근무시간을 준수하여야 하고, 교육행정직 공무원은 국가공무원복무규정이 정한 근무시간을 준수하여야 하므로, 같은 학교에서 근무하더라도 양자의 근무시간은 서로 다를 수 있음.

Q. 불법행위 목적의 외출 신청에 대한 처리는?

불법집회를 지원 또는 참가할 목적으로 외출 등을 신청한 경우 허가권자는 동 외출 등의 불법성을 고려하여 외출을 허가하지 아니 할 수 있음.

❑ 당직근무와 복무관리

► 재택 당직근무 방법

- 일과시간 종료 시부터 일정 시간 사무실 대기 근무
- 사무실 대기 근무시간은 2~3시간 범위 내에서 기관의 장이 정하되, 3시간으로 하는 경우 당직비를 지급함.
- 당직일지, 이동전화, 비상연락망, 관계기관 당직실 전화번호부 비치

사 례

Q. 재택 당직자의 퇴청 및 책임 범위는?

근무시간 종료 후 사무실 대기를 마친 재택당직자는 잔무 처리를 하고 있는 교직원이 사무실에 남아 있더라도 무인경보장치 등 필요한 조치를 취하고 재택당직근무에 임할 수 있음. 단, 당직근무시간 중 문제가 발생하였을 경우 일반적으로 1차적인 책임소재는 최종 퇴청자에게 있고 2차적인 책임은 당직근무자에게 있으나, 개별 사안에 따라 종합적인 검토를 통해 책임소재를 밝히는 것이 타당함.

Q. 교육청 숙직근무 후 휴무 조치는?

기관장은 업무상 불가피한 경우를 제외하고 숙직 근무자(재택은 제외)에 대해 숙직근무 후 익일 오전 또는 오후 중 하나를 선택하여 휴무할 수 있도록 조치해야 하며, 근무 상황부의 종별란에는 「휴무」로 기재함.

Q. 재택당직자의 시간의 근무수당 지급은 가능한가?

재택당직근무자는 일정시간 사무실 대기와 퇴청 이후에도 당직근무를 성실히 수행할 의무가 있으므로 시간외근무를 명할 수 없음.

2 출장 및 수당

❑ 출장과 여비 지급

▸ 출장과 여비 개념

- 출장: 상사의 명을 받고서 정규 근무지 이외의 장소에서 공무를 수행하는 것을 말함.
- 여비: 교통비·일비·숙박비·식비·이전비·가족여비 및 준비금

▸ 근무지 내 출장

- 소속 행정기관이 소재하고 있는 시·군(특별시, 광역시를 포함) 안에서의 출장 또는 여행거리 12km(왕복) 미만인 출장(예 출장자의 소속 행정기관에서 타 시·군 출장지까지의 거리가12km(왕복) 미만인 경우도 근무지 내 출장임)
- 출장 여비 지급: 출장 여행시간이 4시간 미만은 1만원, 4시간 이상은 2만원 지급

▸ 근무지외 출장

- 소속 행정기관이 소재하고 있는 시·군(특별시, 광역시를 포함) 밖으로의 출장 또는 여행거리 12km(왕복) 이상인 출장(단, 출장 또는 여행거리가 비록 12km 이상일지라도 동일 시·군인 경우는 근무지 내 출장임)

▸ 출장과 초과근무

- 원칙적으로 출장기간 중의 초과근무는 인정되지 않음.
- 다만, 국내 출장자의 경우 출장 후 사무실로 귀청하여 근무 명령에 따라 근무시간 외에 근무를 한 자에 대하여는 초과근무를 인정함.

사 례

Q. 출장 명령이 나면 여비는 반드시 지급하여야 하나?

> 출장 명령은 출장여비의 지급 근거가 되는 것이나, 출장 명령이 있다 하여 반드시 출장여비를 지급하는 것은 아님.

Q. 휴일에 학교장의 근무 명령에 의해 학생을 인솔하고 출장을 간 경우 출장비와 시간외 수당 지급은 가능한가?

휴일에 학교장의 근무 명령에 의해 학생을 인솔하고 출장을 다녀올 경우, 출장에 따른 출장비와 시간외 수당을 지급이 가능함.

Q. 근무지 내 출장을 마치고 또다시 근무지 내 출장 용무가 발생한 경우 출장여비 지급은 가능한가?

근무지 내 출장을 마치고 귀청 후에 또다시 근무지 내 출장 명령은 가능하나, 공무원 여비규정에 근무지 내 4시간 이상 출장은 10,000원, 4시간 미만은 출장은 5,000원을 지급하므로 10,000원을 초과하는 여비를 지급할 수 없음.

Q. 민간단체 주관 행사 참석 시 출장 처리는 가능한가?

보이스카웃, 사회복지법인 등 민간단체 행사에 초청되어 참석하는 경우 당해 공무원의 업무와 관련성이 있고 소속기관의 대표자격으로 참석할 경우에는 출장 조치가 가능하나, 개인 자격으로 참석할 경우에는 연가로 처리해야 함.

Q. 소속 직원의 경조사에 기관대표로 참석하는 경우 출장 조치는?

소속 직원의 경조사에 기관대표로 참석하는 경우 출장 조치와 여비지급은 가능하나, 최소한의 인원에 한함.

Q. 근무시간 중에 주간대학원 수강은 가능한가?

주간대학원에 수학하는 문제는 소속 기관이 관여할 사항이 아니며, 근무시간 중 동 대학원의 강의를 듣기 위한 출장 처리도 불가함. 다만, 수강을 위하여 소속 기관장 또는 부서장의 허가를 얻어 연기를 사용할 수 있으나, 본인의 연가 일수를 초과한 경우에는 결근으로 처리함.

Q. 교사가 보이스카웃, 걸스카웃 등의 청소년단체를 인솔하여 고적 답사나 야영훈련을 위한 여행을 할 경우 여비 지급은 가능한가?

기관장의 출장 명령에 의하여 출장을 하는 경우라면 여비 지급이 타당함.
그러나 기관장의 출장 명령 없이 학생들의 단체활동에 단순히 참가한 경우에는 공무 수행을 위한 출장으로 인정되기 어려우며, 출장 명령에 의한 출장의 경우라 하더라도 야외에서 숙식을 하게 되는 경우에는 별도의 숙박시설을 이용하지 않게 되므로 숙박비를 지급하지 않음이 원칙임.

Q. 교원이 학생들을 인솔하여 수학여행을 할 경우 교통비 및 숙식비 지급 방법은?

교원이 학생들의 수학여행 경비(교통비, 숙식비)와 동일한 금액을 수학여행 경비로 납부한 경우 교통비, 숙박비는 실비, 그리고 일비는 규정상의 정액의 일비를 지급하여야 함.
다만, 업체와 계약시 교통비 및 숙식비를 무료로 제공한다고 할 경우는 일비만 지급함.

❑ 시간외 근무수당

► 평일 및 토요일 정규 근무시간 이후 시간외 근무 인정 범위

• 1일 2시간 이상 시간외 근무를 한 경우 2시간을 공제한 후 매분 단위까지 합산(예 정상 근무 종료 시간이 17:00이고 22:20까지 5시간 20분을 초과 근무한 경우, 2시간을 공제(19:00)한 3시간 20분은 초과근무 수당지급 가능)

► 휴일 및 주5일 근무제 관련 휴무 토요일 시간외 근무

• 평일과 달리 공제 시간은 없으나 1일 2시간 이상 근무자에 한하여 4시간 이내에서 매분 단위까지 합산

사 례

Q. 2014. 12. 17.에 방학을 한 학교 교원(교장 제외)에 대하여 12월분 시간외근무수당 정액분을 지급할 수 있는지?

정규 근무일 기준으로 실제 출근근무일수가 14일이므로 월 15일 미만일 경우에 해당함. 따라서 실제 출근근무일수를 기준으로 매 1일에 대하여 1시간 분의 시간외근무수당 정액분 지급이 가능함.

Q. 교원이 학생을 인솔하여 야영이나 수학여행 등으로 학생을 야간에 지도할 경우 시간외 근무수당 지급은?

교원이 학생을 인솔하여 야영이나 수학여행 등 체험학습으로 시간외근무를 한 경우 학교장의 근무명령에 따라 규정된 근무시간외에 근무를 한 자는 시간외근무수당 지급 가능함. 단, 시간외근무에 대하여 다른 명목으로 보상을 받았다면 동 수당은 지급할 수 없음.

※ 초과근무에 대한 다른 방법의 금전적 보상: 학생생활 지도, 보충수업 지도, 시험감독 등

Q. 시간외 근무 수당 관련 구체적인 계산 방법은?

• 1일 단위 계산
  - 평일 및 토요일의 정규 근무시간 이전·이후 시간외 근무
    예 정규 근무시간보다 1시간 10분 일찍(07시 50분) 출근하고 정규 근무시간보다 2시간 40분 늦게(20시 40분) 퇴근한 경우
    (1시간 10분+2시간 40분)−2시간=1시간 50분
  - 평일 및 토요일의 정규 근무시간 이후 시간외 근무
    예 1일 정규 퇴근시간 이후 시간외 근무시간이 3시간 50분인 경우
    3시간 50분−2시간=1시간 50분
  - 휴무 토요일 근무
    예 휴무 토요일에 근무 명령에 따라 출근하여 5시간 근무한 경우
    2시간 이상 근무시 최대 4시간까지 인정되므로 4시간 인정
• 휴일 근무
  예 휴일에 근무 명령에 따라 출근하여 6시간 30분을 근무한 경우
  2시간 이상 근무시 최대 4시간까지 인정되므로 4시간 인정
  - 월단위 계산
  - 시간외 근무시간을 분단위까지 합산하여 산정하되, 1시간 미만은 절사
    예 시간외 근무시간이 1개월간 각각 3시간 45분, 4시간 30분, 2시간 38분인 경우
    (1시간 45분+2시간 30분+38분)=4시간 53분 ⇒ 4시간

* 시간외 근무시간에서 각각 기본 2시간을 공제한 후 합산

Q. 평일 초과근무 시간 중 1일 2시간을 공제하는 이유는?

월간 출근일수가 15일 이상인 자에 대해서는 월 15시간분의 시간외수당을 정액으로 지급하고 있기 때문임.

❑ 교원의 공무외 국외여행과 국외 자율연수

► 공무외 국외 여행

• 기본 방침

– 교원의 공무외 국외여행은 휴업일(방학) 중에 실시

– 교원의 공무외 국외여행은 법정연가일수 범위 내에서 실시

• 사 유

– 본인 또는 친인척의 경조사, 질병 치료, 천지 방문, 견문 목적

– 취미활동, 가족기념일 여행 등

• 복무처리

– 「사유 또는 용무」란에 공무외 국외여행으로 표시함.

► 국외 자율연수

• 근거: 교육공무원법 제41조의 근무지외 연수

• 사 유

– 교직단체가 주관하는 연수

– 해외 교육기관 초청에 의한 연수 참가

– 개인의 학습 자료 준비

• 복무 처리

– 국외 자율연수는 법정 연가일수와 관계없이 별도로 실시

사 례

Q. 공휴일을 이용하여 공무외 국외여행을 하는 경우 복무 처리는?

공휴일에 공무외 국외여행을 하는 경우에는 근무상황부에 기재하거나 소속 기관에 신고할 의무는 없으나, 사전에 여행일정과 여행지 등을 비상연락담당자에게 통보하여 함.

3 교원의 휴가

❑ 휴가의 허가 및 절차

► 휴가의 종류 및 법적 성질

• 휴가 종류: 연가, 병가, 공가, 특별휴가

• 법적 성질

– 휴가는 누구나 필요한 경우 법령의 범위 내에서 신청

– 허가권자는 휴가 신청에 대해 업무 형편 등을 고려하여 거부할 수도 있으나, 특별한 사정이 없는 한 허가를 해 주어야 함.

► 휴가의 허가권자

• 교원의 휴가 허가권자: 원칙적으로 학교장(위임전결 규정에 의해 위임할 수도 있음)

• 초·중 학교장의 휴가 허가권자: 교육장(신청방법은 문서, 전화 또는 구두로 할 수 있음)

► 휴가의 신청 절차

• 신청 시기: 사유 발생 전까지 허가를 받아야 함.

• 병가, 특별휴가: 당일 정오까지 필요한 조치를 위해야 하며, 불가피한 경우 이를 다른 공무원이 대행하게 할 수 있음. 단, 본인의 연락 없이 가족의 연락만으로 휴가를 허가하는 것은 불가함.

사 례

Q. 같은 날 휴가 사유가 중복되는 경우 어떻게 처리해야 하는가?

> 같은 날 병가, 공가, 특별휴가 등 2개 이상의 휴가 사유가 중복되는 경우 본인의 신청에 따라 하나의 휴가를 허가함.

❑ 연 가

► 연가 사용 일수

• 연가는 주로 개인적 사유를 처리하기 위해 사용하는 휴가임.

재직 기간	연가일수	재직 기간	연가일수
3월 이상 6월 미만	3일	3년 이상 4년 미만	14일
6월 이상 1년 미만	6일	4년 이상 5년 미만	17일
1년 이상 2년 미만	9일	5년 이상 6년 미만	20일
2년 이상 3년 미만	12일	6년 이상	21일

► 연가 사용 일수 계산 방법

• 연가일수 계산은 1월 1일부터 12월 31일까지 1년 단위로 함.

• 연가를 사용하고자 할 경우에는 연가 사용 직전일(直前日)까지의 재직기간을 년월일로 계산함.

• 재직기간은 법령에 의한 의무수행이나 공무상 질병 또는 부상으로 인한 휴직을 제외한 휴직기간, 정직기간 및 직위해제기간은 산입하지 아니함.

• 공무원으로 임용되기 전의 현역병, 방위소집 또는 지원에 의하지 아니하고 임용된 하사관의 복무기관은 재직기간에 산입함.

• 지참·조퇴·외출 및 반일연가 1회는 구분 없이 누계시간으로 8시간을 연가 1일로 공제함.

► 연가의 허가

• 행정기관의 장은 연가원의 제출이 있을 때에는 공무수행상 특별한 지장이 없는 한 이를 허가하여야 함.

• 개인별 법정 연가일수의 범위 안에서 1회당 6일 이내의 연가를 허가하되, 「특별한 사유」가 있는 경우에는 본인의 법정 연가일수 범위 내에서 신청한 기간대로 허가해 줄 수 있음.

❑ 병 가

► 일반 병가

• 허가 기간: 연 60일의 범위 내에서 병가를 허가받을 수 있음.

※ 병가 일수는 1월 1일부터 12월 말까지 1년 단위로 계산

- 일반 병가 사유
  - 질병 또는 부상으로 인하여 직무를 수행할 수 없을 때
  - 전염병의 이환으로 인하여 그 공무원의 출근이 다른 공무원의 건강에 영향을 미칠 우려가 있을 때

※ 병가기간이 연간 6일을 초과할 때에는 7일 이후의 병가는 연가를 활용하여야 하며, 개인연가를 활용한 후에도 완치되지 않을 경우 잔여 병가를 활용함(단, 진단서가 첨부된 병가는 예외).

► 공무상 병가
- 허가 기간: 연 180일의 범위 내에서 병가를 허가받을 수 있음.
- 신청 방법: 공무원연금법 규정에 의한 요양 승인 결정을 받아야 함.

※ 공무상 병가(180일)와 일반병가(60일)는 별도로 신청할 수 있음.
총 사용 가능 병가 일수 = 일반병가(60일) + 연가(해당 일수) + 공무상병가(180일)

► 의사 진단서 제출 사유
- 7일 이상 연속되는 병가
- 연간 누계 6일을 초과하는 병가(진단서를 제출한 병가는 연간 누계에서 제외됨)

사 례

Q. 공무상 병가 180일은 연도가 바뀌면 다시 사용할 수 있는가?

동일한 사유로 공무상 병가 180일을 모두 사용했을 경우는, 연도가 바뀌어도 동일한 사유로는 재차 공무상 병가를 허가받을 수 없음.

Q. 공무상 병가는 반드시 요양 승인을 받아야 하는가?

일반적으로 공무원연금법 규정에 의한 요양 승인을 받아야 하나, 6일 이내의 단순 안정만을 요하는 경미한 부상의 경우에는 요양 승인을 받지 않고 허가권자의 판단으로 공무상 병가를 허가받을 수 있음.

Q. 질병 휴직 후 복직하여 근무 중 질병이 재발한 경우 병가 사용은?

- 휴직기간이 만료시 동일 사유로 연속하여 일반 병가를 사용할 수 없음.
- 다만, 상당 기간 정상 근무 하던 중 동일 질병 또는 부상이 재발된 때에는 일반병가 사용이 가능함.

Q. 연가 일수를 초과하여 출근하지 못하는 경우 복무 관리는?

- 본인의 연가일수를 초과하여 출근하지 못하는 경우 결근으로 처리함.
- 당해 공무원이 연가일수를 초과한 결근일 경우 매 1일에 대해 봉급일액의 2/3를 감함(공무원봉급처리지침).

Q. 질병이 지속적으로 악화되는 경우 취할 수 있는 복무 조치는?

일반병가를 사용하여 질병을 치료를 하되, 일반병가 기간이 만료된 후에도 병이 호전되지 않을 경우 개인별 법정 연가일수의 범위 내에서 질병을 치료해야 함. 그러나 일반병가와 연가를 모두 사용하였지만, 병이 호전되지 않아 직무를 수행하기가 불가능한 경우 질병휴직을 할 수 있음.

Q. 병가 사용 중 특별휴가 사유가 발생했을 경우는?

병가 사용 중 경조사 등 특별휴가 사유가 발생한 경우 병가와 특별휴가는 별도로 사용 가능하므로 본인의 신청에 따라 병가를 취소하고 특별휴가로 처리할 수 있음.

Q. 의사의 증명서나 확인서에 의한 병가 신청은 가능한가?

진단서를 제출해야만 허가할 수 있는 경우, 의사의 증명서나 확인서만으로 병가를 허가할 수 없음

Q. 27일의 병가를 연속 사용하고 계속 병세가 악화되어 계속 다시 병가원을 제출하여 15일간 병가를 사용할 때 공휴일 계산 방법은?

병가일수가 1월 이상 계속되는 경우 공휴일을 연가일수에 산입하도록 되어 있으므로 병가 허가 횟수에 관계없이 공휴일을 병가일수에 산입함.

Q. 7일 이상 연속으로 질병으로 인해 진단서를 제출해야 함에도 제출하지 못한 병가 처리는?

7일 이상 연속으로 질병 또는 연간 누계 6일을 초과하는 병가에 대해서는 반드시 진단서를 제출해야 하나, 만약 이를 이행하지 못한 경우에는 연가일수에서 공제하고 병가일수에는 산입하지 않음.

❑ 공 가

► 공가 인정 원칙

- 사무실에 출근하지 못하거나 외출이 필요한 사유 중에서 담당 직무와 직접 관계가 없어 출장으로 처리할 수 없고, 그렇다고 순수한 사무(私務)가 아닌 경우로서 연가로 처리하기도 부적절한 중간적인 성격의 업무
- 국가공무원복무규정 제19조에 규정된 공가사유는 "예시적인 사유"로 보아야 하므로, 동 규정 제19조에서 정하고 있는 사유 이외의 것에 대해서도 기관장이 구체적인 사정을 고려하여 공가를 허가할 수 있음.

► 공가의 사유

- 징병검사·소집·검열점호 등에 응하거나 동원 또는 훈련에 참가할 때
- 공무에 관하여 국회·법원·검찰 기타 국가기관에 소환된 때(참고인, 증인 또는 감정인으로 출석하는 경우 등도 포함)
- 법률의 규정에 의하여 투표에 참가할 때(공공기관이 주도하는 투표에 참가하는 경우도 해당)
- 승진·전직시험에 응시할 때(시험 당일에만 가능하며 시험 준비기간에는 공가를 사용할 수 없음)
- 원격지간의 전보발령을 받고 부임할 때
- 국민건강보험법 시행령 제26조의 규정에 의한 건강검진을 받을 때(진료기관의 권고에 의해 재검진을 받는 경우 포함)
- 올림픽·전국체전 등 국가적인 행사에 참가하는 때
- 천재·지변·교통차단, 기타의 사유로 출근이 불가능할 때

Q. 자격증 취득 시험 응시를 위한 공가는 가능한가?

> 공무원이 업무 수행에 필요한 자격증을 새로 취득하기 위하여 공가를 사용할 수 없음.

❑ 경조사 휴가(특별 휴가)

▸ 경조사 휴가 일수

구분	대상	일수
결혼	본인	7
결혼	자녀	1
결혼	본인 및 배우자의 형제자매	1
회갑	본인 및 배우자	5
회갑	본인 및 배우자의 직계존속	1
출산	배우자	3
사망	배우자, 본인 및 배우자의 부모	7
사망	본인 및 배우자의 증조부모·조부모·외증조부모·외조부모	5

구분	대상	일수
사망	자녀와 그 자녀의 배우자	3
사망	본인 및 배우자의 형제자매와 그 형제자매의 배우자	3
사망	본인 및 배우자의 부모의 형제자매와 그 형제자매의 배우자	3
탈상	배우자, 본인 및 배우자의 부모	2
탈상	본인 및 배우자의 증조부모·조부모·외증조부모·외조부모	1
탈상	본인 및 배우자의 형제자매와 그 형제자매의 배우자	1

▸ 경조사 휴가 실시 원칙

- 경조사 휴가는 원칙적으로 그 사유가 발생한 날을 포함하여 전후에 연속하여 실시하여야 함(원격지는 2일 범위 내에서 가산 가능).

▸ 경조사 휴가와 공휴일

- 경조사 휴가 기간에 '공휴일'과 '휴무토요일'(매월 4번째 토요일)이 포함된 경우에는 휴가 일수에 산입됨.
- 따라서 휴가일수가 1일인 경조사 '공휴일'이거나 월 1회 토요휴무제 시행에 따른 '휴무토요일'(4번째 토요일)인 경우에는 경조사 휴가 대상이 아님.

► 경조사 휴가 대상 친족의 범위

- 직계존속
  - 부모, 조부모, 증조부모뿐 아니라 외조부모 및 외증조부모 포함
  - 양자·양녀로 입적된 경우에는 양부모와 친생부모 포함(계부·계모는 인척으로 직계존속이 아님)
- 본인 및 배우자의 부모의 형제자매와 그 형제자매의 배우자
  - 백숙부모뿐 아니라 고무(부), 이모(부), 외숙부(모) 모두 포함
- 본인 및 배우자의 형제자매와 그 형제자매의 배우자
  - 형제자매, 형수, 제수, 형부, 제랑, 매형, 매제, 처남댁, 동서 모두 포함

사 례

Q. 퇴근시간 이후에 발생한 경조사 휴가 일수 계산 방법은?

> 정규근무를 마치고 퇴근시간 이후에 상을 당한 경우에는 당일은 경조사 휴가 일수에서 제외하고, 그 다음날부터 경조사휴가 일수를 계산함.

Q. 공휴일에 발생한 경조사 휴가 일수의 기산일은 언제부터인가?

> 공휴일에 상을 당한 경우에는 경조사가 발생한 시간에 관계없이 당일인 공휴일을 포함하여 경조사 휴가 일수를 계산함.

Q, 유산이나 사산에 따른 배우자의 경조사 휴가도 가능한가?

> 배우자의 유산·사산의 경우에도 휴가 1일을 얻을 수 있음.

Q. 사십구일재 참석을 위한 탈상 경조사 휴가 사용이 가능한가?

> 사십구일재에 탈상하는 경우에 탈상 경조사 휴가를 얻을 수 있음.

❑ 출산휴가

► 출산휴가 신청 조건

• 출산의 전·후를 통하여 90일의 출산휴가를 허가받을 수 있음.

• 정상적인 만기 출산 이외에 유산·조산·사산을 한 경우에도 출산휴가를 사용할 수 있으나 그 시점에 따라 제한됨.

  – 임신 8월 이후(197일)에 유산·조산·사산을 한 경우 사유가 발생한 시점으로부터 90일의 출산휴가를 허가받음.

  – 임신 4월부터 임신 7월까지의 기간 중에 유산·조산·사산을 한 경우 산모의 건강상태에 따라 90일 이내의 출산휴가를 허가받을 수 있음(허가권자가 휴가기간을 단축할 수 있음).

► 출산휴가 업무 처리시 유의 사항

• 출산휴가제도는 산모의 건강을 보호해 주기 위한 것이므로, 출산휴가는 출산일 또는 출산예정일을 기준으로 '출산 후에 45일 이상 확보'되도록 하여야 함.

► 출산휴가가 아닌 일반병가를 허가해야 할 조건

• 임신 중에 심한 입덧이나 부작용 또는 안정의 필요성이 있는 경우

• 임신 4월 미만, 즉 84일까지의 기간 중에 발생한 유산·사산·조산

  ※ 의학적으로 임신 1월은 4주(28일)로 계산함.

사 례

Q. 퇴근 이후 출산 시 출산휴가 기산은?

> 퇴근한 후 출산한 경우에는 당일은 제외하고 다음날부터 기산하여 출산휴가를 허가받을 수 있음.

Q. 휴직 기간 중 출산을 한 경우 출산휴가는 어떻게 되나?

육아휴직 등의 휴직 기간 중 출산을 하고 휴직중인 경우에는 출산휴가를 사용하지 못함. 다만, 휴직에서 복직한 때에는 출산휴가를 허가받을 수 있으나, 이 경우 휴가일수는 출산일을 포함한 90일의 범위 내에서 남은 일수에 한함.

Q. 출산 후 임용된 공무원도 출산휴가를 할 수 있는가?

출산 이후에 임용된 공무원도 출산휴가를 허가받을 수 있으나, 휴가기간은 출산일을 포함한 90일의 범위 내에서 남은 일수에 한함.

Q. 병가 중 유산한 경우 출산휴가는?

병가를 사용 중에 있는 임신한 공무원이 유산을 당한 경우에는 유산일부터 병가 사용을 중지하고 출산휴가를 허가받을 수 있음.

Q. 배우자의 출산 시 출산휴가 사용 시기는?

배우자가 출산한 당일에 실시하는 것이 원칙임. 다만, 출산 전후로 1일을 사용하는 것도 무방함.

❑ 여성보건휴가 및 육아시간

► 여성보건휴가

• 허가 사유

– 매(每) 생리기

– 임신한 경우 검진을 위하여 매월 1일

► 육아시간

• 육아시간 허가 조건

– 생후 1년 미만의 유아를 가진 여자공무원은 1일 1시간의 육아시간을 얻을 수 있음.

– 유아가 만 1세가 되는 전날까지 사용할 수 있음.

- 육아시간 사용 유형
  - 1시간 늦게 또는 1시간 일찍 출근
  - 30분 늦게 출근 및 30분 일찍 퇴근
  - 근무시간 중 1시간 활용
- 육아시간 복무 처리 요령
  - 육아시간의 허가는 근무상황부에 사용기간과 매일의 사용시간을 기재하여 일괄결재로 처리하고, 사용시간의 변경 시 다시 허가를 받아야 함.
  - 근무상황부의 종별란에 「육아시간」으로 기재

사 례

Q. 여성보건휴가의 시간단위 분할 사용은 가능한가?

> 매월 1일 실시하는 여성보건휴가는 일단위로 실시하여야 하며, 시간으로 나누어 여러 번에 걸쳐 사용할 수 없음.

Q. 여성보건휴가 사용 횟수는 얼마까지 가능한가?

> 여성보건휴가는 월 2회의 생리가 있더라도 월 1회에 한함.

4 교원의 휴직

❑ 직권휴직과 청원휴직

► 휴직의 종류

- 직권휴직: 본인의 의사에 불구하고 임용권자가 휴직을 명함.
  - 신체·정신상의 장애로 장기요양을 요할 때(1년 이내)
  - 병역법에 의한 병역의 복무를 위하여 징집 또는 소집된 때(복무기간)
  - 천재·지변 또는 전시·사변이나 기타의 사유로 인하여 생사 또는 소재가 불명하게 된 때(3월 이내)

- 기타 법률의 규정에 의한 의무를 수행하기 위하여 직무를 이탈하게 된 때(의무복무기간)
- 교원의 노동조합설립 및 운영등에 관한 법률 제5조의 규정에 의하여 노동조합 전임자로 종사하게 된 때(전임기간)

• 청원휴직: 본인이 원하는 경우 임용권자가 휴직을 명함.
  - 학위취득을 목적으로 해외유학을 하거나 외국에서 1년 이상 연구 또는 연수하게 된 때(3년 이내이며 학위취득의 경우 3년 연장 가능)
  - 국제기구·외국기관 또는 재외국민교육기관에 임시로 고용된 때(고용기간)
  - 자녀(휴직 신청 당시 1세 미만인 자녀에 한한다)를 양육하기 위하여 필요하거나 여교원이 임신 또는 출산하게 된 때(1년 이내이며 여교원의 경우 2년 연장 가능)
  - 교육부장관이 지정하는 국내의 연구기관이나 교육 기관 등에서 연수하게 된 때(3년 이내)
  - 사고 또는 질병 등으로 장기간의 요양을 요하는 부모, 배우자, 자녀 또는 배우자의 부모의 간호를 위하여 필요한 때(1년이며 재직기간 중 총 3년 이내)
  - 배우자가 국외근무를 하게 되거나 제5호(학위취득을 목적으로 해외유학을 하거나 외국에서 1년 이상 연구 또는 연수하게 된 때)에 해당하게 된 때(3년 이내이며 3년 연장 가능. 단, 총 휴직기간은 배우자의 국외근무, 해외유학·연구 또는 연수기간을 초과할 수 없음)

► 휴직의 효력

• 신분은 유지하나 직무에 종사하지 못함.
• 휴직사유 소멸시 지체없이 복직 조치해야 함(당연복직).
• 휴직기간 만려시 30일 이내 복직 신고

► 직권휴직(교육공무원법 제44조 제1항)

종류	질병휴직	병역휴직	생사불명	법정의무 수행	노조전임자
근거	제1호	제2호	제3호	제4호	제11호
요건	신체·정신상의 장애로 장기요양을 요할 때	병역의 복무를 위하여 징·소집 된 때	천재·지변, 전시·사변, 기타의 사유로 생사·소재가 불명한 때	기타 법률상 의무수행을 위해 직무를 이탈하게 된 때	교원노동조합 전임자로 종사하게 된 때
기간	1년 이내	복무기간	3월 이내	복무기간	전임기간
재직 경력 인정	• 경력 평정: 미산입. 단, 공무상 질병인 경우 산입 • 승급 제한. 단, 공무상 질병인 경우는 포함	• 경력 평정: 산입 • 승급 인정	• 경력 평정: 제외 • 승급 제한	• 경력 평정: 산입 • 승급 인정	• 경력 평정: 산입 • 승급 인정
결원 보충	결원보충 불가	6월 이상 휴직시 결원 보충	결원 보충 불가	6월 이상 휴직시 결원 보충	6월 이상 휴직시 결원 보충
보수 지급	• 봉급 7할 지급 (결핵은 8할) • 공무상 질병은 전액 지급	지급 안함	지급 안함	지급 안함	지급 안함
수당	• 공통수당: 보수와 같은 율 지급 • 기타 수당: 휴직사유별 차등 지급	지급 안함	지급 안함	지급 안함	지급 안함
기타	의사의 진단서 첨부				

► 청원휴직(교육공무원법 제44조 제1항)

보수	봉급 5할 지급	지급 안함	지급 안함	지급 안함	지급 안함	지급 안함
수당	• 공통수당: 5할 지급 • 기타 수당: 미지급	지급안함	지급 안함	지급 안함	지급 안함	지급 안함
기타			출산휴가 별도 신청 가능			

※ 공통수당: 기말수당, 정근수당, 장기근속수당, 가족수당, 자녀학비보조수당, 보전수당

❑ 질병휴직 처리 요청

► 질병휴직 개요

• 휴직사유: 신체·정신상의 장애로 장기요양을 요할 때

• 휴직기간: 1년 이내

• 휴직 횟수: 휴직 횟수에는 제한이 없으나 동일 질병으로 1년을 초과할 수 없음. 휴직기간 만료 후에도 정상적으로 직무를 감당하지 못할 것이 명백한 경우 직권면직 조치

• 휴직의 신청, 휴직기간의 연장 및 재휴직

– 질병휴직은 휴직발령 시 그 기간은 명시되지 아니하므로 휴직기간은 요양에 실제로 필요한 기간이 되어야 함. 진단서에 나타난 요양기간이나 본인이 제출한 휴직원에서 정한 기간을 초과하였다 하더라도 휴직자가 요양이 더 필요하다는 증빙서류를 제출하였을 경우에는 1년의 범위 안에서 휴직상태는 계속되는 것임.

– 다만, 1년의 범위 내에서 본인의 희망에 따라 기간(예 2019. 3. 1~2019. 8. 31)을 정하여 휴직을 명할 수 있으며, 이 경우에도 요양이 더 필요하다는 증빙서류를 제출하면 1년의 범위 안에서 휴직 가능함.

– 휴직기간(1년)을 초과하지 않는 범위 내에서 휴직기간을 연장하거나 복

직하였다가 재휴직도 할 수 있음.

- 복직 시에는 휴직사유의 소멸 여부를 파악하여 방학기간에 복직하였다가 다시 휴직을 반복하는 사례를 방지하여야 함.

► 질병휴직 신청 서류

• 휴직신청서: 소속, 직, 성명, 휴직사유, 휴직기간 등을 명시(직권으로 휴직을 명할 경우에는 제출받을 필요는 없으나 본인의 원에 의할 경우에는 필요한 서류를 징구할 수 있음)

• 휴직사유 입증서류: 의사의 진단서(의료법 제18조에 의하여 교부된 의사의 진단서) 또는 기타 휴직사유를 입증할 수 있는 서류

► 질병휴직 복직 절차

• 휴직자가 휴직기간 중 그 사유가 소멸되거나 더 이상의 휴직이 불필요한 경우 임용권자에게 이를 신고(복직원 제출)하여야 하며, 임용권자는 지체 없이 복직을 명함.

• 휴직자가 휴직기간의 만료로 30일 이내에 복귀신고를 한 때에는 당연 복직됨. 이 경우 복직일까지는 휴직기간으로 봄.

• 질병휴직 기간 중이라도 본인이 질병이 완쾌되었다는 증빙서류(진단서 등)와 함께 복직원을 제출하면 임용권자는 이를 근거로 정상적인 직무수행 가능 여부를 판단하여 복직 여부를 결정함.

사 례

Q. 휴직기간(1년)이 만료된 후 복직하여 정상 근무 중에 동일 질병이 재발하는 경우 휴직이 또 가능한가?

> 복직후의 근무가 완전하고 정상적인 상태로서 상당기간 지속되었다면 그 재발된 질병의 정도, 요양기간, 요양 후 정상적인 근무수행 여부 등을 종합적으로 판단하여 새로운 휴직을 부여할 수 있음. 다만, 복직 후의 근무상태가 불완전하고 비정상적인 상태여서 직무를 감당하기 못할 만한 지장이 있다고 판단될 때에는 직권면직함이 타당함.

Q. 1년간 질병휴직 후 근무 중에 병원 진료(정기적인 검사 및 진료)를 위해 병가를 사용할 수 있는지요?

> 휴직 조치후의 복직은 질병·부상의 완쾌 등 휴직사유의 소멸 시 가능하므로 휴직기간 만료 시 동일사유로 연속하여 일반병가를 허가할 수 없음. 다만, 휴직기간(1년)이 끝난 후 복직하여 정상 근무 중 동일 질병 또는 부상이 재발된 때에는 복직 후의 근무가 정상적인 상태로 상당기간 지속된 경우에만 일반병가를 허가할 수 있음.

Q. 공무원이 근무 중 사고로 인하여 다음과 같이 일반병가(60일), 미 사용연가(13일)를 모두 사용한 후 휴직기간 중에 공무원연금관리공단으로부터 공무상 요양 승인 결정 통보를 받은 경우 기 휴직처분을 취소하고 공무상 병가로 처리가 가능한지?

> 2016. 6. 11. 이후부터는 질병 휴직 기간 중에 공무상 요양 승인 결정 통보를 받은 공무원에 대하여는 당초의 휴직처분을 소급하여 취소하고 기 경과한 휴직기관을 공무상 병가기간으로 대체하되 공무상 요양 승인이 공무상 병가(180일), 일반병가(60일) 및 개인의 법정 연가일수(최고 23일)를 경과하여 결정된 경우에는 공무상 병가·일반병가 및 법정연가를 합산한 날이 경과한 날에 휴직처리가 가능함.
> 즉 위 사례의 경우 당초 휴직처분을 취소하고 2016. 12. 19.까지는 공무상 병가기간으로 대체하고 그 이후에도 질병이 완쾌되지 아니한 경우에 질병휴가로 처리하여야 함.

❑ 유학휴직 처리 요령

► 유학휴직 개요

- 휴직 사유: 학위취득을 목적으로 해외유학을 하거나 외국에서 1년 이상 연구 또는 연수하게 된 때
- 휴직기간: 3년 이내(학위취득의 경우 3년의 범위 안에서 연장 가능)
- 휴직의 횟수: 법정휴직 기간 내에 본인의 희망기간(예 6월, 1년 6월)에 따라 정하되 가급적 학기 단위로 휴직하도록 함.

► 유학휴직 신청 서류

- 휴직신청서: 소속, 직, 성명, 휴직사유, 휴직기간 등을 명시
- 휴직사유 입증 서류
  - 외국의 교육기관 또는 연수기관의 등록·입원 또는 입학증명서 등
  - 휴직자의 출·입국을 증명할 수 있는 출·입국 서류

– 기타 휴직사유를 입증할 수 있는 서류 등

► 유학휴직 복직 절차

• 휴직자가 휴직기간 중 그 사유가 소멸되거나 더 이상의 휴직이 불필요한 경우(학위의 조기 취득 등) 임용권자에게 이를 신고(복직원 제출)하여야 하며, 임용권자는 지체 없이 복직을 명함.

• 휴직자가 휴직기간의 만료로 30일 이내에 복귀신고를 한 때에는 당연 복직됨. 이 경우 복직일까지는 휴직기간으로 봄.

사 례

Q. 교사 ○○○이 학위 취득을 위하여 2017. 1. 1.~2018. 12. 31.(2년간)까지 휴직을 하였으나, 동 기간 중 논문이 완성되지 않아 휴직기간을 연장하고자는데 얼마나 휴직 연장이 가능한가?

4년(최초 휴직의 잔여기간 1년+연장 가능기간 3년)의 범위 내에서가 아니라, 3년의 범위 내에서만 연장 횟수에 제한을 두지 아니하고 연장이 가능함.

❑ **고용휴직 처리 요령**

► 고용휴직 개요

• 휴직사유: 국제기구·외국기관 또는 재외국민교육기관에 임시로 고용된 때

• 휴직기간: 고용기간

• 휴직의 횟수: 횟수에는 제한이 없음.

► 고용휴직 신청 서류

• 휴직신청서: 소속, 직, 성명, 휴직사유, 휴직기간 등을 명시

• 휴직사유 입증 서류

– 국제기구·외국기관 또는 재외국민교육기관에의 고용사실확인서 또는 고용계약서 등(재외주재 교육관 또는 교육원장<당해 지역을 관할하는 교육담당 영사>의 확인을 받아 제출)

– 휴직자의 출국 사실을 확인할 수 있는 출입국 확인서 등

– 기타 휴직사유를 입증할 수 있는 서류

▶ 재외주재 교육관 등의 확인을 받아 제출해야 하는 서류

- 고용계약서(휴직시): 주당 수업담당 예정시수 및 보수지급에 정액이 반드시 명시되어야 함.
- 경력증명서(복직시): 실제 담당한 주당 수업시수 및 보수지급액이 반드시 명시되어야 함(가능한 월별로 작성).
- 보수지급 증거자료(복직시): 경력증명서에 기재된 월별 보수 지급액을 확인 할 수 있는 증거자료의 사본 등
- 교원 수업시수 배당표 등(복직시): 경력증명서에 기재된 주당 수업시수를 확인할 수 있는 증거자료의 사본
- 기타: 이 외에 필요한 서류를 임용권자가 정하여 징구할 수 있음(임용권자는 재외주재 교육관 등의 확인을 받은 서류에 의해서만 휴직허가 및 경력인정 등의 조치를 취함).

▶ 복직 절차

- 휴직자가 휴직기간 중 그 사유가 소멸(해고 등)되거나 더 이상의 휴직이 불필요한 경우(취직 등) 임용권자에게 이를 신고(복직원 제출)하여야 하며, 임용권자는 지체 없이 복직을 명함.
- 휴직기간 만료 전에 휴직자가 휴직사유 소멸을 사유로 복직원을 제출한 경우 임용권자는 그 사실을 확인할 수 있는 서류를 징구할 수 있으며 그 것을 근거로 복직을 명할 수 있음.
- 휴직자가 휴직기간의 만료로 30일 이내에 복귀신고를 한 때에는 당연 복직됨. 이 경우 복직일까지는 휴직기간으로 봄.

▶ 고용휴직 처리시 유의 사항

- 고용휴직 중 고용기관의 사정으로 주당 5시간 이하의 수업을 담당하였을 경우에는 동 기간은 교육경력 및 호봉승급기간에 산입하지 아니함. 단, 주당 수업시수가 5시간 이하로 6개월 이상 계속될 경우는 휴직사유가 소멸된 것으로 간주하여 복직 조치하도록 함.
- 당초 계약과 달리 매월 일정액을 보수로 받지 않는 경우에도 교육경력 또

는 승급기간에 포함되지 않도록 하고, 무보수가 6개월 이상 계속될 경우 휴직사유가 소멸된 것으로 간주하여 복직 조치하도록 함.

- 임금을 받지 않고 학생을 교육하는 등 근로를 제공하는 행위는 고용계약이 아니므로 휴직 사유에 해당되지 않음.

❑ 육아휴직 처리 요령

► 육아휴직 개요

- 휴직 사유: 자녀(휴직 신청 당시 1세 미만인 자녀에 한함)를 양육하기 위하여 필요하거나 여교원이 임신 또는 출산하게 된 때
- 휴직 기간: 1년 이내(단, 여교원은 2년의 범위 내에서 연장 가능)
- 휴직 횟수: 휴직의 횟수에는 제한이 없음(단, 휴직기간 중 다른 자녀의 임신·출산·양육 등으로 계속 휴직을 하고자 할 때에는 복직 후 다시 휴직을 하여야 함).

► 육아휴직 신청 서류

- 휴직신청서: 소속, 직, 성명, 휴직사유, 휴직기간 등을 명시
- 휴직사유 입증 서류
  - 호적등본 또는 주민등록등본
  - 이혼자의 경우에는 양육권을 입증할 수 있는 서류
  - 임신 또는 출산의 경우에는 그 사실을 입증할 수 있는 서류(의료보험이 적용되는 병·의원 또는 한의원에서 발행하는 진단서 또는 출산 확인서)
  - 기타 휴직사유를 입증할 수 있는 서류

► 육아휴직 신청, 휴직기간 연장 및 재휴직

- 법정휴직기간 내에서 본인의 희망에 따라 기간(예 6월 또는 1년 6월)을 정하여 운영하되, 가급적 학기단위로 휴직할 수 있도록 함.
- 이 경우 휴직기간의 연장은 연장신청일 현재 자녀의 연령이 1세를 초과하여도 가능함.
- 임신을 사유로 휴직한 경우를 제외하고는 복직 후 재휴직은 불가함.

► 복직 절차

- 휴직자가 휴직기간 중 그 사유가 소멸되거나(유산, 양육대상 자녀의 사망 등) 더 이상의 휴직이 불필요한 경우 임용권자에게 이를 신고(복직원 제출)하

여야 하며, 임용권자는 지체 없이 복직을 명함.

- 임용권자는 2년 이상 휴직한 교원이 복직하고자 할 때에는 직무 연수를 받도록 조치하여야 함.
- 출산휴가와의 관계: 여자공무원의 경우 출산휴가 60일을 사용한 후 즉시 또는 일정 기간 근무하다 육아휴직 가능

► 육아휴직 업무 처리시 유의 사항

- 임용권자가 의무적으로 육아휴직을 허가 해야 하는 기간
  - 최초로 신청한 1년 이내의 기간(신청기간은 본인 결정)
- 육아휴직 기간 중 근속기간에 삽입되는 기간
  - 최초 휴직한 날로부터 역(曆)에 의한 방법으로 계산하여 1년이 도달하기까지의 기간 중 휴직기간
- 여교원의 육아휴직 가능 기간
  - 최초 1년 이내에서 가능하나 본인의 청원에 의하여 최초에 1년 미만의 기간을 휴직하였다면, 최초의 1년을 모두 사용한 것으로 간주하여 2년의 범위 내에서만 연장이 가능함(유학 휴직 적용과 동일).

사 례

Q. 육아휴직을 큰 아이 때 3년, 작은 아이 때 1년을 하여 총 4년을 한 경우 경력 인정은?

> 승진경력 평정에서 육아휴직의 경우 휴직사유별로 최초 1년 이내의 기간에 한하여 경력평정대상이 됨.

Q. 육아휴직 수당 지급 시 휴직일로부터 최초 1년 이내의 의미는?

> 출산한 자녀에 대하여 최초 휴직한 날로부터 휴직기간을 기준으로 1년 이내를 말함. 따라서 동일 자녀에 대하여 육아휴직(1년 미만) 후 복직하였다가 다시 육아휴직(잔여기간)한 경우나 육아휴직(1년) 후 휴직기간을 연장하는 경우(여교원)에는 최초 육아휴직일로부터 기산하여 휴직기간의 1년 범위 내에서 육아휴직수당을 지급함.

Q. '2001. 11. 1.부터 2001. 12. 31.까지 육아휴직하고 2002. 1. 1. 복직한 후 다시 2002. 3. 1.부터 2002. 12. 31.까지 육아휴직할 경우 수당 지급기간은?

> 지급기간이 최초 휴직한 날(2001. 11. 1)로부터 휴직기간을 기준으로 1년 이내이므로, 2001. 11. 1.부터 2001. 12. 31.까지 2월과 2002. 3. 1.부터 2002. 12. 31.까지 10월을 합산한 1년에 대하여 매월 30만원을 지급

Q. 담임교사의 출산휴가로 인해 기간제 교원을 임시 담임으로 임명하였을 경우 담임 수당은 누구에게 지급하는가?

> 휴가, 병가, 장기연수 중인 교사에게 담임교사를 면하게 하고, 대신 정담임교사(기간제 교사 포함)를 임명하여 같은 기간 중에 직무를 수행케 하였다면 새로 임명된 담임교사에게 담임업무수당 지급이 가능함.
> 그러나 해당 기간 동안 임시담임교사나 부담임교사로 지정되어 사실상 담임 업무를 수행한다 하더라도 이는 직무대리에 불과하므로 임시담임(부담임교사 포함)에게 동 수당을 지급할 수 없음.

❑ 국내 연수휴직 처리 요령

► 연수휴직 개요

- 휴직 사유: 교육부장관이 지정하는 국내의 연구기관이나 교육기관 등에서 연수하게 된 때
- 휴직 기간: 3년 이내
- 휴직 횟수: 법정 휴직기간을 초과하지 않는 범위 내에서 휴직기간의 연장 가능

► 연수휴직의 범위

- 휴직의 범위: 국내에 있는 교육기관에서 연수(학위취득 등)할 경우를 말하며, 연구기관이나 교육기관이라 함은 명칭에 관계없이 학술연구와 교육을 담당하는 모든 기관을 말함.
- 대학원에서 교육과정을 수료한 후 학위논문 작성을 위한 휴직은 불가
- 청원휴직을 위한 연구·교육기관에서의 박사후 연수과정 수행 시 휴직 가능
- 연구소나 대학원에서 연구원으로 활동하기 위한 사유는 불가

► 연수휴직 신청 서류
• 휴직신청서: 소속, 직, 성명, 휴직사유, 휴직기간 등을 명시
• 휴직사유 입증서류
  – 교육기관의 입학 또는 연수 확인서 등
  – 기타 휴직사유를 입증할 수 있는 서류

► 연수휴직 복직 절차
• 휴직자가 휴직기간 중 그 사유가 소멸(조기 학위취득 또는 연수목적 달성)되거나 더 이상의 휴직이 불필요한 경우 임용권자에게 이를 신고(복직원 제출)하여야 하며, 임용권자는 지체 없이 복직을 명함.

❑ 간병휴직 처리 요령

► 간병휴직 개요
• 휴직 사유; 사고 또는 질병 등으로 장기간의 요양을 요하는 부모, 배우자, 자녀 또는 배우자의 부모의 간호를 위하여 필요한 때
• 휴직 기간: 1년 이내(재직기간 중 총 3년 이내)
• 휴직 횟수: 휴직의 횟수에는 제한을 두지 않으나, 교육공무원으로 재직 중 총 휴직기간은 3년을 초과할 수 없음.
• 휴직 요건: 간병 대상자에 대하여 가족 중 1명만 휴직하도록 운영

► 간병휴직 신청 서류
• 휴직신청서: 소속, 직, 성명, 휴직사유, 휴직기간 등을 명시
• 휴직사유 입증서류
  – 호적등본 또는 주민등록등본(간호 대상자임이 나타나야 함)
  – 간호 대상자의 진단서
  ※ 진단서는 의료보험이 적용되는 병·의원 또는 한의원에서 발행하는 진단서를 첨부하면 됨.
  – 기타 간호 대상자와의 관계, 휴직사유 등을 입증할 수 있는 서류

알아둡시다!

동반휴직 인정 범위

교육공무원의 배우자가 공무원(파견, 연수), 사립학교 교원, 정부투자(출연)기관의 임직원, 외국환은행의 임직원, 상사의 해외지사 또는 사무소의 임직원, 정부파견 의사 및 언론기관 특파원으로 해외근무를 하게 된 때 또는 연수 및 학위 취득목적으로 해외유학을 하게 된 때 동반하는 배우자인 교육공무원

❏ 동반휴직 처리 요령

► 동반휴직 개요

- 휴직 사유: 배우자가 국외근무를 하게 되거나 제5호에 해당 하게 된 때
- 휴직 기간: 3년 이내(3년의 범위 내에서 연장 가능)
- 휴직 횟수: 3년 이내로 하되 총 휴직기간은 배우자의 국외근무, 해외유학, 연구 또는 연수기간을 초과할 수 없음.

► 동반휴직 신청 서류

- 휴직 신청서: 소속, 직, 성명, 휴직사유, 휴직기간 등을 명시
- 휴직사유 입증서류
  - 배우자의 해외근무 사실을 확인할 수 있는 인사명령서 등
  - 배우자의 가족관계를 확인할 수 있는 호적등본 또는 주민등록등본
  - 배우자의 해외연수를 확인할 수 있는 호적등본 또는 주민등록등본
  - 해외출국 사실을 확인할 수 있는 출·입국 증명서류 등

► 동반휴직 복직 절차

- 휴직자가 휴직기간 중 그 사유가 소멸되거나 더 이상의 휴직이 불필요한 경우 임용권자에게 이를 신고(복직원 제출)하여야 하며, 임용권자는 지체 없이 복직을 명함.
- 임용권자는 2년 이상 휴직한 교원이 복직하고자 할 때에는 직무연수를 받도록 조치하여야 함.
- 휴직자가 휴직기간의 만료로 30일 이내에 복귀신고를 한 때에는 당연 복직됨. 이 경우 복직일까지는 휴직기간으로 봄.
- 배우자 동반휴직 사유에 배우자의 학위취득 목적의 해외유학과 해외기관

임시고용의 사유도 포함

❑ 노조전임자 휴직 처리 요령

► 노조전임자 휴직 개요

• 휴직 사유: 노동조합 전임자로 종사하게 된 때
• 휴직 기간: 전임 기간

► 휴직 신청 서류

• 휴직신청서: 소속, 직, 성명, 휴직사유, 휴직기간 등을 명시

※ 전임자 허가조건, 허가기간 등을 감안하여 임용권자는 직권으로 휴직기간 등을 변경하여 허가할 수 있음.

► 휴직 처리 요령

• 휴직신청서를 제출받아 전임자 허가 및 휴직처리를 병행하여 처리토록 함 (휴직신청서를 전임자허가신청서로 봄).
• 휴직의 횟수, 휴직기간의 연장 및 재휴직은 따로 교육부장관이 정하는 바에 따름.

► 노조전임자 복직 절차

• 원칙적으로 전임자는 휴직기간 만료 이전에 복직 불가
• 휴직기간 중 전임자 허가가 취소되거나 기타 임용권자의 복직 허가가 있는 경우에 휴직자는 임용권자에게 이를 신고(복직원 제출)하여야 하며 임용권자는 지체없이 복직을 명함.
• 휴직자가 휴직기간이 만료되어 30일 이내에 복귀신고를 한 대에는 당연 복직됨. 이 경우 복직일까지 휴직기간으로 봄.

5 교원의 경력 평정

❑ 경력 평정

► 평정의 기초 및 시기

- 평정의 기초: 당해 교육공무원의 인사기록 카드
- 평정의 시기: 내년 12월 31일 기준

► 경력 및 등급별 평정점

구 분	등 급	평정 만점	근무기간 1월에 대한 평정점	비 고
기본경력 (20년)	가 경력 나 경력 다 경력	84.00 74.00 64.00	0.3500 0.3083 0.2666	• 경력의 평정점은 소수점 이하 넷째 자리에서 반올림하여 셋째 자리까지 계산 • 기본경력 20년, 초과경력 5년인 경우에는 각각 만점으로 계산
초과경력 (5년)	가 경력 나 경력 다 경력	6.00 5.00 4.00	0.1000 0.0833 0.0666	

► 경력 기간 계산

- 휴직, 직위해제 또는 정직기간은 평정에서 제외하고, 월수 단위로 계산함(15일 이상은 1월로, 15일 미만은 버림).
- 평정대상 휴직
  - 10할 평정: 공무상 질병휴직, 병역휴직, 법정의무수행휴직, 최초 1년 이내의 육아휴직, 상근 고용휴직(주당 15시간 이상), 노조전임 휴직, 징계처분이 무효 또는 취소된 경우의 직위해제기간, 형사사건이 무혐의로 판결났을 경우의 직위해제 기간

  ※ 임용 전 병역의무 수행기간은 3년의 범위 내에서 인정

  - 5할 평정: 유학휴직, 비상근 고용휴직(주당 6~14시간), 교육부장관이 지정하는 연구기관이나 교육기관에서 연수한 기간

▶ 평정대상 경력의 종별과 그 등급

직 위	등 급	경력 종별
교 감	가 경력	1. 각급 학급 교장 또는 교감의 경력 2. 장학관, 교육연구관, 장학사 또는 교육연구사의 경력
	나 경력	1. 각급 학교 교사(전임강사 이상의 대학교원 및 중학교 또는 고등학교 졸업이 인정되는 사회교육시설에서 동 등급 교원 자격증을 가지고 학생을 지도한 경력 포함)의 경력 2. 교원부장관이 지정하는 법인인 교육연구기관에서 당해 직위와 상응한 직무를 담당한 경력 3. 교육공무원으로 임용되기 전에 병역법 그 밖의 법률에 의한 의무를 수행하기 위하여 징집 또는 소집되거나 근무한 경력
	다 경력	임용권자가 임용하여 전임으로 근무한 강사(대학의 전임강사를 제외한다) 또는 기간제교원(임시교원 포함) 경력
교 사	가 경력	1. 각급 학교 교장·교감 또는 교사(전임강사 이상의 대학교교원 및 중학교 또는 고등학교 졸업학력이 인정되는 사회교육시설에서 동 등급 교원자격증을 가지고 학생을 지도한 경력 포함)의 경력 2. 장학관, 교육연구관, 장학사 또는 교육연구사의 경력 3. 교육공무원으로 임용되기 전에 병역법 그 밖의 법률에 의한 의무를 수행하기 위하여 징집 또는 소집되거나 근무한 경력
	나 경력	임용권자가 임용하여 전임으로 근무한 강사 또는 기간제 교원(임시교원 포함)의 경력

▶ 총경력제의 적용

• 경력평정 기간 중 일시퇴직 기간, 즉 휴직 등이 있으면 그 기간을 제외하고 경력평정 시점으로부터 경력평정 기간이 충족되는 시점(즉 25년)까지 도달하여 평정함(예 실교육경력 22년, 임용전 군 의무복무 경력 3년일 경우, 실교육경력만으로는 25년을 충족시키지 못하므로 임용 전 군경력을 경력기간에 포함하여 평정함).

근무성적의 평정점=(최근1년 이내에 평정한 평정점×60/100)+(최근 1년전 2년 이내에 평정한 평정점×40/100)

사 례

Q. 3년간 징집(또는 소집)에 의한 군 의무복무를 한 후 개인사업을 하다가 교육공무원으로 임용되어 교육경력이 22년인 경우의 경력 평정 방법은?

개인사업 기간을 빼고 군 의무복무 기간을 포함하여 평정함.
[경력평정 기간: 22년+3년=25년]

Q. ROTC 장학생으로 군복무기간이 4년 4개월(의무복무 2년 4개월 + 가산근무기간 2년)인 경우 2년의 가산근무기간을 '가'경력으로 하여 임용전의 군 경력으로 평정할 수 있는가?

임용 전의 군 경력은 병역법에 의해 징집 또는 소집되어 근무한 기간(2년 4월)만을 승진경력으로 산입함. 따라서 ROTC 장교로 복무한 경력 중 가산복무기간(2년)은 병역의무를 수행하기 위하여 '징집'된 기간이 아니라 당사자의 지원에 따라 군 인사법에 의해 현역으로 임용되어 복무한 기간이므로 경력 산입이 불가함.

Q. 공무원으로 근무 중 야간대학을 졸업한 후 교육공무원으로 임용되었을 때 대학 4년간의 공무원 경력 인정은?

공무원보수규정 별표22의 비고3호에 의하여 「학력과 경력이 중복되는 경우에는 그 중 1개만 산입한다」로 되어 있는 바 공무원 근무경력과 야간대학의 학력이 중복되는 기간은 그 중 1개만 산입함.

❑ 근무성적 평정

► 평점의 기준

• 근무실적, 근무수행 능력, 근무수행 태도

► 평정의 시기 및 기간

• 평정의 시기: 매년 12월 31일 기준

• 평정의 기간: 당해 연도(1. 1~12. 31)

► 평정점의 분포 비율

평어	평정점	분포 비율(%)	비고
수	72점 이상	20	'양'의 비율은 '미'의 비율에 포함할 수 있음. 단, '양'의 경우 6개월간 승급 제한
우	64점 이상~72점 미만	40	
미	56점 이상~64점 미만	30	
양	56점 미만	10	

► 근무성적 평정의 예외

- 휴직·직위해제, 기타 사유로 평정 단위연도의 전 기간 미 근무자. 단, 1일이라도 근무 시는 평정함.
- 2월 이상 교육기관, 교육행정기관 또는 교육연구기관의 다른 직위를 겸임하거나 연수 외의 사유로 교육기관, 행정기관 또는 교육연구기관에 파견하게 된 경우 겸임기관 또는 파견되는 기관의 의견을 반영하여 평정
- 신규채용 또는 승진 임용된 경우: 2월이 경과한 후의 최초 정기평정일에 평정(예 11월 1일에 신규채용 또는 승진 임용된 경우 당해 연도 평정에서 제외)
- 교육공무원이 평정 단위연도의 전기간을 연수나 교육기관·교육행정기관 또는 교육연구기관 이외의 기관에 파견으로 인하여 근무성적을 평정할 수 없을 때에는 직무에 복귀한 후 최초의 정기평정이 있을 때까지 파견 전 2회의 근무성적 평정의 평균을 당해 교육공무원에 대한 평정으로 갈음함.
- 한국교원대 연수파견 2년차 대상자는 근무평정에서 제외

► 근무성적 평정 요령

- '평정점의 분포 비율 및 인원 배정'과 '근무성적 조정점'은 교육공무원승진규정을 참조하여 평정
- 평정점은 급간에 유의하여 특별한 사유가 없는 한 동일하지 않게(동점자가 없도록) 함.
- 평정의 공개여부: 비공개
- 평정결과의 활용: 승진·전보·포상 등 인사관리에 반영
- 승진후보자 명부 작성 시 근무성적 평정점 산출
  - 근무성적의 평정점은 명부의 작성 기준일로부터 2년 이내에 당해 직위

에서 평정한 평정점을 대상으로 하여 다음 계산방식에 의하여 산정

- 교육공무원승진규정에 의한 근무성적 평정점을 계산함에 있어 소수점 이하는 넷째 자리에서 반올림하여 셋째 자리까지 계산
- 평정대상 기간 중 평정점이 없는 평정단위 연도가 있을 때에는 평정단위 연도의 전·후에 평정한 평정점의 평균을 그 평정 단위 연도의 평정점으로 함. 이 경우 평정점이 없는 평정단위 연도 전의 평정점이 없을 때에는 55점으로 함.

<조건> 최근 1년전 2년 이내의 평정점 : 없음 최근 1년 이내 평정점 : 70점 <평정방법> • 최근 1년전 2년 이내의 근무성적이 없기 때문에 단위 연도 전·후에 평정한 평정점의 평균을 산출 : (55점+70점)÷2×0.4=25점 ※ 평정단위 연도 전의 평정점이 없는 경우 : 55점으로 함 • 최근 1년 이내의 평정점 : 70점×0.6=42점 [승진후보자 명부에 반영될 근무성적 평정점 : 67점]

6 교원의 연수 평정

❑ 연수성적 평정 I (교육성적)

▶ 평정의 시기

- 정기평정: 매년 12월 31일 기준
- 비정기평정: 승진후보자 조정 시기

▶ 연수성적 평정: 교육성적(직무연수+자격연수)과 연구실적

• 조건: 개학 2월 3일, 연수기간: 3주(20일) A원격연수 종료일: 2월 6일 B원격연수 종료일: 2월 12일인 경우 • 계산 방법: 잔여기간이 짧은 A원격 연수의 1/4인 8일 이하 이므로 두 강좌 모두 인정

계산 방식 : 6점×직무연수성적/만점
예시 : 최근 10년 이내 이수한 직무연수 성적 최고점이 95점인 경우
6점×95점/100점=6점×0.95점=5.70점

계산 방식 : 6점×직무연수성적/만점+6점×직무연수횟수(2회에 한함)
예시 : 최근 10년 이내 이수한 직무연수 3회 성적이
98점, 95점, 92점인 경우
6점×98점/100점+[6점×직무연수2회]=5.88점+12점=17.88점

▸ 직무연수 평정

- 직무연수 평정 대상: 당해 직위('가'경력에서 이수한 직무연수)에서 최근 10년 이내에 이수한 60시간 이상의 직무연수성적 및 직무연수이수실적을 대상으로 함(120시간, 180시간 이상의 직무연수도 1회로 간주).
- 직무별 직무연수 인정 범위
  - 교 : 최근 10년 이내 이수한 60시간 이상의 직무연수
  - 교감: 교감 승진 임용 이후에 이수한 60시간 이상의 직무연수 성적
  - 교육전문직 경력이 있는 교감: 교감 자격 취득 여부와 관계없이 교육전문직 직위에서 이수한 60시간 이상의 직무연수
- 직무연수성적 평정점 계산 방식
  - 교장, 장학관, 교육연구관 승진후보자 및 교장 자격연수 대상자
  - 교감 승진 후보자 및 교감 자격연수 대상자

※ 매년 12월 31일 기준으로 10년 경과한 직무연수는 제외

▸ 교원 직무연수 중복 인정 기준

▸ 교원 직무연수 중복 수강 인정 범위

- 평일: 원칙적으로 1강좌만 수강할 수 있으나 부득이한 경우 다음의 범위 내에서 중복 인정(원격연수와 집합연수의 중복시 연수기간이 짧은 것을 기준으로 연수기간의 1/4 이하인 경우에는 인정)

  예 원격연수 3주, 출석연수 2주(10일)의 경우 중복 허용 기간은 2일임(연수기간 10일의 1/4은 2.5일이므로 허용기간은 2일).

• 평일: 1강좌만 수강할 수 있음. • 방학: 2강좌까지 수강할 수 있음. 2강좌 예시: 원격연수+원격연수, 원격연수+출석연수 ※ 출석연수의 중복(출석+출석)은 어떠한 경우(평일, 방학)에도 불가

- 방학 : 2강좌
  - 출석연수의 중복은 허용되지 않음.
  - 원격연수+원격연수, 원격연수+출석연수의 중복은 허용됨.
- 방학 중 2강좌 적용 사례
  - 방학 중 2강좌를 수강할 수 있다 함은 어느 한 시점에서 2개의 연수 과정이 중복되면 1개 과정은 불인정
  - 원격연수 60시간 2강좌를 수강하였으나 1강좌는 방학기간 내에 종료되고, 1강좌는 개학 후에도 계속되는 경우는 인정
  - 원격연수 60시간 2강좌를 수강하였으나 2강좌 모두 방학기간 내에 종료되지 않고, 개학 전후를 포함하여 2강좌를 수강해야 하는 경우 방학기간외 연수 잔여기간 짧은 것을 기준으로 연수기간의 1/4 이하인 경우에는 인정

► 자격연수 평정

- 평정대상 자격연수성적
  - 교장 승진후보자 명부: 교장자격연수 성적
  - 교감 승진후보자 명부: 교감자격연수 성적
  - 교감자격연수 대상자 지명을 위한 순위명부: 1급정교사, 전문 상담교사, 1급 정교사 취득 후의 사서교사 자격연수 성적
- 자격연수 계산 방식: 승진대상자 직위와 가장 관련 깊은 연수(30일 이상, 이수시간 180시간 이상)

사 례

Q. 부전공자격연수 성적을 교감자격연수 대상자 명부 작성시 자격 연수 성장으로 평정 가능한가?

> 교감자격연수 대상자 지명을 위한 순위명부 작성 시 교육연수성적 평정대상 자격연수 성적은 1급 정교사, 전문상담교사 또는 1급 정교사 자격증 취득 후의 사서교사 자격연수성적이므로 부전공자격연수 성적은 평정 대상이 아님.

Q. 1급 정교사 자격취득 후 석사학위를 취득한 경우 대학원 이수 성적을 1급 정교사 자격연수 성적으로 대체할 수 있는가?

> 자격연수 성적은 「1급 정교사, 전문상담교사 또는 1급 정교사 자격증 취득 후의 사서교사 자격연수 성적」으로 정하고 있어 자격연수 성적으로 평정 불가

Q. 교육대학원에서 석사학위로 1급 정교사 자격을 취득하고 전문상담교사 자격연수 성적을 승진을 위한 자격연수 성적으로 사용하였다면 석사학위 취득실적은 연구실적으로 평정 가능한가?

> 자격연수성적 평정 시 전문상담교사 자격연수 성적을 자격연수 성적으로 평정받는다면 석사학위 취득 실적은 연구실적으로 평정 가능함.

9점－(자격연수성적 만점－자격연수성적)×0.05

❑ 연수성적 평정Ⅱ(연구실적)

► 평정의 시기

• 정기평정: 매년 12월 31일 기준

• 비정기평정: 승진후보자 조정 시기

► 평정대상 실적: '당해 직위' 또는 '전직 이전의 직위'에서 연구대회 입상 및 학업취득 실적(연구대회 실적은 1년에 1회의 입상실적에 한하여 평정)

※ 입상등급이 없거나 등급을 구분할 수 없을 때에는 3등급으로 봄.

► 연구대회 입상 등급별 평정점

등급	전국 규모	시·도 규모		비 고
		1997. 7. 9 이후	1997. 7. 8 이전	
1등급	1.00	0.500	0.500	공동작: 2인(7할), 3인(5할), 4인 이상(3할) 1997. 7. 8. 이전에 입상한 공동연구: 10할
2등급	0.75	0.375	0.250	
3등급	0.50	0.250	0.125	

※ 입상등급이 없거나 등급을 구분할 수 없을 때에는 3등급으로 봄.

► 학위취득 실적 평정점: 연구실적 총점 3점 중 2점을 초과할 수 없음

석(박)사	직무관련 학위	1점(2점)	• 2개 이상의 석사학위: 2005년 2학기 입학자부터는 인정하지 않음. • 석사학위 취득에 이미 사용되었던 학점의 일부를 중복 인정받아 석사학위를 취득한 실적은 연구실적 평정대상으로 할 수 없음.
	기타의 학위	0.5점(1점)	

► 연구실적의 2중 평정 금지

• 자격연수 성적으로 평정한 석사학위 취득 논문은 평정대상에서 제외

► 석사학위에 대한 연구 실적 평정

• 편입학 석사 학위: 연구실적 평정 대상으로 인정할 수 없음.

• 당해 직위에서 2개의 석사학위 취득의 경우

 – 원칙: 당해 직위에서 취득한 1기 석사학위만을 평정대상으로 함.

 – 예외: 2005년 1학기 이전에 대학원에 입학한 자까지는 2개의 석사학위를 평정대상으로 인정하고, 2005년 2학기 입학자부터는 1개 석사학위만 평정대상으로 함.

- 교육전문직 경력이 있는 교감: 교감자격증을 받은 후의 실적
- 교육전문직: 교감·교육전문직 직위에서의 실적
- 초등교사에서 중등교사로 전직한 자: 초등학교 재직 시의 입상실적도 포함.

사 례

Q. 교사로 임용 전 취득한 석사, 박사 학위는 연구실적으로 평정 가능한가?

동 규정 제35조 규정에 의해 당해 직위나 전직된 경우 직전의 직위에서 취득한 학위를 연구실적으로 평정하고 있으므로 임용 전 학위취득은 평정의 대상이 안 됨.

Q. 평정 대상자가 교감(전문직)인 경우 전직 또는 승진 전 교사 직위에서 취득한 석사학위와 동일 전공의 석사학위를 취득한 경우 연구실적으로 평정할 수 있는가?

당해 직위에서 동일 전공으로 석사학위를 취득한 경우 중복평정을 방지하기 위하여 연구실적 평정 대상에서 제외함. 따라서 승진 또는 전직한 후에 교사 직위에서 취득한 것과 동일한 전공의 석사학위를 취득할 경우 평정 대상에서 제외함.

Q. 교육대학원 학칙에 의거 논문은 쓰지 않고 논문에 상응하는 학점을 이수하여 취득한 석사학위를 연구실적으로 평정할 수 있는가?

학위취득 실적 평정은 교육공무원이 당해 직위에서 취득한 학위를 대상으로 하므로 관련 법령과 대학원 학칙에 따라 적법한 절차를 거쳐 취득한 학위는 평정 대상이 됨.

❑ 연구대회 입상작품수 결정 요령

► 입상작품수 산정비율: 최종 출품작품수의 40% 이내.

심사대상	입상대상 작품수	비율	입상대상 여부
655개 작품	261	39.8473%	해당
	262	40.0000%	해당
	263	40.1527%	해당 안됨(40% 초과할 수 없음)

▸ 등급별 입상작품수 조정

• 조정입상작품수(B)의 합계는 입상작품수(A)와 같아야 함: [예시 1~4]

• 소수점 이하 작품수가 같을 경우: [예시 2]

⇒ 상위 등급의 입상작품수를 올림. 즉 1, 3등급 중 1등급을 올림.

• 소수점 이하 작품수가 다를 경우: [예시 1, 3, 4]

⇒ 소수점 첫째 자리에서 반올림하여 입상작품수를 결정

예시구분	입상작품수(A)	등급	등급별 입상작품수	조정입상작품수(B)
예시 1	262	1	43.6667	44
		2	87.3333	87
		3	131	131
		계	262	262
예시2	261	1	43.5	44
		2	87	87
		3	130.5	130
		계	261	261
예시 3	260	1	43.3333	43
		2	86.6667	87
		3	130	130
		계	260	260
예시 4	259	1	43.1667	43
		2	86.3333	86
		3	129.5	130
		계	259	259

사 례

Q. 연구대회 입상편수는 최종 출품 작품수의 40% 이내가 되어야 하는바, 작품을 제작·발표하는 과학전람회와 교육자료전의 경우에는 최종출품 작품을 완성, 제출받아 심사하여 입상작을 선정할 경우 상당한 시간과 노력, 비용의 낭비가 예상되므로 결과보고서

(작품설명서)를 '최종출품작'의 개념으로 볼 수 있는가?

> 교육공무원인사관리규정 제9조 제2항 제1호의 규정에서 '최종출품작품'이라 함은 최종 연구작품이나 논문을 제출하여 최종적으로 심사대상에 포함된 경우를 말하며, 작품을 제작, 발표하는 과학전람회 및 교육자료전의 경우 결과물은 결과보고서(작품설명서)와 과학작품(연구과정 및 결과 전시물, 설명표 등)으로 구성되며 '과학작품'을 최종출품작품으로 보아야 함.

Q. 보고서를 심사한 후 40%를 입상자로 선정하고, 수업심사를 거쳐 1:2:3의 입상비율을 정하는 수업연구대회 운영에서 최종 출품 작품수의 개념은?

> 최종출품작품수라 함은 연구작품이 최종적으로 심사 대상에 포함된 경우의 작품수를 말함. 대회운영계획에서 '수업실사'를 입상비율 결정을 위한 심사단계에 포함하여 계획하였다면 '수업실사' 심사과정에 포함된 작품수를 최종출품작품수로 산정하는 것이 차당함. 다만, 대회의 효율적 운영 등을 위해 보고서를 심사한 후 40%를 입상자로 선정하고, 수업실사를 거쳐 1:2:3의 입상비율을 정하는 방식으로 운영하기 위해서는 입상비율 조정에 관하여 인정권자의 승인(교육공무원인사관리규정 제9조제2항제1호 단서규정)이 필요함.

Q. 연구계획 수립·연구 연도와 입상 연도가 다를 경우나 연구 연도와 수상 연도가 다를 경우 평정 기준은?

> 입상(수상) 연도를 기준으로 평정함.

7 교육공무원 가산점 평정

❑ 가산점 평정

► 가산점 평정의 기준

• 당해직위 및 전직의 직위에서 취득한 가산점

단. 1997. 12. 31.까지는 종전의 규정에 의하여 가산점 인정

• 동일한 평정기간 중의 중복경력은 그 중 유리한 경력 하나만을 인정

- 가산점의 평정경력 기간은 월수 단위로 계산하되, 15일 이상은 1월로 계산하고, 15일 미만은 이를 계산하지 아니함.
- 가산점 평정의 경우 승진규정의 휴직, 직위해제, 정직기간을 제외한 잔여기간만 계산함.
- 전문직 경력이 있는 교감: 교감 자격증 취득 후의 가산점

► C도교육공무원 가산점 평정규정(2013. 12. 29)

순	구분	평정 가산점	월평정점	상한점	비 고
1	공통 가산점	교육부 지정 연구학교 (시범·실험학교 포함) 근무경력	0.021	1.25	상한점: 선택가산점 제7항과 관련
2		재외국민교육기관 파견 근무경력	0.021	1.25	1997. 12. 31.까지의 상한점 0.75점
3		직무연수 이수 실적	학점당 0.010	1.00	• 1년당 상한점: 0.04점(15시간당 1학점) • 1998. 1. 1. 이후의 실적부터 적용

① 공통가산점 합계				3.50	
1	선택 가산점	보직교사 경력	0.021	1.75	1997. 12. 31.까지의 상한점 1.25점
2		장학사·교육연구사 경력	0.021	1.25	1997. 12. 31.까지의 상한점 1.25점
3		도서·벽지 근무경력 (교육기관 또는 교육행정기관)	㉮~㉱ 지역별	3.00	• 지역별 가산점 ㉮지역 월0.125점, ㉯지역 월0.096점 ㉰지역 월0.067점, ㉱지역 월0.038점 • 1997. 12. 31. 이전 경력은 종전 규정 적용 (상한점 5점) • (기본점수 2점+부가가산점 3점)

<table>
<tr><th>순</th><th>구분</th><th colspan="2">평점 가산점</th><th>월평 정점</th><th>상한점</th><th colspan="2">비고</th></tr>
<tr><td rowspan="3">4</td><td rowspan="17">선택 가산점</td><td rowspan="2">농어촌교육진흥학교 근무경력</td><td>유·초·중등</td><td>0.015</td><td rowspan="3">2.00</td><td colspan="2">※ 2003. 2. 28.까지 적용</td></tr>
<tr><td>초등</td><td>가~다 급지별</td><td colspan="2">가급지 월 0.015점, 나급지 월0.012점, 다급지 월 0.010점
※ 2003. 3. 1.부터 적용</td></tr>
<tr><td>지역사회학교 근무경력</td><td>중등</td><td>Ⅰ~Ⅳ급지별</td><td colspan="2">Ⅰ급지 월0.015점, Ⅱ급지 월0.012점, Ⅲ급지 월0.010점, Ⅳ급지 월0.008점
※2003. 3. 1.부터 적용</td></tr>
<tr><td>5</td><td colspan="2">한센병환자자녀학교(학급) 근무경력</td><td>0.021</td><td>1.25</td><td colspan="2"></td></tr>
<tr><td rowspan="3">6</td><td colspan="2">특수학교 근무경력</td><td>0.021</td><td rowspan="3">1.25</td><td colspan="2">근무교원</td></tr>
<tr><td colspan="2">특수학급 담당경력</td><td>0.0105</td><td colspan="2">특수학급 담임</td></tr>
<tr><td colspan="2">통합교육수행 협력학교 근무경력</td><td>0.005</td><td colspan="2">• 특수학급 설치교의 원적학급 담임
• 협력학교 교과담임(연간 34시간 이상)</td></tr>
<tr><td rowspan="3">7</td><td colspan="2">도 지정 연구학교 유공경력</td><td>0.010</td><td rowspan="3">1.25</td><td colspan="2" rowspan="3">교육부 지정 연구학교 가산점을 포함한 상한점: 1.25점</td></tr>
<tr><td colspan="2">시·군 지정 연구학교 유공경력</td><td>0.005</td></tr>
<tr><td colspan="2">도 지정 교육실습 협력학교 근무경력</td><td>0.005</td></tr>
<tr><td rowspan="2">8</td><td colspan="2">국가기술자격</td><td rowspan="2">인정 급수 1~3급</td><td rowspan="2">0.75</td><td colspan="2" rowspan="2">1급: 0.75점, 2급: 0.50점, 3급: 0.25점
※ 최상위 점수 1개만 적용</td></tr>
<tr><td colspan="2">본도 교육공무원 정보소양인증제</td></tr>
<tr><td rowspan="3">9</td><td rowspan="3">학력증진·생활지도 유공실적</td><td>학력신장·생활지도 유공경력</td><td>0.010</td><td rowspan="3">1.00</td><td>※ 2004. 2. 29.까지의 유공경력</td><td rowspan="3">연중 1개만 인정</td></tr>
<tr><td>가산점 부여 대상 연구대회</td><td>1~3등급별</td><td>1등급: 0.20점, 2등급: 0.18점, 3등급: 0.15점</td></tr>
<tr><td>기숙학생 사감지도 실적</td><td>0.015</td><td>연간 0.15점(상한점 0.75점)</td></tr>
<tr><td>10</td><td colspan="2">학교 정보·전산업무 담당경력 (종합정보관리시스템관리경력)</td><td>0.010</td><td>0.50</td><td colspan="2">학교별(본교, 분교) 실무책임자</td></tr>
<tr><td>11</td><td colspan="2">TOEIC 점수</td><td>○</td><td>0.75</td><td colspan="2">• 900점 이상 0.75점
• 50점 이상 0.50점
• 750점 이상 0.25점
※ 최상위점 1개만 적용</td></tr>
<tr><td colspan="4">② 선택가산점 합계</td><td></td><td>14.75</td><td colspan="2"></td></tr>
</table>

► 도서벽지 경력 가산점

• 공립학교별 도서벽지 지역 적용 기간을 정함

► 농어촌교육진흥학교 및 지역사회학교 근무경력 가산점

• 적용 기간 및 대상

구분	농어촌교육진흥학교 근무경력			지역사회학교 근무경력
적용 기간	1995. 3. 1.부터 1997. 12. 31.까지	1998. 1. 1.부터 2003. 2. 28.까지	2002.4.4.부터 2003. 2. 28.까지	2003. 3.1.부터~
적용 대상	학교 소재지역 실거주자	해당학교 근무교원 전원	해당학교 근무교원전원 ※추가(신규) 지정학교 • [중 77교, 고 26교]	[I ~ IV급지별] 해당 학교 근무 교원 전원
비고	지역사회학교와 농어촌교육진흥학교 근무경력 가산점의 합: [상한점 2.00점]			

※ 타 시·도에서의 농어촌진흥학교 경력은 불인정

► 지역사회 근무경력 급지별 대상학교(C 교육청의 경우)

급지	대 상 학 교
I 급지	2002. 3. 31. 이전에 지정된 농어촌교육진흥학교 및 2001. 1. 1.자로 도서·벽지학교에서 해제된 학교 중 태안군 소재학교
II 급지	면 지역학교(도농통합시의 면 지역 포함)
III 급지	읍 지역 학교(도농통합시의 읍지역 포함)
IV 급지	위의 I ~ III 급지 이외의 학교(시 지역도 포함)
비 고	• 충남계룡출장소 관할지역 내 중·고등학교(용남중, 엄사중, 용남고): III 급지 적용 • 적용 기간: 2003. 3. 1.~2004. 2. 28.(1년간) • 계룡시 소재 학교: 2004. 3. 1.부터 IV급지 적용(행정구역 변경)

► 국가기술자격법에 의한 자격증 소지자 적용 대상 및 가산점

적용항목	대상자격	가산점
가. 기술·기능·서비스 분야 국가기술자격 및 해기사 면허	• 국가기술자격 1급 해당자(기술사, 기능장, 기사, 산업기사, 전문사무, 해기사면허 1~3급, 워드프로세서 1급, 컴퓨터활용능력 1급)	0.75
	• 국가기술자격 2급, 해당자(기능사 2급, 해기사면허 4급 이하 및 소형선박조종사, 워드프로세서 2급, 컴퓨터활용능력 2급)	0.50
	• 국가기술자격(서비스 분야) 3급 해당자(워드프로세서 3급, 컴퓨터활용능력 3급)	0.25
나. 본도 '교육 공무원 정보 소양인증제'	• 정보소양인증 1급	0.75
	• 정보소양인증 2급	0.50
	• 정보소양인증 3급	0.25

다. 기술·기능·서비스 분야 국가 기술 자격증인 기술사, 기능장, 기사, 산업기사, 전문사무, 기능사 자격증 또는 선박직원법 제5조의 규정에 의한 해기사 면허증(또는 소형선박조종사자격증)을 취득한 실과담당교사로서 실업계고등학교(실업계학과를 설치하여 실업교육을 담당하는 고등학교 포함)에서 1년 이상 근무한 경력이 있는 경우에 가산점 부여

라. 서비스분야 국가기술자격 중 워드프로세서, 컴퓨터활용능력 자격증과 본도에서 시행하는 정보소양인증제 인증급수를 취득한 경우에 취득자 모두에게 가산점 부여[단, 워드프로세서, 컴퓨터활용능력 자격증 이외의 서비스 분야 기사, 산업기사, 기능사 국가기술자격증으로 정보소양인증 등급을 무시험검정으로 부여받은 경우는 실과담당교사에 준하여 적용]

※ 무시험검정에 의한 정보소양 등급은 당해직위에서 취득한 국가기술자격에 의해 부여받은 등급만 인정

마. 국가공인 민간자격은 공인관련 중앙행정기관에서 관련법규에 따라 구체적으로 명시한 경우 또는 개별 법령을 통하여 국가기술자격에 상응하는 가산점 부여가 명시된 경우에 한하여 해당 국가기술자격에 준하는 가산점 부여

► 가산점의 중복 허용 범위(중등)

중복경력 중 유리한 경력 하나만 가산점 인정
① 보직교사 근무경력+한센병 환자 자녀 학급 담당 경력 ② 보직교사 근무경력+통합교육 학급 담당 경력 ※ 보직교사 근무경력과 특수학급 직접 담당경력은 중복평정 금지조항에서 삭제됨. ③ 장학사·교육연구사 경력+도서·벽지에 있는 교육기관 근무경력 ④ 도서·벽지학교 근무경력+한센병 환자 자녀 학급 담당 경력 ⑤ 도서·벽지학교 근무경력+특수학교 근무 또는 특수학급(또는 통합교육을 위한 학급) 담당 경력 ⑥ 한센병환자 자녀학급 담당 경력+특수학급(또는 통합교육 학급) 담당 경력 ⑦ 농어촌학교 근무경력(지역사회학교 근무경력)+도서·벽지학교 근무 경력 ⑧ 농어촌학교 근무경력(지역사회학교 근무경력)+한센병환자 자녀학급 담당 경력 ⑨ 농어촌학교 근무경력(지역사회학교 근무경력)+특수학교 근무 또는 특수학급 ⑩ 연구학교(시범·실험학교 포함) 유공 경력+교육실습협력학교 유공 경력 ⑪ 기숙학생 사감 지도 경력+부장교사 경력 ⑫ 가산점 부여 연구대회 실적+기숙학생 사감 지도 경력

사 례

Q. 정식으로 발령받기 전에 강사로 벽지에서 근무한 벽지점수도 승진점수에 반영할 수 있나요?

기간제교원의 직위에서 산정된 가산점은 '승진평정대상'이 됨.

Q. 면소재지의 중학교에서 한센병 환자 자녀학급의 담임교사로 재직했을 때 가산점 적용은 어떻게 되나요?

중복경력 중 유리한 경력 하나만 가산점으로 인정하기 때문에 지역사회학교 근무경력과 한센병환자 자녀학급 담당 가산점 중 본인에게 유리한 것 하나만 인정함.

❑ 교원 포상

► 상훈 종류: 훈장, 포장, 표창

► 퇴직 교원의 포상

• 퇴직 교원 훈격 결정 기준: 재직연수

• 훈장의 훈격

구분	옥조(5등급)	녹조(4등급)	홍조(3등급)	황조(2등급)	청조(1등급)
재직 년수	33년 이상~ 36년 미만	36년 이상~ 38년 미만	38년 이상~ 40년 미만	40년 이상	대학총장 경력자 특별 추천

• 포장의 훈격

– 근정포장: 재직기간 30년 이상~33년 미만

• 표창의 훈격

– 대통령 표창: 재직기간 28년 이상~30년 미만

– 국무총리 표창: 재직기간 25년 이상~28년 미만

– 교육부장관 표창: 재직기간 15년 이상~25년 미만

► 퇴직 교원 포상시 재직기간 산정 방법

• 공무원으로 재직한 기간(사립학교 재직 기간 포함) 및 군복무 기간

• 임용 전 병역의무복무기간은 재직기간에 산입

• 군인으로 복무하다가 전역 후 공무원으로 임용되어 근무하고 퇴직하는 경우 군인으로 근무한 재직기간은 훈·포장을 받을 수 있는 기간의 1/2 범위 내에서만 산입하고, 표창은 재직기간 전부를 산입

예시: 20년 재직 군인이 전역 후 교원으로 재임용되어 근무하다가 퇴직하는 경우
• (16년 6월+교원 근무 경력)≥33년 훈장 대상
• (15년+교원 근무 경력)≥30년 포장 대상
• (20년+교원 근무 경력)≥28년 대통령 표창 대상

제 7 장 학교회계 및 감사

1 학교회계

❑ 학교회계제도

► 관련 용어

- 회계연도: 매년 3월 1일 개시하여 다음해 2월 말 종료
- 설치의 기본단위: 국·공립 초등학교, 중학교, 고등학교 및 특수학교에 설치
- 출납패쇄기한: 익년 3월 20일

► 회계 관계 관직명

구분	회계직명	지정관직	회계직무
법령기관	분임징수관	학교장	• 징수결정, 납입고지 등
	분임경리관	학교장	• 지출원인행위, 계약, 구매행위 등
출납기관	학교회계 출납원	행정실장	• 세입금 수납 • 지급원인행위 및 지출행위
	학교회계 임시출납원	소속 교직원 중 학교장이 임명한 자	• 지출행위(수학여행, 현장학습 등 업무 수행을 위하여 필요한 경우)

► 예산 편성 절차

단계	내용
학교회계 예산편성기본지침시달	• 회계연도 개시 3월 전까지 단위학교에 시달 • 관할청의 교육재정 여건 및 운용방향 제시 • 교육시책 및 권장사업 포함 • 예산과목 및 과목내용 등 학교예산 운영에 필요한 제반 내용 포함
↓	
교직원 예산요구서 제출	• 예산편성지침 시달 후 학교예산 편성 방향 및 계획에 따라 제출 • 교육과정 운영 및 학교운영에 필요한 사업 및 재정 소요액 등 기록 • 예산과목 및 과목내용 등 학교예산 운영에 필요한 제반 내용 포함
↓	
연간 총 전입금 및 분기별자금 교부계획 통보	• 관할청으로부터 학교회계로 전출되는 금액의 총 규모 및 분기별 자금 교부계획 통보(회계연도 개시 50일 전까지) • 목적사업의 경우 대상학교가 지정되는 대로 확정 통보
↓	
예산조정작업 및 예산안 확정	• 단위학교의 총 세입규모를 확정 • 부서별 또는 전체 조정회의를 거쳐 예산안 확정
↓	
예산안 제출	• 회계연도 개시 30일 전까지 학교운영위원회에 제출

❑ 예산안 심의 및 확정 절차

단계	내용
예산안 통지	• 학교운영위원들에게 회의 개최 7일 전까지
↓	
예산심사 소위원회 구성	• 예산심의의 효율성을 높이기 위하여 학교운영위원회의 의결에 의해 자율적으로 구성
↓	

단계	내용
학교장 제안설명 및 관계자 의견 청취	• 학교의 교육시책 방향 및 재정여건, 예산편성 방향 및 내용에 대한 학교장(행정담당자) 제안 설명 • 예산과 관련된 교직원 의견 청취 • 소위원회 구성시 소위원회위원장이 심사의견 발표
↓	
예산안 심의결과 송부	• 회계연도 개시 5일 전까지 심의 종료 • 학교장에게 예산안 심의결과 송부
↓	
예산안 확정	• 학교장이 학교회계 세입·세출 예산 확정

❑ 성립전 예산 집행 절차

단계	내용
사안 발생	• 목적지정 사업비 교부/수익자부담경비사안 발생/사업부서 예산검토
↓	
성립전 예산집행 신청	• 사업부서의 성립전 예산집행 신청/사업추진 근거 제시
↓	
성립전 예산집행	• 성립전 예산집행 요건 확인/사업별 예산현황 파악 • 성립전 예산집행 결정/요구 부서 통보
↓	
차기 추가예산 반영	• 차기 추가예산에 예산집행 금액 확인 후 편성 • 상이한 경우 추경예산 편성과목 정정/학교운영위원회 심의 확정

❑ 예산과목 구조 및 주요 지적 사례

► 학교회계 과목체제: 관, 항, 목

► 세입과목

• 교육비특별회계전입금: 학교교육비(총액 교부 전입금), 목적사업비

• 학교운영지원비: 학교운영위원회의 심의를 거쳐 조성·운용되며 분기별로 징수되는 학부모 회비

• 수익자부담경비: 현장학습비, 학생수련활동비, 학교급식비, 특기·적성교육활동비, 졸업앨범비, 기타경비 등과 같이 학교운영위원회의 심의를 거쳐 학부모가 부담하는 경비
• 자체수입: 사용료(임대수입, 학교시설사용료), 수수료(제증명수수료), 잡수입(예금이자, 폐지매각대금 등)
• 학교발전기금 전입금: 학교발전기금회계부터 전입되는 전입금
• 기타수입: 과년도수입(전년도 미수납금액의 수납), 보조금(국가나 지방자치단체의 보조금), 지원금(다른 기관으로부터의 지원금), 이월금(전년도 불용액으로 이월되는 순세제잉여금)

► 세출과목
• 인건비: 교직원 인건비, 기타직 인건비
• 학교운영비
• 학생복리비: 학생자치활동에 소요되는 제 경비
• 교수·학습활동비: 학습자료 구입비, 교구·기자재구입비, 도서구입비, 각종 행사비(소풍, 체육대회, 학교축제 등), 각종 대회 출전비, 인쇄비, 정보화용품비, 학교운영비, 교재·교구 유지보수비, 기타 교육과정운영 및 교수·학습활동에 필요한 제 경비
• 공통운영비: 알반운영비(유지보수 소모품비 포함), 공공요금 및 제세공과금, 연료비, 운영수당, 차량비, 여비, 자산취득비 등 학교운영을 위한 기본적인 경비
• 업무추진비: 특정업무비, 사업추진 업무추진비, 기관운영 업무추진비(사기진작경비, 애경사비, 간담회비, 부별협의회비)
• 시설비: 학교시설에 필요한 설계비, 시설비, 시설 유지에 필요한 제경비
• 수익자부담경비: 현장학습비, 학생수련활동비, 학교급식비, 특기·적성교육활동비, 졸업앨범비, 기타경비 등과 같이 학교운영위원회의 심의를 거쳐 학부모가 부담하는 경비. 해당 사업의 종료 후 10일 이내에 정산하여 집행 잔액은 반드시 반환해야 한다.
• 예비비: 예측할 수 없는 예산 외의 지출이나 예산의 초과지출에 충당하기 위한 최소한의 소요경비

► 종합감사 시 주요 지적 사례

- 11월 말 예산편성기본지침 시달 후 12월 16일 이후에 교육을 실시함으로써 학기말 및 겨울방학 등을 고려할 때 시일 부족에 따른 교원의 성실한 예산요구서 작성 기대 미흡
- 1월 21일 이후에 예산안 조정작업을 실시하여 학교운영위원회 예산안 제출시한(1월 말) 촉박으로 심도 있는 조정작업에 지장을 초래하고, 가용재원보다 요구액이 많을 경우 조정기준, 조정절차 등의 근거서류 미비로 예산조정의 신뢰성 및 투명성이 미흡함.
- "교원연수비 600천원" 등과 같이 산출기초 없이 총액 계상한 경우
- "교육과정운영연수비 200천원×2회=400원" 등과 같이 산출기초가 불명확하여 사업의 내용 파악이 곤란한 경우
- 업무추진비성 경비를 타 과목 사업에 편법 계상한 사례
- "교과연구활동비 400천원", "열린토론실 운영 160천원", "연구활동지원비 800천원"을 교수·학습활동비에 계상함.
- [교무부], [연구부], [학생부] 등 부서별로 예산 구분 편성하지 않음.
- (목)공통운영비를 [운영수당], [여비] 등으로 구분하여 세목별로 편성하지 않음.
- 집행결과를 이행하지 않거나 정산 후 집행 잔액을 아무런 절차 없이 그대로 방치한 사례
- 업무 복잡을 이유로 목적사업비를 성립전 예산집행 절차 없이 집행하거나 성립전 예산집행 후 추가경정예산에 반영하지 않은 사례

2 학교 감사

□ 일반 사항

구 분	종합감사	부분감사
시 기	• 시·도 교육청 2년 • 충남의 경우 – 지역교육청 2년 – 직속기관 및 고등학교 3년 – 교육장은 하급기관에 대한 감사주기를 따로 정할 수 있음	• 매년 12월 초 분야 선정 (3~5개의 취약분야 선정) • 매년 1월경 감사 • 충남의 경우 – 매년 2개 분야 감사
중점사항	• 주요 교육정책 구현 실태 • 학교운영위원회 구성(절차) 및 운영 상황 • 공무원 인사관리 실태 • 교육과정 운영, 성적처리 등 장학 및 학사 관리 • 예산집행의 합법성 및 효율성 • 기타 교육 부조리 취약분야	• 2003년의 경우 – 급식비 집행실태 – 세입금 징수 및 운용 실태 • 2005년의 경우 – 주요 교육정책의 추진상황 – 교육과정운영·평가·장학·학사관리 – 예산집행의 합법성과 효율성 – 학교회계제도 운영 실태 – 인사·상훈 관리 – 학교운영위원회 운영 – 기타 교육부조리 발생 취약 분야
감사기간	• 지역 교육청: 6일 • 직속 기관: 3일 • 고등학교: 4일 • 기타 학교: 3일	
감사증거자료	• 경위서 • 확인서 • 문답서 • 질문서 • 감사결과 처리 의견서	
감사결과처분	• 신분상 처분 – 징계처분: 해임(파면 포함), 정직, 감봉, 견책 등 – 계고처분(일종의 훈계 또는 행정지도): 경고, 주의 등 – 행정상 처분: 폐교 및 휴교, 학생모집 중지, 학생정원 감축, 법인임원 해임 요구(임원 취임 승인 취소), 시정, 개선 등 – 재정상 처분: 변상, 회수, 추징, 보전 등	

❑ 교육과정 편성·운영 분야 감사

► 확인·점검 사항

- 학교 교육과정의 편성·운영 준수 여부
- 학교교육과정위원회 운영의 활성화 및 회의록의 기록·관리 여부
- 수업시수 확보 계획의 수립 여부
- 과목별/반별 수업시수 누계의 정기적인 확인·점검 여부
- 결강시 보강 대책 수립 여부 및 보강기록부(수업대체기록부)의 기록·관리 여부
- 특별활동의 영역별 시수의 균형적 배정 여부
- 봉사활동 시수(연간 20시간)의 학생 이수 여부
- 특별보충과정, 특기·적성교육 운영 시 지침 준수 여부

► 주요 지적 사례

- 선택과목 편성·운영 시 「종교」만을 편성하여 학생들에게 선택의 기회를 주지 않은 사례
- 과목별/반별 수업 실시 상황을 정기적으로 점검하지 않아 과목에 따라 연간 최소 수업시수를 확보하지 못한 사례
- 학교 교육과정 운영계획, NEIS, 주 학습계획상의 수업시수가 일치하지 않는 사례
- 결강 발생시 보강을 실시하지 않고 수업 결손이 발생한 사례
- 개인별 결·보강 통계표를 작성·관리하지 않은 사례
- 사전에 예정된 결강임에도 불구하고 결강교사에 대한 사전·사후의 교체수업 실시 실적이 전무한 사례
- 학교 행사가 특정 요일에 편중되어 특정 과목의 수업시수 확보에 문제가 있는 경우에도 대책을 수립하여 시행하지 않은 사례
- 봉사시간 연간 기준시수(연간 20시간 이수)에 미달하는 학생이 아주 많은데도 학생 봉사활동 지도를 소홀히 한 사례
- 특기·적성교육 세부 추진 계획에 대한 학교장 미결재 사례

❑ 평가 및 성적관리 분야 감사

► 준비자료

- 학교별 학업성적관리 규정 및 성적관리위원회 회의록
- 성적일람표(원점수) 및 답안지(서술형·단답형 평가를 실시한 교과)
- 출제원안, 평가 이원목적분류표 및 교과별 수행평가기준안
- 평가 결과 분석 및 환류 자료

► 확인·점검 사항

- 학교별 학업성적관리 규정이 교육부 훈령, 교육청 학업성적관리 지침의 범위 내에서 제정되었는지 여부
- 학업성적관리위원회 운영의 활성화 및 회의록 기록·관리 여부
- 평가를 지필고사와 수행평가로 구분 실시 여부
- 수행평가 계획에 명시된 평가영역, 반영비율, 배점, 객관적 점수 부여기준의 명시 여부
- 지필평가 문항 출제 시 기출문제의 그대로 출제 여부
- 통과율(난이도)에 따른 문항별 배점의 다양화와 동 교과 교사와의 공동 출제 여부
- 서술형·단합형 문항의 경우 정확한 채점 여부
- 교사의 출제 오류가 발생한 경우 적절한 절차에 따른 처리 여부
- 평가 결과 분석 후 교수·학습 개선 및 평가에 환류 여부
- 비교과 영역(특별활동)의 평가를 위한 누가기록의 지침 준수 여부

► 주요 지적 사례

- 수행평가 계획에 대한 학업성적관리위원회의 심의 및 학교장의 결재를 받지 않고 수행평가를 실시한 사례
- 수행평가 계획에 객관적, 구체적인 점수부여 기준이 명시되지 않은 사례
- 선택형 지필고사만 실시하고 수행평가는 실시하지 않았는데도 성적일람표에는 수행평가를 실시한 것으로 처리한 사례
- 별도의 수행평가를 실시하지 않고, 지필평가의 단순 암기형 단답형 문항 출제로 수행평가를 대신한 사례

- 수행평가를 서술·논술형 지필평가 형태로 실수한 경우, 유사 정답 및 부분점수 부여 기준을 제시하지 않은 사례
- 수행평가 계획의 채점기준과 달리 과제물 제출 여부만으로 대부분의 학생들에게 만점을 부여하여 평가의 변별도와 신뢰도를 떨어뜨린 사례
- 문항 출제 시 기출문제를 재출제하거나 보충교재 및 특정 참고서에 있는 문제를 복사하여 출제하는 사례
- 주관식 답안 채점 처리 오류로 성적처리가 잘못된 사례
- 출제 오류 발생 시 학교성적관리위원회 개최 등의 절차 없이 출제교사 임의로 모두 정답으로 처리하는 사례
- 결시자에 대한 인정점을 처리할 때 사고결인 경우 학업성적관리 규정에 따른 인정점(최하점의 차하점)을 부여해야 하나 0점으로 처리한 사례
- 과목별 성적일람표에 수행평가의 영역이 명시되지 않았고, 지필고사 성적에 수행평가 영역의 점수가 합산되어 기재된 사례
- 결재를 받지 않고 과목별 성적일람표를 보관하고 있는 사례
- 학급 간 편차가 지나치게 크게(20점 이상) 나타남에도 별도의 개선 노력을 하지 않은 사례
- 평가 후 교과별 평가문항 통과율 조사·분석을 통한 교수·학습 및 평가방법 개선에 환류하는 노력이 미흡한 사례

평가 관련 학기말(학년말) 최종적으로 보관해야 할 문서

- 출제원안, 이원(삼원)목적분류표 및 학생답안카드
- 지필평가 교과목별 지필평가 및 수행평가 성적일람표
- 학기말 성적일람표(원점수·환산점)
- 평가 관련 서류 및 공문서철
- 결시생 명단 및 인정점 부여 내역

❑ 학생생활지도 분야 감사

► 확인·점검 사항

- 연간 학생생활지도 계획의 수립 여부
- 학교생활규정에 적합한 징계처분 여부
- 학생 징계 시 학생·학부모에게 진술 기회 부여 여부

- 학생 징계 관련 서류의 기록·보관 여부
- 요선도 학생에 대한 상담(사이버상 담 포함) 실시 여부
- 학생(회) 건의사항의 적시 처리 및 공표 여부
- 학교폭력대책자치위원회 회의록 작성 여부

► 주요 지적 사례

- 구체적인 연간 생활지도 계획을 수립하지 않은 사례
- 학생들의 건의사항을 적시에 처리하지 않고, 처리 결과를 학생들에게 공표하지 않은 사례
- 초·중등교육법 제18조 제1항(의무교육 대상 학생들은 퇴학처분을 할 수 없음)에 따른 학칙 및 학교생활규정의 수정·보완이 미흡한 사례
- 학생을 징계처분하면서 학생·학부모에게 의견 진술(서약서 제출 등)의 기회를 부여하지 않고 처리한 사례
- 학교폭력대책자치위원회의 심의 없이 징계하고 징계대장에 기록하지 않은 사례
- 학교폭력대책자치위원회 회의록을 기록하지 않은 등 학생생활지도 관련 서류 기재·관리가 미흡한 사례
- 징계 시 학교생활규정에 명시된 바와 다르게 처분하는 사례

❑ 특수교육 분야 감사

► 준비자료

- 학교교육과정 편성·운영 계획
- 개별화교육계획(IEP)
- 개별화교육운영위원회 회의록
- 통합교육 계획 및 실적
- 건강검진 관련 자료
- 학부모 연수계획 및 실자원봉사자 활용 프로그램 운영 실적
- 자원봉사자 활용 프로그램 운영 실적
- 특수교육 보조원 활용 계획/특수교육 보조원 채용 관련 서류

► 확인·점검 사항
- 특수교육 시행규칙에 명시된 요소들의 개별화교육계획 포함 여부
- 개별화교육운영위원회 회의록 기록·관리 여부
- 인근 학교(유치원)와의 통합교육 추진 여부
- 학부모 교육 연수의 효율적 운영 여부
- 자원봉사자 활용 프로그램의 운영 여부
- 특수교육 보조원 활용 계획 수립·시행 여부

► 주요 지적 사례
- 개별화교육계획에 포함되어야 할 관련 법령의 규정요소들이 누락된 사례
- 인근 일반학교(유치원)나 사회교육기관과의 통합교육 계획은 수립하였으나 실적이 없는 사례
- 건강검진을 실시하면서 장애 영역별로 검진 의사를 위촉하지 않은 사례
- 특수교육보조원 활용 계획을 수립하지 않은 사례

❑ 학교생활기록부 분야 감사

► 준비자료
- 전 학년 학교생활기록부 출력물
- 학교생활기록부 정정 대장

► 확인·점검 사항
- 학교생활기록부 각 구성요소의 빠짐없는 정확한 입력 여부
- 학교생활기록부 정정 업무의 지침 준수 여부
- 학교생활기록부 저장 전산매체의 제작·보관 여부

► 주요 지적 사례
- 전입생의 수업실수를 잘못 입력한 사례
- 질병으로 인한 결석계를 제출받지 않고 병결로 처리하고 입력한 사례
- 수상경력란에 기록해야 할 수상기록이 누락된 사례
- 진로지도 상황의 진로희망란에 구체적인 직업을 기입하지 않고 '진학', '취업' 등으로 입력한 사례
- 진로지도 상황의 특기사항란에 담임교사의 지도내용을 기록하지 않은 사례

- 교과 재량활동의 보충·심화 학습 이수 내용을 입력하지 않은 사례
- 창의적 재량활동 이수시간을 입력하지 않은 사례
- 특별활동 영역별 이수시간을 잘못 입력 또는 미입력 사례
- 학교계획에 의한 봉사활동 시간을 입력하지 않은 사례
- 확인 작업 후 최종 출력물을 출력하지 않은 학급이 있고, 최종 출력물에 대하여 학교장의 결재를 받지 않은 사례
- 학교생활기록부 정정대장은 지침에 따른 양식을 사용하여 학년도별로 적성하여야 하나 계속 이어서 작성·관리한 사례

❑ 교육정보화·과학교구 구입, 장학생 선정 분야 감사

► 준비자료

- 교육정보화 연간 계획 및 정보통신 보완관리 계획
- 정보화기자재(과학교구)선정위원회 회의록
- 정보화기자재(과학교구) 관리대장
- 통제구역 출입 대장
- 정보통신 윤리교육 실시 계획 및 실적
- 교사 정보화 연수 실적
- 장학생 선발 규정 및 장학생선정위원회 회의록

► 확인·점검 사항

- 교육정보화 계획 및 정보통신 보안관리 계획 수립 및 시행 여부
- 정보화기자재(과학교구)선정위원회 회의록 기록·관리 여부
- 서버실의 통제구역 설정·관리 여부
- 정보통신 윤리교육의 효과적인 실시 여부
- 교사 정보화 연수의 적절한 실시 여부
- 장학생 선발에 있어 올바른 규정 적용 여부

► 주요 지적 사례

- 교육정보화 연간 계획 및 보안관리 계획을 수립하지 않은 사례
- 통제구역 출입대장을 작성·관리하지 않은 사례
- 통제구역인 서버실에서 일상 업무를 보는 사례

• 과학교구선정위원회의 검토 없이 담당교사의 구입 요구만으로 과학교구를 구입한 사례
• 편성된 과학 실험실습비를 특별한 이유 없이 집행하지 않은 사례
• 장학생선정위원회를 개최하지 않고 장학생을 선정한 사례

❑ 교직원 복무 및 학교 도서실 분야 감사

► 교직원 복무 분야

• 확인·점검 사항
  - 외출, 조퇴, 휴가 시 결재권자의 결재 유무
  - 대학 출강 시 관계서류에 대한 학교장의 허가 유무
  - 공무 외 국외여행 시 학교장에게 신고 및 연가 신청 유무
• 주요 지적 사례
  - 결재권자의 결재를 받지 않고 외출하는 사례
  - 공무 외 국외여행 시 학교장에게 신고하지 않고, 근무상황부를 통한 결재를 받지 않은 사례
  - 겸직 허가를 받지 않고 결재 절차 없이 대학에 출강하는 사례

► 학교 도서실 운영 분야

• 확인·점검 사항
  - 학교운영지원비 대비 도서구입비 확보 및 집행 비율
  - 도서실 총 장서수 및 학생 1인당 장서수
  - 도서선정위원회 회의록의 기록·관리 여부
  - 도서실 도서의 효율적 활용 및 관리 여부
• 주요 지적 사례
  - 도서대장을 누년 관리하지 않고 연도별로 관리하는 사례
  - 도서선정위원회 회의록을 기록·관리하지 않은 사례
  - 도서구입비를 적게 편성하여 신간도서 확충이 미흡한 사례
  - 교과자료실 도서실 활용 수업 계획을 수립하지 않은 사례

❑ 성적분야 감사처분 기준

► 성적 관리

지적 유형	처분기준			비고
	교사	교감	교장	
1. 각급 학교 학업성적 정기평가의 지필·수행평가 성적에서 • 고의적으로 채점이 1건 이상 조작된 경우	경징계	경고	경고	
2. 채점에서 단순 착오: 1회 시험 1교사 기준 • 10건 이하 • 11~20건 • 21~40건 • 41건 이상	시정 주의 경고 경징계	주의 경고	주의 경고	
3. 객관식 정답 입력 착오: 1년간 1교사 기준 • 1문항 • 2~4문항 • 5문항 이상	경고 경징계 중징계	주의 경고 경징계	주의 경고 경징계	
4. 문제 출제 오류: 1회 시험 1교사 기준 • 2문항(1문항 불문) • 3~4문항 • 5~6문항 • 7문항 이상	주의 경고 경징계 중징계	주의 경고 경징계	주의 경고 경징계	
5. 출결관리: 증빙서 없이 공결, 병결 인정점 부여 (연간) • 5건 이하 • 6~20건 • 21~40건 • 41건 이상	불문 주의 경고 경징계	주의 경고	주의 경고	

지적 유형	처분기준			비고
	교사	교감	교장	
1. 각급 학교 학업성적 정기평가의 지필·수행평가 성적에서 • 고의적으로 채점이 1건 이상 조작된 경우	경징계	경고	경고	
2. 채점에서 단순 착오: 1회 시험 1교사 기준 • 10건 이하 • 11~20건 • 21~40건 • 41건 이상	시정 주의 경고 경징계	주의 경고	주의 경고	
3. 객관식 정답 입력 착오: 1년간 1교사 기준 • 1문항 • 2~4문항 • 5문항 이상	경고 경징계 중징계	주의 경고 경징계	주의 경고 경징계	
4. 문제 출제 오류: 1회 시험 1교사 기준 • 2문항(1문항 불문) • 3~4문항 • 5~6문항 • 7문항 이상	주의 경고 경징계 중징계	주의 경고 경징계	주의 경고 경징계	
5. 출결관리: 증빙서 없이 공결, 병결 인정점 부여(연간) • 5건 이하 • 6~20건 • 21~40건 • 41건 이상	불문 주의 경고 경징계	주의 경고	주의 경고	
6. 이(삼)원목적분류표 정답오류 기재: 연간 • 3문항 이하 • 4~10문항 • 11~20문항 • 21문항 이상	시정주 의 경고 경징계	주의경 고	주의경 고	
7. 생활기록부 기재 누락 및 오류: 1학급 기준 • 2건 이하 • 3~5건 • 6~10건 • 11건 이상	시정주 의 경고 경징계	주의경 고	주의경 고	
8. 기 타 • 사안별로 처분 • 상습, 누가적으로 오류 발생자는 가중처벌 • 위 처분기준의 병합되면 중한 기준 적용				

► 기타 성적관리 관련 사항

지적 사항	처분 기준	비고
1. 정기고사의 감독으로 부정행위를 방조한 경우	경징계 이상	
2. 시판되는 고서 문제를 전재 또는 일부 변경하여 출제하므로 물의를 야기한 경우	경징계 이상	
3. 이(삼)원목적분류표에서 학생수준에 따른 난이도 설정을 연 2회 이상 소홀히 한 경우	주의	
4. 동 교과의 학급별 평균이 특별한 사유 없이 30% 이상 차이가 연 3건 이상 발생한 경우	주의	
5. 이(삼)원목적분류표에서 출제의 오류로 인한 답을 결재자의 확인 없이 임의로 연 5개 이상 수정한 경우	주의	
6. 수행평가에서 사고를 요하지 않는 단답형 또는 5지선다형으로 연 2회 이상 평가한 경우	주의	
7. 교과별 수행평가에서 응시자 전원에게 동일점을 부과한 경우	주의 경고	
8. 수행평가 결과에 대하여 공개 확인 없이 교사임의 평가를 연 2회 이상 실시한 경우	주의	
9. 문항별 학급별 통과율이 50% 이상의 점수 차이가 연5건 이상 발생한 경우	주의	
10. 지필고사 출제에서 연 2회 이상 문항당 배점을 동일하게 출제한 경우	주의	

► 내신성적 관련 사항

관련 사항	처분 기준			비고
	교사	교감	교장	
성적 조작	중징계	경징계	경징계	
내신 조작(건수 불문)	중징계	경징계	경징계	
평어 영향 5건 이하	경고	주의	주의	
평어 영향 6건 이상	경징계	경고	경고	
평어 평정 오류				
단순착오 10건 이하	주의	불문	불문	
단순착오 11~20건	경고	주의	주의	
단순착오 21건 이상	경징계	경고	경고	

▸ 반복 출제

지적 유형	처분 기준	비고
1. 각급 학교에서 시행하는 학업성적 정기평가에서 과목당 출제 문항의 50% 이상이 전년도 또는 전학기 문제와 동일한 경우	경고 이상	
2. 각급 학교에서 시행하는 학업성적 정기평가에서 과목당 출제 문항의 20% 이상 50% 미만이 전년도 또는 전학기 문제와 동일한 경우	주의	
3. 각급 학교에서 시행하는 학업성적 정기평가에서 과목당 출제 문항의 30% 이상이 전년도 문제와 유사한 경우	주의이상	
4. 출제 문항의 20% 미만을 전년도와 동일하게, 30% 미만을 유사하게 출제한 경우	시정 요구	

3 공문서 관리

❑ 문서의 일반 사항

▸ 문서의 종류

• 공문서: 행정기관 내부 또는 상호간이나 대외적으로 공무상 작성 또는 시행되는 모든 문서

• 사문서: 작성자 명의인이 사인으로 되어 있는 권리, 의무 또는 사실증명에 관한 문서로 추천장, 안내장, 소개장 등을 들 수 있으며, 사문서도 각종 신청서 등과 같이 행정기관에 제출하여 접수가 된 것은 공문서임.

▸ 문서의 성립 시기

• 당해 문서에 대한 서명(전자문서 서명, 전자이미지 서명 및 행정 전자서명 포함)에 의한 결재로 성립

▸ 공문서의 효력

• 일반문서: 수신자에게 도달함으로써 효력 발생

• 전자문서: 수신자의 컴퓨터 파일에 기록됨으로써 효력 발생

• 공고문서: 공포 후 5일 경과 시 효력 발생

사 례

Q. 사설 학원에서 학생을 대회에 참가시키기 위해 학교 측에 제출한 신청의뢰서도 공문서로 볼 수 있나?

> 공문서란 일반적으로 행정기관 내부 또는 상호간이나 행정기관에서 대외적으로 공무상 작성 또는 시행된 문서와 행정기관에 접수된 사문서(인가·허가 신청서, 등록원서, 청원서 등)를 포함한 모든 문서를 의미하므로, 행정실을 통해 정식으로 접수가 되었다면 공문서로 볼 수 있음.

❑ 공문서의 제목과 내용 작성

► 항목 구분

개정이전

1. 첫 번째 항목
  가. 두 번째 항목
    (1)셋째 항목
      (가) 넷째 항목
        1) 다섯째 항목
          가) 여섯째 항목
            ①
              ㉮

→

개정이후

1. 첫 번째 항목
  가. 두 번째 항목
    1)셋째 항목
      가) 넷째 항목
        (1) 다섯째 항목
          (가) 여섯째 항목
            ①
              ㉮

► '끝' 표시 방법

- 본문이 끝났을 때는 한 자(2타) 띄우고 "끝."
- 첨부물이 있을 때는 첨부의 내용 끝 지점에서 한자(2타) 띄우고 "끝."
- 우측 한계선에서 끝났을 때는 왼쪽 기본선에서 한 자(2타) 띄우고 "끝."
- 표의 내용이 꽉 차서 끝났을 때는 표 바깥 줄 왼쪽 기본선에서 한 자(2타) 띄우고 "끝."

► '붙임' 표시 방법

- 본문이 끝난 다음 줄에 "붙임" 표시
- 붙임물이 2개 이상일 때에는 1, 2, 3 … 으로 항목을 표시

※ 붙임물이 1개일 경우는 '1'이라는 숫자를 따로 표시하지 않음.

► '첨부(붙임)'와 '별첨'

- 첨부: 어떤 공문서의 기안문 뒤에 특정한 문서를 덧붙이는 것. 국어 순화 차원에서 '붙임'이라는 용어를 많이 쓴다.
- 별첨: 첨부물에다가 별도로 덧붙이는 문서

► '참고'와 '참조'

- 참고(參考): 의견·진술·책이나 물품 등의 자료를 어떤 일에, 또는 무엇을 하는 데에 도움이 될 만한 요소로 삼아 살피는 것
- 참조(參照): 어떤 책이나 자료 등을 참고로 대조하는 것

► 날짜와 시간 및 금액 표시

- 날짜: 숫자로 표기하되 년, 월, 일의 글자는 생략하고, 그 자리에 온점(.)을 찍어 표시할 수 있다. 예 2005. 11. 2.
- 시간: 시간은 시각에 따라 숫자로 표기하되 시, 분의 글자는 생략하고 그 사이에 쌍점(:)을 찍어 구분할 수 있다. 예 15:20
- 금액: 유가증권 및 문서에 금액을 표시할 때에는 다음과 같이 한다.
  예 금35,800원(금삼만오천팔백원)

사 례

Q. 대회 참여 협조 공문을 보낼 때 참가신청서 양식을 추가하려고 할 경우 '붙임(첨부)'과 '별첨' 중 어느 것이 맞는 표현인가요?

이런 경우 '붙임'은 표지 공문 뒤에 글짓기 대회에 대한 구체적인 일정이나 심사기준, 종목 등을 쓴 계획서 같은 것을 덧붙이는 것이며, '별첨'은 이 붙임물(계획서)의 맨 뒤에 글짓기 대회 참가 신청서 양식 등을 '별도로 더 첨가하는' 것을 말한다. 그러나 실제 기안문을 작성할 때 내용이 끝나고 마지막으로 붙임물을 작성할 때에는 "붙임 : 대회 계획서 1부"라고만 작성한다. 별첨을 붙임물의 일부분으로 보는 것이다. 다만, 기안문의 본문에서는 "첨부된 계획서를 참조하셔서 별첨 참가 신청서 양식에 의해 ○월 ○일까지 신청" 등으로 구분한다.

Q. 다음과 같이 공문을 작성할 때 '참조'와 '참고' 중 어느 것이 적당한 표현인가요?

2004학년도에 연구가 종료되지 않는 타 기관 및 도지정 연구학교의 중간 보고를 하는 학교에서는 학교장 재량으로 참관 대상 및 인원을 정하도록 되어 있는 바
(관리과－123호 2－다(4) 참조)

이런 경우에는 이전의 '관리과－123호 2－다－(4)'를 근거로 하여 그대로 시행하는 것이므로 '참조'라는 표현보다는 '참고'라고 하는 것이 적합하다.

❑ 공문 작성의 실제

○○○ 학교

수신자 내부결재
(경유)
제목 제8회 과학경연대회 참가 계획

관련 : 논산학무과－000(2005.00.00)

논산교육청이 주최·주관하는 제8회 과학경연대회에 다음과 같이 참가하고자 합니다.

가. 일시 : 2005. 00. 00. 09:30~14:00
나. 장소 : ○○○공설운동장
다. 참가부문 : 물로켓발사 부문, 과학상상그림그리기 부문
라. 참가학생 및 지도교사

성명	성별	학년, 반	지도교사	참가부문	전화번호
○○○		1－1	○○○	물로켓발사	
○○○		2－1	○○○	과학상상그리기	
○○○		3－1	○○○	과학상상그리기	

마. 인 솔 자: 교사 ○○○
3. 소요경비: 금 32,000원(금삼만이천원)
가. 교통비: 1,000원×2회×4명＝8,000원
나. 식 비: 5,000원×4명＝20,000원
다. 간식비: 1,000원×4명＝4,000원
4. 지변 과목 : 2－2－19교수학습활동비). 끝.

수신자
담당자 교감 교장
협조자 행정실장
시행 ○○○학교－ 123 (2005. 00. 00) 접수
우 /
전화 041－ 전송 041－ / /공개

4 물품 관리

❑ 물품의 구분과 보관

► 비소모품에 속하는 물품

- 품질 현상이 변하지 않고 비교적 장기간 사용할 수 있는 물품
- 내용연수가 1년 이상의 물품으로서 소모성 물품에 속하지 아니하는 물품
- 내용연수가 1년 미만일지라도 취득 단가가 20만원 이상의 물품
- 기타 지방자치단체장이 지정한 물품

► 소모품에 속하는 물품

- 한 번 사용하면 원래의 목적에 다시 사용할 수 없는 물품(예 약품 등)
- 소모되거나 파손되기 쉬운 물품(예 사무용품 등)
- 다른 물품의 수리·완성 제작(생산) 또는 시설공사에 투입, 사용됨으로써 그 본성을 상실하는 물품(예 수리용 부속품, 생산원료, 재료 등)
- 내용연수가 1년 이상으로 취득단가 5만원 이하의 물품으로서 사용에 비해 소모·파손되기 쉬운 물품

사 례

Q. 물품관리 대장은 어떻게 관리해야 하나요?

- 물품출납원은 준칙이 정하는 서식에 의거 교육행정정보 시스템을 이용하여 전산처리하고 전산자료를 보관하여야하며, 다만 동 시스템을 이용하여 전산처리 및 자료보관을 할 수 없는 경우에는 별도의 장부를 비치하여 정리하되, 매년 조제하여 사용하고, 기재사항이 적은 장부는 연도 구분을 명백히 하여 구 장부를 계속 사용할 수 있다. <개정 2004. 7. 20 조례 제3102호>
  (물품수입 및 출급원장, 비품출납 및 운용카드, 소모품대장, 도서대장 등)
- 이와 관련된 증빙서류 및 장부는 5년간 보관하여야 하며, 전산처리 및 전산자료에 의해 보관할 수 있다. <개정 2004. 7. 20 조례 제3102호>

❑ 불용품의 처리

▸ 매 각

• 불용 결정 물품은 매각처분조서를 작성하고 이를 매각 처분하여야 함.

• 매각 처분을 하였을 때는 물품출납원은 계약의 상대방으로부터 그 대금이 완납된 후 수령증을 받고 물품을 인도하여야 함.

• 불용품의 매각 처분은 연 2회(4월, 9월) 이상 실시함(수시 매각 가능).

▸ 매각처분조서 없이 매각 처분이 가능한 물품

• 매각 대금이 매각에 요하는 비용을 보상하고 남음이 없을 때

• 매수인이 없거나, 매각이 부적당하다고 인정되는 경우

▸ 폐 기

• 물품관리인이 불용품 폐기(해체)조서를 작성하고, 이를 소각 또는 폐기하여야 함.

사 례

Q. 물품관리관이 불용 결정할 수 있는 물품은 어느 범위까지인가?

• 물품관리관이 불용 결정을 할 수 있는 물품은 다음 해당하는 물품으로 한다.
  - 취득단가 1,000만원 미만의 물품
  - 사용 불가능한 물품

※ 1,000만원 이상의 사용 가능한 물품은 교육장에게 불용 결정을 요청한다.

Q. 학교에서 필요가 없게 된 컴퓨터를 필요한 시설에 무상으로 줄 수 있는 조건은 무엇인가요?

• 무상양여는 다음의 각 조건을 모두 갖추어야 함.
  - 불용품일 것
  - 매각이나 관리전환을 할 수 없거나 그 전망이 없을 것
  - 수령대상이 지방자치단체, 정부투자기관, 교육·연구기관, 국가 보훈단체, 기타 비영리단체에 해당할 것

Q. 학교에서 필요가 없게 된 물품의 불용 처리는 어떻게 하나요?

○○○ 학교

수신자 내부결재

(경유)

제목 불용용품 폐기처분

1. ○○○학교－123(2005.00.00)호 [물품 불용결정]과 관련입니다.
2. 폐품으로 상태분류된 물품에 대하여 충청남도교육비특별회계소관물품관리조례 제18조의 규정에 의거하여 붙임 조서와 같이 폐기처분하고자 합니다.

붙임 불용품폐기(해체)조서 1부. 끝.

○○○ 학교장

수신

담당자 행정실장 교장

협조자 교감

시행 ○○○학교－ 123
(2005. ○○. ○○) 접수

우 /

전화 041－ 전송 041－ / /공개

❑ 물품의 매입

► 물품 매입 절차

- 물품을 매입·인쇄·제조·수선·임차·운반할 때 당해 부서에서는 물품출납원(분임물품출납원)의 협의를 거쳐 경리관(분임경리관)에게 물품 품의 및 요구서에 의하여 요구하여야 함.
- 물품 매입 요구를 하였을 때에는 물품관리관(분임물품관리관)은 지방재정법 시행령(이하 "영"이라 한다) 제113조 및 제112조의 규정에 의하여 정수책정 물품에 포함되어 있는지의 여부와 물품수급관리계획에 반영된 물품인지의 여부를 심사하여 물품인지의 여부를 심사하여 물품을 매입토록 하여야 함. <개정 2004. 7. 20 조례 제3102호>.
- 경리관은 제1항의 심사에 의하지 아니 하고는 물품의 매입 등을 할 수 없음.

Q. 운동부 강화 훈련 중 학생들의 간식을 요구해야 할 경우 물품 요구는 어떻게 해야 하나?

충청남도교육비특별회계소관물품관리조례시행규칙 제4조(물품매입 등의 품의 요구서)에 의하면
① 조례 제8조의 규정에 의한 물품매입·수리·제조 요구서는 별지 제1호 서식에 의함.
② 관서운영비로 물품을 매입·수리·제조코자 할 경우 품의요구서는 별지 제1호의2 서식에 의함.

► 물품(매입, 인쇄, 제조, 수선, 임차, 운반) 품의 및 요구서

건명	육상부 강화 훈련 간식 구입					요구부서			
						담당	부장	교감	교장
관	2. 학교 운영비	항	2. 교수 학습 활동비	목	1. 교수 학습 활동비				

아래와 같이 (매입, 인쇄, 제조, 수선, 운반, 임차)코자 건의합니다.

물품((매입, 인쇄, 제조, 수선,임차, 운반)명세

물품 분류 번호	품명	규격	단위	수량	소요경비 및추정액	용도
	아이스크림		개	16	8,000	육상부
	음료수		개	64	32,000	간식
	아	래	빈	칸		
	계			80	40,000	

위 물품을 7월 28일까지 (납품, 수리, 운반)토록 하여 주시기 바랍니다.

2000년 7월 18일
요구자 ㅇㅇㅇ (인)

분임경리관 귀하

시행 결의	담당자		출납원		분임경리관	

제 8 장 학교 내규 및 학급 경영

1 학교 내규

❑ **학교 조문(내규) 작성 및 법령 이해 기초**

► 내규 제정 기본 방향

• 내규는 해당 학교 내에서의 강제적 규범 성격을 지님.

• 따라서 구성 형태는 법령 체제에 준하는 것이 바람직함.

• 내규 제명(題名)은 띄어쓰기 실시(2005. 1. 1.부터 제·개정되는 법령)

– 명사(복합명사)만으로 이루어진 법령명은 최대 8음절까지 붙여 씀.

(예 보직교사 임용 및 교무분장 규정)

► 조문 제정 시 항목 분류체계

• 학교규칙 등 내용이 많고 별도의 장이 필요한 경우

– 장 → 조 → 항 → 호

• 부장교사 임용규정 등 단일 내용인 경우

– 조 → 항 → 호

► 조문에 사용되는 용어의 의미

• 이내 또는 이후: 시간과 공간의 이쪽과 저쪽을 나타낼 때 사용

– '5일 이내': 5일까지를 의미함

• 이하 또는 이상: 수의 많고 적음을 나타냄.

– '5인 이상 7인 이하': 5, 6, 7명을 의미함.

• 미만: 기준으로 제시된 수를 포함하지 않음.
  – 학생수가 200명 미만인 학교: 199명까지만 해당됨.
• 내지: 해당 구간 전부를 포함함.
  예 초등교육법 시행령 제33조 내지 제37조의 규정에 의하여 해석
  → 제33조부터 제37조까지를 모두 포함함.
• 및: 적시된 내용만 해당함.
  – 예: 제22조 제3항 제2호 및 제5호
  해석: 제2호와 제5호만 해당됨.
• '다음 각 호에 해당하는 경우'의 의미: 각 호의 모든 조건을 충족시켜야 함.
• '다음 각 호에 1에 해당하는 경우'의 의미: 각 호 중 하나만 충족시키면 됨.

► 조문 제정 시 편집체계

제○조(해당 조문 명칭) ① (제1항 관련 내용) ② (제2항 관련 내용) ③ (제3항 관련 내용) 1. (제3항 제1호 관련 내용) 2. (제3항 제2호 관련 내용)

• 편집체제 예시

제10조(폭력 예방) ① 학생들은 집단괴롭힘 등(중략) ② 교내에서 폭력이나 집단 따돌림 등이 발생할 징후를(중략), 다음 각 호에 즉시 알려야 하며 이 경우 익명을 활용할 수 있다. 1. 담임교사나 상담교사 혹은 (해당) 학생의 보호자 2. 생략

□ 학교운영위원회 규정 (내규 예시)

► 구성(학생수 200~1,000명인 학교의 경우)

학부모위원(6명), 교원위원(학교장 포함 4명), 지역위원(2명)

► 임기 및 선출

- 임기: 1년(04월 01일~익년 03월 31일)
- 교원위원 선출: 교원 전체회의에서 무기명 투표로 선출

► 심의(자문) 사항

- 학교현장 및 학칙의 제정 또는 개정에 관한 사항
- 학교의 예산안 및 결산에 관한 사항
- 학교교육과정의 운영방법에 관한 사항
- 교과용 도서 및 교육자료의 선정에 관한 사항
- 정규학습시간 종료 후 또는 방학기간 중의 교육활동 및 수련활동에 관한 사항
- 교육공무원법 제31조 제2항의 규정에 의한 초빙교원의 추천에 관한 사항
- 학교운영지원비의 조성·운용 및 사용에 관한 사항
- 학교 급식에 관한 사항
- 학교 운동부의 구성·운영에 관한 사항
- 학생지도를 위한 지원 사항
- 교복 및 체육복의 선정, 수학여행, 학생수련활동 등 학부보가 경비를 부담하는 사항. 다만 특정 서클 등에서 특정 학생을 대상으로 하는 사항은 제외
- 지역사회 교육에 관한 사항
- 학부모 및 일반인을 대상으로 한 평생교육 프로그램의 설치·운영에 관한 사항
- 학부모·학생·지역주민으로부터 제출된 학교 운영 등과 관련된 건의사항
- 기타 학교 운영에 관한 위원들의 제안 사항과 학교장이 심의 요청한 사항

► 심의·의결 사항

- 학교발전기금 조성·운용 및 사용에 관한 사항(초·중등교육법 제32조 제3항에서 규정한 사항)

❑ 인사자문위원회 규정(내규 예시)

► 기능: 자문 기능

► 임기 및 선출

- 임기: 1년(03월 01일~익년 02월 말일)
- 선출: 교원 전체회의에서 무기명투표 실시(남·여 교원 적정비율)

► 자문 사항

- 교무업무 분장에 관한 사항
- 보직교사 임용 추천에 관한 사항
- 학급담임 배정에 관한 사항
- 포상후보자 및 각종 연수 대상자 추천에 관한 사항
- 교사 전보 내신(내신순서, 정원감, 조절감, 전보유예)에 관련된 사항
- 기타 학교장의 인사에 관한 사항

► 학급담임 배정 추천 기준

- 교사 본인의 희망을 우선 고려하되, 교과 협의를 거친 후 본인의 희망에 따라 조정한다.
- 본교 재임 중 전학년을 고루 맡도록 한다(순환 배정).
- 비담임이 2년 이상 계속되지 않도록 한다(담임과 비담임 순환).
- 과목 특성상 불가피한 경우를 제외하고는 동일 학년 담임을 2년으로 제한 한다.
- 이전 학년 지도학생을 계속 지도하고자 할 때는 우선 배정한다.
- 담임 희망자가 학급수를 초과하는 경우에는 희망자 중에서 경력자 본교에 오래 근무한 자－전입교사－신임교사－보직교사 순으로 배정
- 담임 희망자가 적을 경우에는 신임교사, 본교 재임 중 담임 횟수가 적은 자 수업시수가 많은 자(계발활동, 자치활동 포함), 병약자, 고령자, 임신부와 보직교사 순으로 배정
- 특수학급 학생 원적학급 담임은 희망자 중 1년에 한해서 배정하고 희망자가 없을 경우 연임 가능함.

► 각종 연수대상자 추천 기준

- 해외연수: 경력과 학교 공헌도를 참작하여 순위 결정
- 자격 연수: 추천기준에 따라 결정
- 직무연수
  - 교과 관련 직무연수: 각 교과협의회의 협의 하에 추천
  - 기타 직무연수

(1) 희망자 우선 추천
(2) 경합 시
(가) 연수 미경험 교원
(나) 연수 이수 경험이 오래된 교원
(다) 교육경력이 많은 교원
(라) 본교 근무경력이 많은 교원

(3) 비 경합 시
(가) 직무 관련 교원 중 연수 미경험자
(나) 직무 관련 교원 중 연수 이수 경험이 오래된 교원
(다) 교육경력이 적은 자
(라) 본교 근무경력이 적은 교원

► 각종 표창 대상자 추천 기준

알아둡시다!

- 교육경력이 많고 학습지도와 학생지도에 열의를 가진 교사 우선
- 본교에 1년 이상 근무한 교사로 교육경력, 교무 분장 등을 참고함.
- 경력과 성실성이 비슷한 사람은 본교에 먼저 부임한 교사 우대
- 학기 초에 경력순 추천 심의 명단을 작성하여 연중 적용하며, 인사자문위원회에서 심의 결정함. 단, 인사자문위원회 전체회의 구성이 어려운 긴급을 요하는 후보자 추천의 경우, 인사소위원회에서 우선 추천하고 인사자문위원회 전체회의에 보고할 수 있음.
- 표창 분야가 지정된 경우는 해당 교과나 부서의 의견 존중
- 본 포상에 관한 업무는 교무부 소관으로 하되, 과학·체육 등 특수분야 포상은 해당 부에서 기안·추천함.

► 전보 내신 추천 기준

► 전보 내신 순서
- 본교 장기근속 순으로 하되 기필내신 우선
- 근속기간이 같을 때는 다음 순으로 함.
  - 호봉이 높은 교사
  - 교육경력이 많은 교사
  - 연령이 많은 교사
- 내신을 낼 수 있는 교사가 기권할 때는 상위순에 의하여 차순위자가 내신함(교사 상호간 양보에 의한 내신 불가).
- 내신 순서가 되나 유보하는 교사가 있을 경우에는 차순위자가 내신함.
- 유보한 교사는 익년에도 본래의 본교 전입 일자를 적용받음.

► 정원감 과목별 우선순위
- 교원 조직표상 주당 담당시수가 가장 적은 과목 순
- 주당 담당시수가 같은 경우 1명씩 정원감했을 때 평균시수가 적은 과목 우선(당해 연도와 익년도 교육과정을 참고로).

* 단, 도교육청의 교원 수급상 정원감 불가의 교과목 및 도교육청 육성종목 지도교사 배제

► 정원감된 교과 담당교사 중 정원감 순서
- 본교 부임 일자가 가장 오래된 교사 순
- 본교 근속기간이 같을 경우는 논산시 전입순
- 부임 일자가 같을 경우는 호봉이 낮은 순, 교육경력이 적은 순, 생년월일이 늦은 순
  * 단, 위항 중 동 교과 교사 간에 합의가 이루어진 경우는 예외

❑ 보직교사 임용규정(내규 예시)

► 임용자격 기준

- 1급 정교사 자격증을 소지하고 본교에서 1년 이상 근무한 교사
- 본교 재직기간이 1년 미만이지만 35호봉 이상인 교사
- 진로상담 부장교사는 교도교사 자격증을 소지한 교사
- 특정 교과 부장교사를 임용할 시에는 해당 교과의 자격증을 지닌 교사
- 임용후보자가 없을 시에는 아래 사항에 해당하는 교사로 그 직무를 대신 수행하도록 함.
  - 해당 교과목 또는 해당 업무와 관련된 직무연수 이수 교사
  - 해당 부서의 업무에 경험이 있는 교사
  - 연구발표대회 입상 교사
  - 관련 분야의 표창을 받은 교사
- 전보유예 교사는 제외함.

► 임용후보자 서열 결정

- 교사의 보직교사 임용 서열은 교육공무원 승진규정을 준용하여 [서식1]에 따라 경력평정점, 연구성적 평정점, 기타 부가점 평정점을 합산하여 결정하며, 동점일 경우에는 본교에 장기 근속한 자를 우선함. 단, 본인이 보직교사를 희망하지 않거나 포기하는 경우에 는 예외
- 임용을 희망하는 교사는 개인별 평정점을 산출하여 인사자문위원회 간사에게 제출함. 간사는 서열을 정하여 인시자문위원회에 부의하고, 인사자문위원회의 제청을 받아 보직교사의 임용은 학교장이 결정함.

► 임기 및 임용

- 임기: 1년(03월 01일~익년 02월 말일)
- 임용: 인사자문위원회에서 복수로 추천하여 학교장이 결정

► 면 직

- 학급의 감축이 있는 경우
- 휴직, 징계처분, 직위해제 등의 처분을 받은 경우
- 형사사건과 관련된 혐의가 있는 경우
- 직무수행 능력이 부족하거나 근무자세가 극히 불량한 경우
- 감사결과 인사 조치된 경우
- 전출 내신자
- 기타 특별한 사유가 있는 경우

※ 이 규정에 명시되지 않은 사항은 인사자문위원회의 협의 결과에 따름.

[서식 1]

보직교사 임용 후보자 명부

구분 / 성명		경 력 평정점	연수성적1회(일반, 자격연수 중 택일)	연구실적(대학원)	부가점				총점	비고
					시범 연구 학교	도서 벽지	특수 학급	부장 교사		
1										
2										

- 휴 업
  - 효력: 휴업기간 중 수업과 학생의 등교가 정지됨.
  - 명령권자: 관할청 또는 학교장
  - 교원복무: 휴업일(개교기념일, 효도휴가일, 가정학습체험일 등)은 교원의 공휴일이 아니므로 수업이 없다 하더라도 근무일에 당연히 출근해야 함.
- 휴 교
  - 효력: 단순 관리업무를 제외하고 학교의 모든 기능이 정지됨.
  - 명령권: 관할교육청
  - 교원의 복무: 휴무가 가능함.
- 서명날인과 날인
  - 서명날인: 서명을 하고 도장을 찍음.
  - 날인: 도장을 찍음.

❑ 위임 전결 규정(예시)

○○중학교 위임전결규정(안)

개정 년 월 일

제1조(목적) 이 규정은 연산중학교 교장의 권한에 속하는 사무의 일부를 사안의 경중에 따라 교감, 보직교사, 행정실장, 업무담당자가 전결하게 함으로써 행정능률의 향상과 사무의 간소화를 도모하고, 효율적인 업무집행을 기함을 목적으로 한다.

제2조(적용범위) 위임전결권자의 전결사항에 관하여 법령 및 조례·규칙에 따로 규정한 것을 제외하고는 이 규정이 정하는 바에 의한다.

제3조(전결사항) ① 교감, 보직교사, 행정실장, 업무담당자의 기안 및 전결사항을 “별표”와 같이 정한다.

② “별표”에 열거되지 아니한 사항으로써 그 전결사항 보다 경미한 사항은 그 전결권자가 전결한다.

제4조(중요 또는 이례적인 전결) 전결사항이라도 중요 또는 이례에 속하는 사항은 사전에 상사의 지시를 받아야 한다.

제5조(합의) 전결사항 중 다른 부서와 관련되는 사항은 합의하여야 하며, 그 의견이 다를 때는 상사의 지시를 받아야 한다.

제6조(전결권자의 부재) 전결권자가 부재중일 때에는 그 전결권자 직근 상급자의 결재를 받아야 한다.

제7조(책임) 이 규정에 의하여 위임전결한 사항에 대하여는 위임전결권자가 학교장에 대하여 책임을 지며, 전결사항 중 중요한 사항에 관하여는 직근 상급자에 게 보고하여야 한다.

부 칙

이 규정은 년월일부터 시행한다.

2 학급경영

❑ 좋은 담임이 되기 위한 자세

1. 학생의 이름을 빨리 외운다.
2. 학생의 이름을 자주 불러준다
3. 학생을 위한 독서를 한다.
4. 좋은 이야기를 자주 해 준다
5. 좋은 책을 학생에게 소개한다.
6. 교실을 자주 들여다본다.
7. 상담을 자주 한다.
8. 질책보다는 칭찬을 많이 한다.
9. 매일 가급적 많은 학생들과 접촉한다. 단, 남교사의 여학생 스킨십은 가급적 금한다.
10. 학생들이 즐거워할 프로그램을 투입한다.
11. 편애하지 않는다(당연히 편애하지 않아야 하지만 선생님이 편애하고 있다는 생각조차 들지 않도록 해야 한다).
12. 학생들이 스스로 할 수 있도록 여건을 조성해 준다.
13. 지시하지 않고 부탁한다.
14. 결정하지 않고 의논한다.
15. 존댓말을 쓴다.
16. 야단을 칠 때에는 따끔하게 한다.
17. 학부모와 자주 연락한다.
18. 열심히 노력하라 하되 1등이 되라 하지 않는다.
19. 밝은 표정으로 친절하게 대한다.
20. 학생에게 얘기할 기회를 주고 귀 기울여 들어준다.
21. 학급의 학생을 단합시키지 않고 조화시킨다.
22. 학교에 있는 동안은 학생과 교육만을 생각한다.

❑ 학급운영의 사례

'두레' 활동을 중심으로 한 학급운영

▣ 3월 - 나를 알리고 너를 알자

교사의 학급 운영관 소개, 자기소개, 학급임원 선출, 임원 면담, 학부모 통신, 청소구역 정하기, 급훈과 내규 정하기, 두레활동에 대한 이해와 두레 구성, 두레면담, 나 알리기, 가정방문, 생일잔치(두레노래, 구호, 약속 발표), 두레 일기 지도 등

▣ 4월 - 움트는 새싹처럼 푸른 마음과 실력을 다지자

두레 상담, 소풍, 두레 단합대회

▣ 5월 - 오늘의 나는 어떻게 있을까

어버이 날, 스승의 날, 중간고사, 체육대회, 5·18, 성적상담, 학부모 통신, 생일잔치

▣ 6월 - 하나되는 우리들

부적응 학생 지도, 생일잔치, 1학기를 마무리하는 특집 마련하기

▣ 7월 - 1학기를 반성하고 더 나은 모습으로

기말고사, 방학, 학부모 통신, 1학기의 반성과 평가, 방학 계획 세우기

▣ 8월 - 방학, 2학기 계획

2학기에 구성된 자신의 두레원에게 편지쓰기

▣ 9월 - 새로운 두레를 나의 품으로

새로이 구성된 두레의 2학기 계획 세우기, 1학기에 부족한 점 점검하기

▣ 10월 - 실력 있는 학급을 위하여

중간고사에 대비한 학습체계 갖추기, 성적상담

▣ 11월 - 언제나 하나되는 우리

두레 보고서 쓰기, 두레활동의 성과 정리하기

▣ 12월 1, 2월 - 더욱 성숙한 우리로 태어나기 위하여

기말고사, 방학, 문집 만들기, 친구와 편지쓰기, 학급 마무리 잔치

❏ 학급운영에 필요한 각종 양식

▸ 학기 초 학부모님께 드리는 편지 예

학부모님께 올리는 글

안녕하십니까?

앞으로 일년 동안 귀택의 자녀를 가르치고 지도하게 될 ㅇ학년 ㅇ반 담임 ㅇㅇㅇ입니다. 자녀를 진급시키고 여러 가지로 관심과 걱정이 많으실 것 같아 저희 학급 교육 활동 계획을 알려 드리려고 이렇게 편지로 인사드리게 되었습니다.

저는 ㅇㅇ교과를 맡고 있으며, 교직에 들어선 지는 올해가 ㅇ년째입니다. 해가 거듭할수록 아이들을 가르치고 이끌어간다는 것이 얼마나 어려운 일인가를 새삼 느낍니다. 부모님께서도 익히 경험하셨겠지만, 공부도 잘 하면서 착한 심성을 가진 아이로 키우는 것은 결코 쉬운 일이 아닙니다.

저는 아이들 하나하나의 개성을 살리고 서로 협동하며 나눔의 소중함을 깨닫게 하는 데 교육의 1차 목표를 두어야 한다고 생각합니다. 그럴 때 비로소 아이들은 자신감과 아울러 남을 배려할 수 있는 넉넉한 성품을 갖추게 됩니다. 공부라는 것도 사실은 이런 인성이 바탕이 될 때 진정한 성과를 거둘 수 있습니다. 공동체의식을 소중하게 여기는 저의 이러한 교육 방향에 동의하시고 도와 주신다면 더욱 힘이 되겠습니다.

새로운 학년에 진급하면서 아이들은 나름대로의 각오가 새로울 것입니다. 아이들의 이런 첫 마음이 끝까지 유지될 수 있도록 부모님께서 도와 주시기 바랍니다. 사춘기 시기의 학생들에게는 가정의 역할이 특히 중요합니다. 우선 시급한 것은 자녀들이 스스로 공부할 수 있는 힘과 여유를 길러 주는 것입니다. 이렇게 할 수 있도록 환경을 갖추어 주는 것도 부모님께서 하실 일입니다. 제 일은 제가 알아서 하겠지 생각하는 분도 계시겠지만 자신을 통제하기에 아직은 어린 나이 입니다. 엉뚱한 일에 몰두하고 있지 않은 지, 말 못할 문제로 고민하거나 방황 하고 있지는 않은지 세심하게 배려하고 살펴 주십시오.

가정에서 생활하시면서 느끼는 아이들에 대한 문제점이나, 상의할 점이 눈에 띄면 언제든지 연락 주시기 바랍니다. 자녀에 대해 담임교사가 특별히 신경 써야 할 사항도 알려주시면 아이들을 지도하는 데 참고하겠습니다. 아이들 교육은 가정과 학교가 힘을 합칠 때 가장 효과적인 결과를 얻을 수가 있습니다.

올 한 해 동안 넉넉한 웃음이 깃들기를 기원하며 다시 소식 전하겠습니다. 안녕히 계십시오.

2ㅇㅇㅇ년 3월 ㅇ일 ㅇ학년 ㅇ반 담임교사 ㅇㅇㅇ 올림

※ 상담이 필요하시면 연락바랍니다(학교: , 집: , 휴대폰:)

❑ 학급 경영을 위한 월별 계획

1학기				
월	주	학교행사·기념일	학급의 일	담임이 준비할 것
3월 새로운 만남, 새출발에 대한 기대 드러내기	1	3·1절(1) 입학식(2)	– 첫인사 – 학부모와 인사 – 번호 정하기, 좌석배치, 임시 반장 선출 – 인적사항 조사서 배부	– 담임 인사말 – 담임 소개서 – 담임 명함 – 3월 중 계획서/연간 학급운영 계획서
	2	학생기초조사 클럽활동 조직	– 자기소개 시간 – 자기소개서 작성 – 나의 성장기 작성 – 선거관리위원회구성 – 토론: 우린 이런 반장을 원한다. – 주번, 청소구역 및 활동 안내 – 반장 입후보	– 자기 소개서, 성장기 양식 준비 – 이름 외우기, 인적 사항 파악 – 자기 소개 시간 진행 – 반장선거의 의미와 절차에 관하여/선관위의 역할 – 학부모 통신(인사말 및 학급운영 계획, 3월 일정, 설문조사)
	3	정부반장선출	– 토론: 내가 바라는 학급은? – 학급회: 반장선거 및 학급회 부서 조직 – 모둠 편성 및 모둠장 면담 – 급훈/반가/학급 규칙 정하기 – 개인상담 시작	– 반장 후보 면담 및 선관위 면담 – 개인상담 일정표 – 모둠 활동 안내 및 신청서 – 좋은 급훈이란?
	4	학부모총회 학교운영위원 선출	– 학급회: 아름다운 학급 만들기 계획 – 모둠 소개 시간 – 학부모 총회 안내장 발송 및 학부모 면담 – 개인상담	– 학부모 총회 내용 준비(학급운영 계획/명함/학부모 상담) – 학부모 단체 조직
	5	환경정리	– 학급회: 3월 생활 평가 및 수련회 준비 – 모둠별 게시판 및 교실 환경 정비 – 꽃모종 심기 및 대청소 – 모둠별 면담 – 이 달의 칭찬 주인공(매월 마지막 주)	– 모둠장 회의(월1회) – 교실 물품, 시설 수리·보수

4월 소집단 안에서의 나 - 모둠과 나	1	1학년수련회 2학년 수학여행 소풍, 식목일	- 학급회: 모둠별 4월 활동 계획 - 가정방문 안내서	- 수련활동 안내
	2	과학의 달 행사	- 학급회: 수련회를 다녀와서 - 학급 봉사활동 계획 - 가정방문	- 학부모 통신(가정방문 희망 조사 및 시간 약속)
	3	4·19 혁명기념일	- 4·19 훈화 - 가정방문 - 봄맞이 학급 산행 - 학급문고 마련 계획	- 4·19 계기 교육 자료 - 학부모 통신(학급문고 운영에 관한 협조)
	4	영어듣기평가	- 학급문고 수집 - 중간고사 일정 안내 - 중간고사 목표 및 계획 세우기 - 이 달의 칭찬 주인공(매월 마지막 주)	- 학부모 통신(학습태도 및 시험 일정에 관하여)
5월 소중한 사람들에 대한 고마움 • 가족과 스승	1	체험학습	- 학급회: 어버이날을 어떻게 맞이할 것인가?	
	2	어린이날 어버이날	- 어버이날 훈화 - 어버이날 공동 실천(편지쓰기, 작은 감동이벤트) - 선생님께 편지쓰기	
	3	중간고사 스승의 날 5·18광주 민주화 운동일	- 시험 준비 과정 평가하기 - 1학기 중간 평가 - 학급 단합대회(체육행사) - 5·18 훈화	- 5·18 계기 교육자료
	4	석가탄신일 신체검사	- 학급 봉사활동 - 이 달의 칭찬 주인공(매월 마지막 주)	- 학부모 통신(성적표, 1학기 중간평가)

6월 더 큰 우리를 알자, 민족과 통일	1		- 6월 담임 특강(한국 현대사와 통일)	
	2	현충일	- 현충일 계기교육	
	3	6·15남북 공동선언 기념일	- 6·15공동선언 계기교육 - 통일을 주제로 한 학급활동(조사 글쓰기, 노래 가사 바꾸기, 영상자료)	
	4	영어듣기평가	- 학급 봉사활동 - 기말고사 일정 안내 및 계획 세우기	
	5	6·25	- 1학기 평가계획 세우기 - 6·25 계기교육 - 이 달의 칭찬 주인공(매월 마지막 주)	- 학부모 통신(기말고사 일정, 야영 계획서)
7월 1학기를 마치며 - 평가와 계획	1	기말고사	- 기말고사 평가 - 학급야영계획 세우기	- 학급야영 계획·장소·일정·프로그램) - 학급야영 결재 및 학부모동의서
	2		- 1학기 종합 생활 평가(개인/모둠/학급/교사) - 학급 야영 안내장 발송 - 방학생활 계획 세우기(학급/봉사/여가/체험) - 이 달의 칭찬 주인공(매월 마지막 주)	- 학부모 통신(성적표, 방학생활 안내 및 계획 세우기)
	3	제헌절 방학식	- 학급 야영	- 학부모 통신(방학을 알차게)
8월	4	개학식	- 방학소감문 작성 - 방학과제 제출	- 방학 체험 나누기 준비 - 방학 과제물 평가 - 2학기 학급운영 계획

2학기				
월	주	학교행사·기념일	학급의 일	담임이 준비할 것
9월 뿌리를 찾아서 - 추석 효체험 학습	1		- 새 학기 계획 - 자리 배치 - 새로운 모둠 편성, 모둠 활동 월간 계획 - 새 모둠장 면담	- 12학기 생활목표 및 계획 - 2학기 주요 일정 안내 - 2학기 모둠편성 안내 - 2학기 학부모 통신
	2	학급 환경정리	- 모둠별 면담 - 모둠별 게시판 정리 - 독서의 달 행사 참여	- 모둠 편성 후 모둠역할 및 2학기 모둠활동 계획 - 게시판 정리 계획
	3	추석 효체험학습의 날	- 추석 연휴 및 가정 체험학습 - 중간고사 계획 세우기	- 효체험학습지
	4	영어듣기평가 환경미화심사	- 추석 소감 나누기(효 체험 발표) - 보고서 및 사진 제출	- 체력검사 촬영
10월 힘과 마음을 모아 •우리들의 축제 만들기	1	개천절	- 모둠 활동 월간 계획, 학급지 제작 계획	- 학급지 제작을 위한 기초자료 정리
	2	한글날, 중간고사	- 중간고사 준비과정 평가 - 축제 참여 계획	- 축제 부문 및 일정 안내 - 축제 준비팀 구성
	3	축제 영어듣기평가, 건강진단검사 아나바다행사	- 출제 및 체육대회 참여(응원계획, 가장행렬, 학급대항놀이…) - 학급지 전시 - 축제를 마치고 - 소풍계획	- 행사 촬영, 기록 계획 - 축제 및 체육행사 평가 및 공로자 칭찬 - 소풍 계획 세우기(일정, 프로그램)
	4	추계소풍	- 소풍을 다녀와서	- 소풍 촬영 - 학부모 통신(성적표, 2학기 중간 평가) - 학생의 날 행사 준비(공동실천계획)

11월 자치와 참여 •우리들의 권리	1	학생의 날 모범학생표창	– 11월 담임 특강: 학생자치와 인권 – 학생의 날 주간 행사 – 모둠 활동 월간 계획	– 학생의 날 행사(훈화, 학급토론회, 퀴즈대회, 일부 행사에 참여)
	2	대학수능시험	– 학급문집 제작 일정 의논	– 학급문집의 내용, 구성, 제목, 편집위 구성 일정 세우기
	3	3년 기말고사	– 문집편집위원회 구성	– 문집편집위원회 면담 – 편집 계획 세우기
	4	3년 고입원서작성	– 학급 자체 독서 행사 – 기말고사 계획 세우기	– 독서 행사 계획(학기 초부터 준비–담당모둠과 의논)
12월 ~ 1월 한해를 마치며 •평가와 계획	1	1, 2년 기말고사 불우이웃돕기	– 모둠 활동 월간 계획 – 기말고사를 마치고 – 불우이웃 돕기 참여	– 학기말 성적 면담계획
	2	고입선발고사	– 고입선발고사 – 방학 계획 세우기(학습, 봉사, 여가체험) – 한해를 돌아보며(개인, 모둠, 학급 평가)	– 학기말 마무리 행사 계획 세우기 – 생활기록부 보조 자료 점검
	3	졸업사정회 및 진급사정회	– 1년 마무리 행사(10대 사건, 각 부문 인물, 크리스마스 카드 만들기, 과자로 만든 집) – 편집위 방학 일정 세우기	– 방학 일정 점검(문집,소집일) – 학년말 업무(생활기록부, 사정회 등 준비, 교실 정리정돈)
	4	방학	– 성적표 발송	– 학년말 업무(생활기록부, 사정회 등 준비, 교실 정리정돈) – 방학 때 편지쓰기
2월 새로운 만남을 기약하며	1	개학식 졸업식	– 방학 소감 나누기 – 봉사활동 확인	– 학급문집 인쇄 – 문집 출반 기념회 및 학년 마무리 의식
	2	신학기 준비		– 교무분장, 담임배정에 따른 신학기 업무 준비

3 학교 의식 행사

❑ 국민의례 절차

► 각급 행정기관 및 산하단체 등에서 각종 의식 또는 행사를 거행할 때 다음과 같이 국민의례를 실시함.

종 류	절 차	비 고
정식절차(1)	• 국기에 대한 경례 – 경례곡 연주(국기에 대한 맹세문 낭송 포함) • 애국가 제창 – 1절~4절 제창 • 순국선열 및 호국영령에 대한 묵념 – 묵념곡 연주	• 녹음설비 이용 가능
정식절차(2)	• 국기에 대한 경례 – 경례곡 연주(국기에 대한 맹세문 낭송 포함) • 애국가 제창 – 1절 제창 • 순국선열 및 호국영령에 대한 묵념 – 묵념곡 연주	• 녹음설비 이용 가능
약식	• 국기에 대한 경례 – 무전주 애국가 연주 • 순국선열 및 호국영령에 대한 묵념 – 묵념곡 연주 ※ 순국선열 및 호국영령에 대한 묵념은 여건에 따라 생략 가능	• 의식의 규모·성격이나 여건상 어려움이 있을 때 활용 • 녹음설비 이용 가능

4 위기관리

❑ 학교 안전 및 위기관리

► 위기 발생 시 대처 순서

• 최고 책임자는 제일 먼저 사고 현장에 도착
  - 사건 현장은 적대감정으로 가득찬 환경이라는 것과 언론종사자의 관심사가 무엇인지를 알고 이에 대한 준비를 갖추고 나타나야 함.

• 신속하게 진상을 파악
  - 정확한 사실 수집과 뜬소문 가려내기에 주력해야 함.

• 신속 정확하게 상부 기관에 보고

• 위기 관리팀 구성
  - 구성방법: 총괄반, 현장수습반, 가해자·피해자 등에 대한 협상조정반, 법률자문반, 언론기관 등에 대한 대외섭외반

• 상황실을 설치, 운영
  - 준비사항: 전용전화, 회의테이블, 컴퓨터, 간이 식사용품, 상황판

• 대책 수립
  - 원인규명, 피해규모, 사고책임에 대한 법적 해석, 보상방법 및 재원조달, 보고서 작성

• 최종 보고 체제 구축
  - 사건 관련 모든 사항에 대한 대외적 발표는 한 사람이 하도록 함.

• 피해자에 대한 보상 등 사후 수습에 최선

부 록

[부록 1] 장애인 등에 대한 특수교육법
[부록 2] 장애인 등에 대한 특수교육법 시행령
[부록 3] 장애인 등에 대한 특수교육법 시행규칙

[부록 1]

장애인 등에 대한 특수교육법

[시행 2019. 12. 10] [법률 제16746호, 2019. 12. 10, 일부개정]

교육부(특수교육정책과) 044-203-6563

제1장 총 칙

제1조(목적) 이 법은 「교육기본법」 제18조에 따라 국가 및 지방자치단체가 장애인 및 특별한 교육적 요구가 있는 사람에게 통합된 교육환경을 제공하고 생애주기에 따라 장애유형·장애정도의 특성을 고려한 교육을 실시하여 이들이 자아실현과 사회통합을 하는 데 기여함을 목적으로 한다.

제2조(정의) 이 법에서 사용하는 용어의 정의는 다음과 같다.

1. "특수교육"이란 특수교육대상자의 교육적 요구를 충족시키기 위하여 특성에 적합한 교육과정 및 제2호에 따른 특수교육 관련서비스 제공을 통하여 이루어지는 교육을 말한다.
2. "특수교육 관련서비스"란 특수교육대상자의 교육을 효율적으로 실시하기 위하여 필요한 인적·물적 자원을 제공하는 서비스로서 상담지원·가족지원·치료지원·보조인력지원·보조공학기기지원·학습보조기기지원·통학지원 및 정보접근지원 등을 말한다.
3. "특수교육대상자"란 제15조에 따라 특수교육을 필요로 하는 사람으로 선정된 사람을 말한다.
4. "특수교육교원"이란 「초·중등교육법」 제2조제4호에 따른 특수학교 교원자격증을 가진 자로서 특수교육대상자의 교육을 담당하는 교원을 말한다.
5. "보호자"란 친권자·후견인, 그 밖의 사람으로서 특수교육대상자를 사실상 보호하는 사람을 말한다.
6. "통합교육"이란 특수교육대상자가 일반학교에서 장애유형·장애정도에 따라 차별을 받지 아니하고 또래와 함께 개개인의 교육적 요구에 적합한 교육을 받는 것을 말한다.
7. "개별화교육"이란 각급학교의 장이 특수교육대상자 개인의 능력을 계발하기 위하여 장애유형 및 장애특성에 적합한 교육목표·교육방법·교육내용·특수교육 관련 서비스 등이 포함된 계획을 수립하여 실시하는 교육을 말한다.
8. "순회교육"이란 특수교육교원 및 특수교육 관련서비스 담당 인력이 각급학교나 의료기관, 가정 또는 복지시설(장애인복지시설, 아동복지시설 등을 말한다. 이하 같다) 등에 있는 특수교육대상자를 직접 방문하여 실시하는 교육을 말한다.
9. "진로 및 직업교육"이란 특수교육대상자의 학교에서 사회 등으로의 원활한 이동

을 위하여 관련 기관의 협력을 통하여 직업재활훈련·자립생활훈련 등을 실시하는 것을 말한다.

10. "특수교육기관"이란 특수교육대상자에게 유치원·초등학교·중학교 또는 고등학교(전공과를 포함한다. 이하 같다)의 과정을 교육하는 특수학교 및 특수학급을 말한다.
11. "특수학급"이란 특수교육대상자의 통합교육을 실시하기 위하여 일반학교에 설치된 학급을 말한다.
12. "각급학교"란 「유아교육법」 제2조제2호에 따른 유치원 및 「초·중등교육법」 제2조에 따른 학교를 말한다.

제3조(의무교육 등) ① 특수교육대상자에 대하여는 「교육기본법」 제8조에도 불구하고 유치원·초등학교·중학교 및 고등학교 과정의 교육은 의무교육으로 하고, 제24조에 따른 전공과와 만 3세 미만의 장애영아교육은 무상으로 한다.

② 만 3세부터 만 17세까지의 특수교육대상자는 제1항에 따른 의무교육을 받을 권리를 가진다. 다만, 출석일수의 부족 등으로 인하여 진급 또는 졸업을 하지 못하거나, 제19조제3항에 따라 취학의무를 유예하거나 면제받은 자가 다시 취학할 때의 그 학년이 취학의무를 면제 또는 유예받지 아니하고 계속 취학하였을 때의 학년과 차이가 있는 경우에는 그 해당 연수(年數)를 더한 연령까지 의무교육을 받을 권리를 가진다.

③ 제1항에 따른 의무교육 및 무상교육에 드는 비용은 대통령령으로 정하는 바에 따라 국가 또는 지방자치단체가 부담한다.

제4조(차별의 금지) ① 각급학교의 장 또는 대학(「고등교육법」 제2조에 따른 학교를 말한다. 이하 같다)의 장은 특수교육대상자가 그 학교에 입학하고자 하는 경우에는 그가 지닌 장애를 이유로 입학의 지원을 거부하거나 입학전형 합격자의 입학을 거부하는 등 교육기회에 있어서 차별을 하여서는 아니 된다.

② 국가, 지방자치단체, 각급학교의 장 또는 대학의 장은 다음 각 호의 사항에 관하여 장애인의 특성을 고려한 교육시행을 목적으로 함이 명백한 경우 외에는 특수교육대상자 및 보호자를 차별하여서는 아니 된다. <개정 2018. 2. 21.>

1. 제28조에 따른 특수교육 관련 서비스 제공에서의 차별
2. 수업, 학생자치활동, 그 밖의 교내외 활동에 대한 참여 배제
3. 개별화교육지원팀에의 참여 등 보호자 참여에서의 차별
4. 대학의 입학전형절차에서 장애로 인하여 필요한 수험편의의 내용을 조사·확인하기 위한 경우 외에 별도의 면접이나 신체검사를 요구하는 등 입학전형 과정에서의 차별
5. 입학·전학 및 기숙사 입소 과정에서 비장애학생에게 요구하지 아니하는 보증인 또는 서약서 제출을 요구
6. 학생 생활지도에서의 「장애인차별금지 및 권리구제 등에 관한 법률」 제4조의 차별

제2장 국가 및 지방자치단체의 임무

제5조(국가 및 지방자치단체의 임무) ① 국가 및 지방자치단체는 특수교육대상자에게 적절한 교육을 제공하기 위하여 다음 각 호의 업무를 수행하여야 한다.

1. 장애인에 대한 특수교육종합계획의 수립
2. 특수교육대상자의 조기발견
3. 특수교육대상자의 취학지도
4. 특수교육의 내용, 방법 및 지원체제의 연구·개선
5. 특수교육교원의 양성 및 연수
6. 특수교육기관 배치계획의 수립
7. 특수교육기관의 설치·운영 및 시설·설비의 확충·정비
8. 특수교육에 필요한 교재·교구의 연구·개발 및 보급
9. 특수교육대상자에 대한 진로 및 직업교육 방안의 강구
10. 장애인에 대한 고등교육 방안의 강구
11. 특수교육대상자에 대한 특수교육 관련서비스 지원방안의 강구
12. 그 밖에 특수교육의 발전을 위하여 필요하다고 인정하는 사항

② 국가 및 지방자치단체는 제1항의 업무를 수행하는데 드는 경비를 예산의 범위 안에서 우선적으로 지급하여야 한다.

③ 국가는 제1항의 업무 추진이 부진하거나 제2항의 예산조치가 부족하다고 인정되는 지방자치단체에 대하여는 예산의 확충 등 필요한 조치를 하도록 권고하여야 한다.

④ 교육부장관은 제1항의 업무를 효율적으로 수행하기 위하여 문화체육관광부장관·보건복지부장관·고용노동부장관·여성가족부장관 등 관계 중앙행정기관 간에 협조체제를 구축하여야 한다.

제6조(특수교육기관의 설립 및 위탁교육) ① 국가 및 지방자치단체는 특수교육대상자의 취학편의를 고려하여 특수교육기관을 지역별 및 장애영역별로 균형 있게 설치·운영하여야 한다.

② 국가 및 지방자치단체는 국립 또는 공립의 특수교육기관이 부족하거나 특수교육대상자의 의무교육 또는 무상교육을 위하여 필요한 경우에는 사립의 특수교육기관에 그 교육을 위탁할 수 있다.

③ 제2항에 따라 특수교육을 위탁한 경우에는 해당 특수교육기관의 교육여건이 국립 또는 공립 특수교육기관의 수준에 미달하지 아니하도록 지원하여야 한다.

④ 제2항에 따른 위탁교육·제3항에 따른 지원 또는 비용부담 등에 관하여 필요한 사항은 대통령령으로 정한다.

제7조(위탁교육기관의 변경신청) ① 제6조제2항에 따라 교육을 위탁받은 사립의 특수교육기관에 취학하고 있는 특수교육대상자 또는 그의 보호자는 해당 특수교육기관의 교육활동이 매우 불량하거나 특수교육대상자의 특성에 맞지 아니하여 특수교육대상자의 교육에 현저한 지장을 주고 있다고 판단되는 때에는 교육장 또는 교육감

에게 그 사유를 구체적으로 명시하여 취학하고 있는 교육기관 외의 교육기관에 취학할 수 있도록 교육기관 변경을 신청할 수 있다.

② 제1항에 따른 변경신청을 받은 교육장 또는 교육감은 신청 접수일부터 30일 이내에 제10조제1항에 따른 시·군·구특수교육운영위원회 또는 시·도특수교육운영위원회를 열어 신청인·해당 학교의 장 등 이해관계인의 의견을 들은 후 변경 여부를 결정·통보하여야 한다.

제8조(교원의 자질향상) ① 국가 및 지방자치단체는 특수교육교원의 자질향상을 위한 교육 및 연수를 정기적으로 실시하여야 한다.

② 국가 및 지방자치단체는 특수교육대상자의 통합교육을 지원하기 위하여 일반학교의 교원에 대하여 특수교육 관련 교육 및 연수를 정기적으로 실시하여야 한다.

③ 제1항과 제2항에 따른 교육 및 연수 과정에는 특수교육대상자 인권의 존중에 관한 내용이 포함되어야 한다.

④ 제1항과 제2항에 따른 교육 및 연수에 필요한 사항은 대통령령으로 정한다.

제9조(특수교육대상자의 권리와 의무의 안내) 국가 및 지방자치단체는 제15조제1항 각 호의 장애를 가지고 있는 자를 알게 되거나 제15조에 따라 특수교육대상자를 선정한 경우에는 2주일 이내에 보호자에게 해당 사실과 의무교육 또는 무상교육을 받을 권리 및 보호자의 권리·책임 등을 통보하여야 한다.

제10조(특수교육운영위원회) ① 제5조에 따른 국가 및 지방자치단체의 업무수행에 관한 주요 사항을 심의하기 위하여 교육부장관 소속으로 중앙특수교육운영위원회를, 교육감 소속으로 시·도특수교육운영위원회를, 교육장 소속으로 시·군·구특수교육운영위원회를 각각 둔다.

② 제1항에 따른 중앙특수교육운영위원회의 구성·운영 등에 관하여 필요한 사항은 대통령령으로, 시·도특수교육운영위원회 및 시·군·구특수교육운영위원회의 구성·운영 등에 관하여는 특별시·광역시·특별자치시·도 및 특별자치도(이하 "시·도"라 한다)의 교육규칙으로 각각 정한다. <개정 2019. 12. 10.>

제11조(특수교육지원센터의 설치·운영) ① 교육감은 특수교육대상자의 조기발견, 특수교육대상자의 진단·평가, 정보관리, 특수교육 연수, 교수·학습활동의 지원, 특수교육 관련서비스 지원, 순회교육 등을 담당하는 특수교육지원센터를 시·도 교육청 및 모든 하급교육행정기관에 설치·운영하여야 한다. <개정 2019. 12. 10.>

② 제1항에 따른 특수교육지원센터는 시·도 교육청, 하급교육행정기관이나 특수학교, 특수학급이 설치된 일반 초·중·고등학교 또는 관할 지역의 관공서(장애인복지관을 포함한다) 등 특수교육대상자를 비롯한 지역주민의 접근이 편리한 곳에 설치하여야 한다. <개정 2019. 12. 10.>

③ 특수교육지원센터의 설치·운영 등에 필요한 사항은 대통령령으로 정한다. <개정 2019. 12. 10.>

제12조(특수교육에 관한 연차보고서) ① 정부는 특수교육의 주요 현황과 정책에 관한 보고서를 매년 정기국회 개회 전까지 국회에 제출하여야 한다. <개정 2019. 12. 10.>

② 제1항에 따른 보고서에는 제13조제3항에 따른 특수교육대상자의 인권침해 실태조사 결과가 포함되어야 한다. <신설 2019. 12. 10.>

[시행일 : 2020.12.11.] 제12조제2항

제13조(특수교육 실태조사) ① 교육부장관은 특수교육대상자의 배치계획·특수교육교원의 수급계획 등 특수교육정책의 수립을 위한 실태조사를 3년마다 실시하고 그 결과를 공표하여야 한다.

② 교육부장관은 대학에 취학하는 장애학생의 교육여건을 개선하기 위하여 필요하다고 인정하는 경우 장애학생의 교육복지 실태조사를 3년마다 실시하고 그 결과를 공표하여야 한다.

③ 교육감은 특수교육대상자의 인권보호를 위하여 인권침해 실태에 관한 조사를 대통령령으로 정하는 바에 따라 매년 실시하여 그 결과를 교육부장관에게 보고하여야 한다. <신설 2019. 12. 10.>

④ 교육부장관 및 교육감은 제1항부터 제3항까지의 규정에 따른 실태조사를 위하여 필요한 경우 관계 중앙행정기관의 장, 지방자치단체의 장 및 「공공기관의 운영에 관한 법률」에 따른 공공기관의 장, 대학의 장, 그 밖의 관련 법인 또는 단체의 장에 대하여 자료의 제출 또는 의견의 진술을 요청할 수 있다. 이 경우 요청을 받은 자는 정당한 사유가 없으면 이에 협조하여야 한다. <신설 2015. 12. 22., 2019. 12. 10.>

⑤ 제1항부터 제3항까지의 규정에 따른 조사의 내용과 방법, 그 밖에 조사에 필요한 사항은 대통령령으로 정한다. <개정 2015. 12. 22., 2019. 12. 10.>

[시행일 : 2020.12.11.] 제13조제3항, 제13조제4항, 제13조제5항

제3장 특수교육대상자의 선정 및 학교배치 등

제14조(장애의 조기발견 등) ① 교육장 또는 교육감은 영유아의 장애 및 장애 가능성을 조기에 발견하기 위하여 지역주민과 관련 기관을 대상으로 홍보를 실시하고, 해당 지역 내 보건소와 병원 또는 의원(醫院)에서 선별검사를 무상으로 실시하여야 한다.

② 교육장 또는 교육감은 제1항에 따른 선별검사를 효율적으로 실시하기 위하여 지방자치단체 및 보건소와 병·의원 간에 긴밀한 협조체제를 구축하여야 한다.

③ 보호자 또는 각급학교의 장은 제15조제1항 각 호에 따른 장애를 가지고 있거나 장애를 가지고 있다고 의심되는 영유아 및 학생을 발견한 때에는 교육장 또는 교육감에게 진단·평가를 의뢰하여야 한다. 다만, 각급학교의 장이 진단·평가를 의뢰하는 경우에는 보호자의 사전 동의를 받아야 한다.

④ 교육장 또는 교육감은 제3항에 따라 진단·평가를 의뢰받은 경우 즉시 특수교육지원센터에 회부하여 진단·평가를 실시하고, 그 진단·평가의 결과를 해당 영유아 및 학생의 보호자에게 통보하여야 한다.

⑤ 제1항의 선별검사의 절차와 내용, 그 밖에 검사에 필요한 사항과 제3항의 사전동의 절차 및 제4항에 따른 통보 절차에 필요한 사항은 대통령령으로 정한다.

제15조(특수교육대상자의 선정) ① 교육장 또는 교육감은 다음 각 호의 어느 하나에 해당하는 사람 중 특수교육을 필요로 하는 사람으로 진단·평가된 사람을 특수교육

대상자로 선정한다.
1. 시각장애
2. 청각장애
3. 지적장애
4. 지체장애
5. 정서·행동장애
6. 자폐성장애(이와 관련된 장애를 포함한다)
7. 의사소통장애
8. 학습장애
9. 건강장애
10. 발달지체
11. 그 밖에 대통령령으로 정하는 장애
② 교육장 또는 교육감이 제1항에 따라 특수교육대상자를 선정할 때에는 제16조제1항에 따른 진단·평가결과를 기초로 하여 고등학교 과정은 교육감이 시·도특수교육운영위원회의 심사를 거쳐, 중학교 과정 이하의 각급학교는 교육장이 시·군·구 특수교육운영위원회의 심사를 거쳐 이를 결정한다.

제16조(특수교육대상자의 선정절차 및 교육지원 내용의 결정) ① 특수교육지원센터는 진단·평가가 회부된 후 30일 이내에 진단·평가를 시행하여야 한다.
② 특수교육지원센터는 제1항에 따른 진단·평가를 통하여 특수교육대상자로의 선정 여부 및 필요한 교육지원 내용에 대한 최종의견을 작성하여 교육장 또는 교육감에게 보고하여야 한다.
③ 교육장 또는 교육감은 특수교육지원센터로부터 최종의견을 통지받은 때부터 2주일 이내에 특수교육대상자로의 선정 여부 및 제공할 교육지원 내용을 결정하여 부모 등 보호자에게 서면으로 통지하여야 한다. 교육지원 내용에는 특수교육, 진로 및 직업교육, 특수교육 관련서비스 등 구체적인 내용이 포함되어야 한다.
④ 제1항에 따른 진단·평가의 과정에서는 부모 등 보호자의 의견진술의 기회가 충분히 보장되어야 한다.

제17조(특수교육대상자의 배치 및 교육) ① 교육장 또는 교육감은 제15조에 따라 특수교육대상자로 선정된 자를 해당 특수교육운영위원회의 심사를 거쳐 다음 각 호의 어느 하나에 배치하여 교육하여야 한다.
1. 일반학교의 일반학급
2. 일반학교의 특수학급
3. 특수학교
② 교육장 또는 교육감은 제1항에 따라 특수교육대상자를 배치할 때에는 특수교육대상자의 장애정도·능력·보호자의 의견 등을 종합적으로 판단하여 거주지에서 가장 가까운 곳에 배치하여야 한다.
③ 교육감이 관할 구역 내에 거주하는 특수교육대상자를 다른 시·도에 소재하는 각급학교 등에 배치하고자 할 때에는 해당 시·도 교육감(국립학교의 경우에는 해당 학교의 장을 말한다)과 협의하여야 한다.

④ 제3항에 따라 특수교육대상자의 배치를 요구받은 교육감 또는 국립학교의 장은 대통령령으로 정하는 특별한 사유가 없는 한 이에 응하여야 한다.
⑤ 제1항부터 제4항까지의 규정에 따른 특수교육대상자의 배치 등에 관하여 필요한 사항은 대통령령으로 정한다.

제4장 영유아 및 초·중등교육

제18조(장애영아의 교육지원) ① 만 3세 미만의 장애영아의 보호자는 조기교육이 필요한 경우 교육장에게 교육을 요구할 수 있다.
② 제1항에 따른 요구를 받은 교육장은 특수교육지원센터의 진단·평가결과를 기초로 만 3세 미만의 장애영아를 특수학교의 유치원과정, 영아학급 또는 특수교육지원센터에 배치할 수 있다.
③ 제2항에 따라 배치된 장애영아가 의료기관, 복지시설 또는 가정 등에 있을 경우에는 특수교육교원 및 특수교육 관련서비스 담당 인력 등으로 하여금 순회교육을 제공하도록 할 수 있다.
④ 국가 및 지방자치단체는 장애영아를 위한 교육여건을 개선하고 설비를 정비하기 위하여 노력하여야 한다.
⑤ 그 밖에 장애영아의 교육지원에 필요한 사항은 대통령령으로 정한다.

제19조(보호자의 의무 등) ① 특수교육대상자의 보호자는 그 보호하는 자녀에 대하여 제3조제1항에 따른 의무교육의 기회를 보호하고 존중하여야 한다.
② 부득이한 사유로 취학이 불가능한 의무교육대상자에 대하여는 대통령령으로 정하는 바에 따라 제1항에 따른 취학의무를 면제하거나 유예할 수 있다. 다만, 만 3세부터 만 5세까지의 특수교육대상자가 「영유아보육법」에 따라 설치된 어린이집 중 대통령령으로 정하는 일정한 교육 요건을 갖춘 어린이집을 이용하는 경우에는 제1항에서 정하는 유치원 의무교육을 받고 있는 것으로 본다.
③ 제2항에 따라 취학의무를 면제 또는 유예 받은 자가 다시 취학하고자 하는 경우에는 대통령령으로 정하는 바에 따라 취학하게 할 수 있다.

제20조(교육과정의 운영 등) ① 특수교육기관의 유치원·초등학교·중학교·고등학교 과정의 교육과정은 장애의 유형 및 정도를 고려하여 교육부령으로 정하고, 영아교육과정과 전공과의 교육과정은 교육감의 승인을 받아 학교장이 정한다. <개정 2008. 2. 29., 2013. 3. 23., 2019. 12. 10.>
② 특수교육기관의 장 및 특수교육대상자가 배치된 일반학교의 장은 제1항에 따른 교육과정의 범위 안에서 특수교육대상자 개인의 장애유형과 정도, 연령, 현재 및 미래의 교육요구 등을 고려하여 교육과정의 내용을 조정하여 운영할 수 있다. <개정 2019. 12. 10.>
③ 특수학교의 장은 교육감의 승인을 받아 유치원·초등학교·중학교·고등학교 과정을 통합하여 운영할 수 있다.

제21조(통합교육) ① 각급학교의 장은 교육에 관한 각종 시책을 시행함에 있어서 통합교육의 이념을 실현하기 위하여 노력하여야 한다.

② 제17조에 따라 특수교육대상자를 배치받은 일반학교의 장은 교육과정의 조정, 보조인력의 지원, 학습보조기기의 지원, 교원연수 등을 포함한 통합교육계획을 수립·시행하여야 한다.

③ 일반학교의 장은 제2항에 따라 통합교육을 실시하는 경우에는 제27조의 기준에 따라 특수학급을 설치·운영하고, 대통령령으로 정하는 시설·설비 및 교재·교구를 갖추어야 한다.

제22조(개별화교육) ① 각급학교의 장은 특수교육대상자의 교육적 요구에 적합한 교육을 제공하기 위하여 보호자, 특수교육교원, 일반교육교원, 진로 및 직업교육 담당 교원, 특수교육 관련서비스 담당 인력 등으로 개별화교육지원팀을 구성한다.

② 개별화교육 지원팀은 매 학기 마다 특수교육대상자에 대한 개별화교육계획을 작성하여야 한다.

③ 특수교육대상자가 다른 학교로 전학할 경우 또는 상급학교로 진학할 경우에는 전출학교는 전입학교에 개별화교육계획을 14일 이내에 송부하여야 한다.

④ 특수교육교원은 제1항부터 제3항까지의 규정에 따른 업무를 수행하기 위하여 각 업무를 지원하고 조정한다.

⑤ 제1항에 따른 개별화교육 지원팀의 구성, 제2항에 따른 개별화교육계획의 수립·실시 등에 관하여 필요한 사항은 교육부령으로 정한다.

제23조(진로 및 직업교육의 지원) ① 중학교 과정 이상의 각급학교의 장은 특수교육대상자의 특성 및 요구에 따른 진로 및 직업교육을 지원하기 위하여 직업평가·직업교육·고용지원·사후관리 등의 직업재활훈련 및 일상생활적응훈련·사회적응훈련 등의 자립생활훈련을 실시하고, 대통령령으로 정하는 자격이 있는 진로 및 직업교육을 담당하는 전문인력을 두어야 한다.

② 중학교 과정 이상의 각급학교의 장은 대통령령으로 정하는 기준에 따라 진로 및 직업교육의 실시에 필요한 시설·설비를 마련하여야 한다.

③ 특수교육지원센터는 특수교육대상자에게 효과적인 진로 및 직업교육을 지원하기 위하여 대통령령으로 정하는 바에 따라 관련 기관과의 협의체를 구성하여야 한다.

제24조(전공과의 설치·운영) ① 특수교육기관에는 고등학교 과정을 졸업한 특수교육대상자에게 진로 및 직업교육을 제공하기 위하여 수업연한 1년 이상의 전공과를 설치·운영할 수 있다.

② 교육부장관 및 교육감은 지역별 또는 장애유형별로 전공과를 설치할 교육기관을 지정할 수 있다.

③ 전공과를 설치한 각급학교는 「학점인정 등에 관한 법률」 제7조에 따라 학점인정을 받을 수 있다.

④ 제1항 및 제2항에 따른 전공과의 시설·설비 기준, 전공과의 운영 및 담당 인력의 배치 기준 등에 관하여 필요한 사항은 대통령령으로 정한다.

제25조(순회교육 등) ① 교육장 또는 교육감은 일반학교에서 통합교육을 받고 있는 특수교육대상자를 지원하기 위하여 일반학교 및 특수교육지원센터에 특수교육교원 및 특수교육 관련서비스 담당 인력을 배치하여 순회교육을 실시하여야 한다.

② 교육감은 장애정도가 심하여 장·단기의 결석이 불가피한 특수교육대상자의 교

육을 위하여 필요한 경우 순회교육을 실시하여야 한다.

③ 교육감은 이동이나 운동기능의 심한 장애로 인하여 각급학교에서 교육을 받기 곤란하거나 불가능하여 복지시설·의료기관 또는 가정 등에 거주하는 특수교육대상자의 교육을 위하여 필요한 경우 순회교육을 실시하여야 한다.

④ 교육장 또는 교육감은 제3항에 따른 순회교육의 실시를 위하여 의료기관 및 복지시설 등에 학급을 설치·운영하는 등 필요한 조치를 강구하여야 한다.

⑤ 국가 또는 지방자치단체는 제4항에 따라 학급이 설치·운영 중인 의료기관 및 복지시설 등에 대하여 국립 또는 공립 특수교육기관 수준의 교육이 이루어질 수 있도록 대통령령으로 정하는 바에 따라 행정적·재정적 지원을 할 수 있다.

⑥ 제1항부터 제4항까지의 규정에 따른 순회교육의 수업일수 등 순회교육의 운영에 필요한 사항은 대통령령으로 정한다.

제26조(방과후 과정을 운영하는 유치원 과정의 교육기관) ① 「유아교육법」 제2조제6호에 따른 방과후 과정을 운영하는 유치원 과정의 교육기관에 특수교육대상자가 배치되는 경우 해당 각급학교의 장은 특수교육대상자에 대한 방과후 과정 운영을 담당할 인력을 학급당 1인 이상 추가로 배치할 수 있다.

② 제1항에 따른 방과후 과정 담당 인력의 자격기준, 운영방법 등에 관하여 필요한 사항은 대통령령으로 정한다.

제27조(특수학교의 학급 및 각급학교의 특수학급 설치 기준) ① 특수학교와 각급학교의 장은 다음 각 호의 기준에 따라 학급 및 특수학급을 설치하여야 한다.

1. 유치원 과정의 경우: 특수교육대상자가 1인 이상 4인 이하인 경우 1학급을 설치하고, 4인을 초과하는 경우 2개 이상의 학급을 설치한다.
2. 초등학교·중학교 과정의 경우: 특수교육대상자가 1인 이상 6인 이하인 경우 1학급을 설치하고, 6인을 초과하는 경우 2개 이상의 학급을 설치한다.
3. 고등학교 과정의 경우: 특수교육대상자가 1인 이상 7인 이하인 경우 1학급을 설치하고, 7인을 초과하는 경우 2개 이상의 학급을 설치한다.

② 교육감은 제1항에도 불구하고 순회교육의 경우 장애의 정도와 유형에 따라 학급 설치 기준을 하향 조정할 수 있다.

③ 특수학교와 특수학급에 두는 특수교육교원의 배치기준은 대통령령으로 정한다.

제28조(특수교육 관련 서비스) ① 교육감은 특수교육대상자와 그 가족에 대하여 가족상담, 부모교육 등 가족지원을 제공하여야 한다. <개정 2019. 12. 10.>

② 교육감은 특수교육대상자가 필요로 하는 경우에는 물리치료, 작업치료 등 치료지원을 제공하여야 한다.

③ 각급학교의 장은 특수교육대상자를 위하여 보조인력을 제공하여야 한다.

④ 각급학교의 장은 특수교육대상자의 교육을 위하여 필요한 장애인용 각종 교구, 각종 학습보조기, 보조공학기기 등의 설비를 제공하여야 한다.

⑤ 각급학교의 장은 특수교육대상자의 취학 편의를 위하여 통학차량 지원, 통학비 지원, 통학 보조인력의 지원 등 통학 지원 대책을 마련하여야 한다.

⑥ 각급학교의 장은 특수교육대상자의 생활지도 및 보호를 위하여 기숙사를 설치·운영할 수 있다. 기숙사를 설치·운영하는 특수학교에는 특수교육대상자의 생활지

도 및 보호를 위하여 교육부령으로 정하는 자격이 있는 생활지도원을 두는 외에 간호사 또는 간호조무사를 두어야 한다.

⑦ 제6항의 생활지도원과 간호사 또는 간호조무사의 배치기준은 국립학교의 경우 교육부령으로, 공립 및 사립 학교의 경우에는 시·도 교육규칙으로 각각 정한다. <

⑧ 각급학교의 장은 각급학교에서 제공하는 각종 정보(교육기관에서 운영하는 인터넷 홈페이지를 포함한다)를 특수교육대상자에게 제공하는 경우 특수교육대상자의 장애유형에 적합한 방식으로 제공하여야 한다.

⑨ 제1항부터 제8항까지의 규정에 따른 특수교육 관련서비스의 제공을 위하여 필요한 사항은 대통령령으로 정한다.

제5장 고등교육

제29조(특별지원위원회) ① 대학의 장은 다음 각 호의 사항을 심의·결정하기 위하여 특별지원위원회를 설치·운영하여야 한다.

1. 대학의 장애학생 지원을 위한 계획
2. 심사청구 사건에 대한 심사·결정
3. 그 밖에 장애학생 지원을 위하여 대통령령으로 정하는 사항

② 특별지원위원회의 설치·운영 등에 관하여 필요한 사항은 대통령령으로 정한다.

제30조(장애학생지원센터) ① 대학의 장은 장애학생의 교육 및 생활에 관한 지원을 총괄·담당하는 장애학생지원센터를 설치·운영하여야 한다. 다만, 장애학생이 재학하고 있지 아니하거나 대통령령으로 정하는 바에 따라 장애학생 수가 일정 인원 이하인 소규모 대학 등은 장애학생 지원부서 또는 전담직원을 둠으로써 이에 갈음할 수 있다.

② 장애학생지원센터(제1항에 따라 장애학생 지원부서 또는 전담직원으로 갈음하는 경우에는 이를 말한다)는 다음 각 호의 업무를 담당한다.

1. 장애학생을 위한 각종 지원에 관한 사항
2. 제31조에서 정하는 편의제공에 관한 사항
3. 교직원·보조인력 등에 대한 교육에 관한 사항
4. 장애학생 교육복지의 실태조사에 관한 사항
5. 그 밖에 대학의 장이 부의하는 사항

③ 장애학생지원센터의 설치·운영에 관하여 필요한 사항은 대통령령으로 정한다.

제31조(편의제공 등) ① 대학의 장은 해당 학교에 재학 중인 장애학생의 교육활동의 편의를 위하여 다음 각 호의 수단을 적극적으로 강구하고 제공하여야 한다.

1. 각종 학습보조기기 및 보조공학기기 등의 물적 지원
2. 교육보조인력 배치 등의 인적 지원
3. 취학편의 지원
4. 정보접근 지원
5. 「장애인·노인·임산부 등의 편의증진보장에 관한 법률」 제2조제2호에 따른 편의시설 설치 지원

② 대학의 장은 해당 학교의 입학전형절차에서 장애수험생의 수험의 편의를 위하여 「장애인차별금지 및 권리구제 등에 관한 법률」 제14조제1항 각 호의 수단 중 수험편의에 필요한 수단을 적극적으로 강구하고 제공하여야 한다.

③ 국가 및 지방자치단체는 제1항 및 제2항에 따라 필요한 경비를 예산의 범위 안에서 지원하여야 한다.

제32조(학칙 등의 작성) 대학의 장은 이 법에서 정하는 장애학생의 지원 등에 관하여 필요한 내용을 학칙에 규정하여야 한다.

제33조 삭제 <2016. 5. 29.>

제34조 삭제 <2016. 5. 29.>

제6장 보칙 및 벌칙

제35조(대학의 심사청구 등) ① 장애학생 및 그 보호자는 대학에 이 법에 따른 각종 지원조치를 제공할 것을 서면으로 신청할 수 있다.

② 대학의 장은 제1항에 따른 신청에 대하여 2주 이내에 지원 여부 및 그 사유를 신청자에게 서면으로 통지하여야 한다.

③ 장애학생 및 그 보호자는 제1항에 따른 신청에 대한 대학의 결정(부작위 및 거부를 포함한다)과 이 법을 위반하는 대학의 장 또는 교직원의 행위에 대하여 특별지원위원회에 심사청구를 할 수 있다.

④ 특별지원위원회는 제3항의 심사청구에 관하여 2주 이내에 결정을 하여야 한다.

⑤ 제3항에 따른 심사에서는 청구인에게 의견진술 기회를 주어야 한다.

⑥ 대학의 장, 교직원, 그 밖의 관계자는 제4항에 따른 결정에 따라야 한다.

⑦ 그 밖에 특별지원위원회에 대한 심사청구에 관하여 필요한 사항은 대통령령으로 정한다.

제36조(고등학교 과정 이하의 심사청구) ① 특수교육대상자 또는 그 보호자는 다음 각 호의 어느 하나에 해당하는 교육장, 교육감 또는 각급학교의 장의 조치에 대하여 이의가 있을 때에는 해당 시·군·구특수교육운영위원회 또는 시·도특수교육운영위원회에 심사청구를 할 수 있다.

1. 제15조제1항에 따른 특수교육대상자의 선정
2. 제16조제3항에 따른 교육지원 내용의 결정 사항
3. 제17조제1항에 따른 학교에의 배치
4. 제4조를 위반하는 부당한 차별

② 제17조제1항에 따라 특수교육대상자를 배치받은 각급학교의 장은 이에 응할 수 없는 특별한 사유가 있거나 배치받은 특수교육대상자가 3개월 이상 학교생활에의 적응에 상당한 어려움이 있는 경우에는 해당 시·군·구특수교육운영위원회 또는 시·도특수교육운영위원회에 심사청구를 할 수 있다.

③ 시·군·구특수교육운영위원회 또는 시·도특수교육운영위원회는 제1항과 제2항의 심사청구를 받은 때에는 이를 심사하여 30일 이내에 그 결정을 청구인에게 통보하여야 한다.

④ 제3항의 심사에서는 청구인에게 의견진술의 기회를 주어야 한다.

⑤ 교육장, 교육감, 각급학교의 장, 그 밖의 관계자는 제3항에 따른 결정에 따라야 한다.

⑥ 제3항에서 정하는 심사결정에 이의가 있는 특수교육대상자 또는 그 보호자는 그 통보를 받은 날부터 90일 이내에 행정심판을 제기할 수 있다.

⑦ 제1항부터 제4항까지의 규정에 따른 심사청구의 절차 등에 관하여 필요한 사항은 대통령령으로 정한다.

제37조(권한의 위임과 위탁) ① 이 법에 따른 교육부장관의 권한은 그 일부를 대통령령으로 정하는 바에 따라 교육감에게 위임할 수 있다.

② 이 법에 따른 교육감의 권한은 그 일부를 대통령령으로 정하는 바에 따라 교육장에게 위임할 수 있다.

제38조(벌칙) 다음 각 호의 어느 하나에 해당하는 자는 1년 이하의 징역 또는 1천만원 이하의 벌금에 처한다.

1. 제4조제1항을 위반하여 장애를 이유로 특수교육대상자의 입학을 거부하거나 입학전형 합격자의 입학을 거부하는 등의 불이익한 처분을 한 교육기관의 장
2. 제4조제2항제4호를 위반하여 대학의 입학전형절차에서 수험편의의 내용의 확인과 관계없는 별도의 면접이나 신체검사를 요구한 자

제38조의2(벌칙) 다음 각 호의 어느 하나에 해당하는 자는 300만원 이하의 벌금에 처한다. <개정 2018. 2. 21.>

1. 삭제 <2016. 5. 29.>
2. 제4조제2항제1호부터 제3호까지의 규정을 위반하여 특수교육 관련서비스의 제공, 수업, 학생자치활동, 그 밖의 교내외 활동에 대한 참여와 개별화교육지원팀에의 보호자 참여에 있어서 차별한 자
3. 삭제 <2016. 5. 29.>
4. 제4조제2항제5호를 위반하여 입학·전학 및 기숙사 입소 과정에서 비장애학생에게 요구하지 아니하는 보증인 또는 서약서 제출을 요구한 자
5. 제4조제2항제6호를 위반하여 학생 생활지도에 있어서 「장애인차별금지 및 권리구제 등에 관한 법률」 제4조의 차별을 한 자

부 칙 <제16746호, 2019. 12. 10.>

이 법은 공포한 날부터 시행한다. 다만, 제12조제2항, 제13조제3항부터 제5항까지 및 제13조의2의 개정규정은 공포 후 1년이 경과한 날부터 시행한다.

[부록 2]

장애인 등에 대한 특수교육법 시행령

[시행 2018. 10. 30] [대통령령 제29258호, 2018. 10. 30, 일부개정]

교육부(특수교육정책과) 044-203-6563

제1장 총 칙

제1조(목적) 이 영은 「장애인 등에 대한 특수교육법」에서 위임된 사항과 그 시행에 필요한 사항을 규정함을 목적으로 한다.

제2조(의무교육의 실시) 「장애인 등에 대한 특수교육법」(이하 "법"이라 한다) 제3조 및 법률 제8483호 부칙 제1조 단서에 따라 특수교육대상자에 대한 의무교육은 다음 각 호에 따라 차례로 각각 실시한다.

1. 2010학년도: 만 5세 이상 유치원 과정 및 고등학교 과정
2. 2011학년도: 만 4세 이상 유치원 과정
3. 2012학년도: 만 3세 이상 유치원 과정

제3조(의무교육의 비용 등) ① 법 제3조제3항에 따라 국가 또는 지방자치단체가 부담하여야 하는 비용은 입학금, 수업료, 교과용 도서대금 및 학교급식비로 한다.

② 국가 및 지방자치단체는 제1항의 비용 외에 학교운영 지원비, 통학비, 현장·체험학습비 등을 예산의 범위에서 부담하거나 보조할 수 있다.

제2장 국가 및 지방자치단체의 임무

제4조(위탁교육) ① 교육감은 법 제6조제2항에 따라 특수교육대상자에 대한 교육을 사립(私立) 특수교육기관에 위탁하기 위하여 매 학년도가 시작되기 10개월 전까지 관할 구역에 있는 사립 특수교육기관의 교육여건, 교육 가능한 인원, 교육기간 등에 관하여 그 특수교육기관의 장(특수학급이 설립된 사립학교의 장을 포함한다)과 협의하여야 한다.

② 교육감은 특수교육대상자의 교육을 위탁한 사립 특수교육기관에 대하여 국립 또는 공립 특수교육기관과 같은 수준의 교육을 할 수 있도록 운영비, 시설비, 실험실습비, 진로 및 직업교육비, 교직원의 인건비, 그 밖에 특수교육에 필요한 경비를 지급하여야 한다.

③ 제1항과 제2항 외에 위탁교육의 운영에 관한 세부 사항은 교육감이 정하는 바에 따른다.

제5조(교원의 자질 향상) ① 교육부장관 및 교육감은 통합교육에 대한 이해를 높이기 위하여 일반학교의 교원(특수교육교원은 제외한다. 이하 이 조에서 같다)에게 연수

를 받게 하는 경우 특수교육에 관한 내용을 포함하여야 한다.

② 교육부장관 및 교육감은 통합교육을 효율적으로 시행하기 위하여 통합교육을 지원하는 일반학교의 교원에 대하여는 특수교육과 관련된 직무연수 과정을, 특수교육교원에 대하여는 일반교과 교육에 관한 직무연수 과정을 개설·운영하여야 한다.

제6조(중앙특수교육운영위원회 구성·운영) ① 법 제10조제1항에 따른 중앙특수교육운영위원회(이하 "중앙위원회"라 한다)는 위원장을 포함하여 15명 이내의 위원으로 구성한다.

② 중앙위원회의 위원장(이하 "위원장"이라 한다)은 교육부차관이 되고, 위원은 당연직위원과 위촉위원으로 구성한다.

③ 당연직위원은 교육부, 행정안전부, 문화체육관광부, 보건복지부, 고용노동부, 여성가족부의 고위공무원단 소속 공무원으로서 해당 부처의 장관이 지명하는 사람이 된다.

④ 위촉위원은 다음 각 호의 어느 하나에 해당하는 사람 중에서 위원장이 위촉한다.

1. 특수교육교원 자격이 있는 사람으로서 7년 이상 특수교육대상자를 교육하거나 교육하였던 사람
2. 특수교육대상자의 학부모 또는 보호자로서 특수교육 분야에서 활동하거나 활동 경험이 있는 사람
3. 「고등교육법」 제2조제1호 또는 제3호에 따른 학교에서 특수교육에 관한 학문을 가르치는 부교수 이상으로 재직하거나 재직하였던 사람

⑤ 위촉위원의 임기는 2년으로 하되, 2차에 한하여 연임할 수 있다.

⑥ 중앙위원회의 회의는 연 2회 이상 개최하여야 하며, 위원장이 필요 하다고 인정하거나 재적위원 3분의 1 이상이 요구하는 경우에는 위원장이 회의를 소집한다.

⑦ 중앙위원회의 회의는 재적위원의 과반수 출석으로 개의하고, 출석위원 과반수의 찬성으로 의결한다.

⑧ 중앙위원회는 필요하다고 인정되면 관계 행정기관에 직원의 출석·설명과 자료제출을 요구할 수 있다.

⑨ 그 밖에 중앙위원회의 구성 및 운영 등에 필요한 사항은 중앙위원회의 의결을 거쳐 위원장이 정한다.

제6조의2(위촉위원의 해촉) 중앙위원회의 위원장은 제6조제4항제1호부터 제3호까지의 규정에 따른 위촉위원이 다음 각 호의 어느 하나에 해당하는 경우에는 해당 위원을 해촉(解囑)할 수 있다.

1. 심신장애로 인하여 직무를 수행할 수 없게 된 경우
2. 직무와 관련된 비위사실이 있는 경우
3. 직무태만, 품위손상이나 그 밖의 사유로 인하여 위원으로 적합하지 아니하다고 인정되는 경우
4. 위원 스스로 직무를 수행하는 것이 곤란하다고 의사를 밝히는 경우

제7조(특수교육지원센터의 설치·운영) ① 교육감은 법 제11조에 따른 특수교육지원센터를 설치할 때 그 업무를 수행할 수 있는 독립된 공간을 확보하여야 한다.

② 교육감은 특수교육지원센터가 그 업무를 효율적으로 수행할 수 있도록, 담당 업

무를 전담하는 특수교육 분야의 전문인력을 배치하여야 한다.
③ 교육감은 지역의 지리적 특성 및 특수교육의 수요 등을 고려하여 필요한 경우에는 하나의 하급교육행정기관에 2 이상의 특수교육지원센터를 설치·운영할 수 있다.
④ 특수교육지원센터는 담당 업무를 효율적으로 수행하기 위하여 관련 기관과의 연계체제를 구축하고 협력하여 업무를 수행할 수 있다.
⑤ 교육감은 특수교육지원센터의 진단·평가 과정에서 장애가 의심되는 영유아 또는 학생이 이전에 의료적 진단을 받지 아니한 경우에는 이에 대한 의료적 진단을 보건소, 병원 또는 의원에 의뢰하여야 한다.
⑥ 교육감은 제5항에 따라 의료적 진단을 보건소, 병원 또는 의원에 의뢰한 경우에는 그 비용을 부담하여야 한다.

제8조(실태조사) ① 법 제13조에 따라 실태조사할 사항은 다음 각 호와 같다.

1. 특수교육대상자의 성·연령·장애유형·장애정도별 현황
2. 특수교육기관 및 그 교육과정의 운영 실태
3. 특수교육 관련서비스의 제공 현황
4. 특수교육 지원을 위한 행정조직 및 지원 현황
5. 특수교육재정의 확보·분배·활용 현황
6. 특수교육대상자의 교육성과 및 학교 졸업 후의 생활상태
7. 장애인 평생교육과정 및 장애인 평생교육시설의 운영 현황
8. 특수교육대상자 및 그 보호자, 특수교육에 관한 전문가 등 특수교육 관련자의 특수교육 지원에 대한 만족도 및 요구 사항

② 실태조사는 표본조사의 방법으로 시행하되, 특수교육에 관하여 정확한 현황을 파악하고 조사항목의 특성상 필요한 경우에는 전수조사(全數調査)의 방법으로 시행할 수 있다.

제3장 특수교육대상자의 선정 및 학교 배치 등

제9조(장애의 조기발견 등) ① 교육장 또는 교육감은 매년 1회 이상 법 제14조제1항에 따른 홍보를 하여야 한다.
② 교육장 또는 교육감은 장애의 조기발견을 위하여 관할 구역의 어린이집·유치원 및 학교의 영유아 또는 학생(이하 "영유아 등"이라 한다. 이하 이 조에서 같다)을 대상으로 수시로 선별검사를 하여야 한다. 이 경우 「국민건강보험법」 제52조제1항 또는 「의료급여법」 제14조제1항에 따른 건강검진의 결과를 활용할 수 있다.
③ 교육장 또는 교육감은 선별검사를 한 결과 장애가 의심되는 영유아 등을 발견한 경우에는 병원 또는 의원에서 영유아 등에 대한 장애 진단을 받도록 보호자에게 안내하고 상담을 하여야 한다.
④ 교육장 또는 교육감은 선별검사를 받은 영유아 등의 보호자가 법 제15조에 따른 특수교육대상자로 선정받기를 요청할 경우 영유아 등의 보호자에게 영유아 등의 건강검진 결과통보서 또는 진단서를 제출하도록 하여 영유아 등이 특수교육대상자에 해당하는지 여부를 판단하기 위한 진단·평가를 하여야 한다.

⑤ 교육장 또는 교육감은 제3항에 따라 진단·평가한 결과 영유아 등에게 특수교육이 필요하다고 판단되면 보호자에게 그 내용과 특수교육대상자 선정에 필요한 절차를 문서로 알려야 한다.

⑥ 제2항부터 제5항까지의 규정에 따른 선별검사 및 진단·평가에 필요한 사항은 교육부령으로 정한다. 이 경우 제2항에 따른 선별검사에 관한 사항은 보건복지부장관과 협의하여야 한다.

제10조(특수교육대상자의 선정 기준) 법 제15조에 따라 특수교육대상자를 선정하는 기준은 별표와 같다.

제11조(특수교육대상자의 학교 배치 등) ① 교육장 또는 교육감은 법 제17조제1항에 따라 특수교육대상자를 학교에 배치할 때에는 해당 학교의 장과 특수교육대상자에게 각각 문서로 알려야 한다.

② 교육장 또는 교육감은 특수교육대상자를 일반학교의 일반학급에 배치한 경우에는 특수교육지원센터에서 근무하는 특수교육교원에게 그 학교를 방문하여 학습을 지원하도록 하여야 한다.

③ 각급학교의 장은 특수교육대상자에 대한 교육지원의 내용을 추가·변경 또는 종료하거나 특수교육대상자를 재배치할 필요가 있으면 법 제22조제1항에 따른 개별화교육지원팀의 검토를 거쳐 교육장 및 교육감에게 그 특수교육대상자의 진단·평가 및 재배치를 요구할 수 있다.

제12조(배치에 대한 이의) 법 제17조제4항에서 "대통령령으로 정하는 특별한 사유"란 해당 특수학교가 교육하는 특수교육대상자의 장애종류와 배치를 요구받은 특수교육대상자의 장애종류가 달라 효율적인 교육을 할 수 없는 경우를 말한다.

제4장 영유아 및 초·중등교육

제13조(장애영아의 교육지원) ① 만 3세 미만의 장애영아(이하 이 조에서 "장애영아"라 한다) 교육의 수업일수는 매 학년도 150일을 기준으로 하되, 장애영아의 건강상태 및 교육과정의 운영상 필요한 경우에는 교육부장관, 교육감 또는 교육장의 승인을 받아 30일의 범위에서 줄일 수 있다.

② 법 제18조제2항에 따라 특수교육을 받는 영아학급 등의 교원 배치에 관한 사항은 교육부장관, 교육감 또는 교육장이 정한다.

③ 교육감이나 교육장은 법 제18조제2항에 따라 장애영아를 특수교육지원센터에 배치하여 교육을 하는 경우 「특수학교시설·설비기준령」 별표에 따른 보통교실을 그 특수교육지원센터에 갖추어야 한다.

④ 장애영아 담당 교원은 「초·중등교육법」 제21조제2항에 따른 특수학교 유치원교사 자격증을 소지한 사람으로 한다.

제14조(취학의무의 유예 또는 면제 등) ① 특수교육대상자의 보호자가 법 제19조제2항에 따라 특수교육대상자의 취학의무를 유예받거나 면제받으려는 경우에는 관할 교육감 또는 교육장에게 취학의무의 유예 또는 면제를 신청하여야 한다.

② 제1항에 따른 신청을 받은 교육감 또는 교육장은 법 제10조제1항에 따른 관할

특수교육운영위원회의 심의를 거쳐 특수교육대상자의 등·하교 가능성, 순회교육 실시 가능성 및 보호자의 의견 등을 고려하여 면제 또는 유예를 결정한다. 이 경우 유예기간은 1년 이내로 하고, 유예기간을 연장하려는 경우에도 관할 특수교육운영위원회의 심의를 거쳐야 한다.

③ 취학의무를 면제 또는 유예받은 사람이 다시 취학하고자 하는 경우 그 보호자는 교육감 또는 교육장에게 취학을 신청하고, 그 신청을 받은 교육감 또는 교육장은 관할 특수교육운영위원회의 심의를 거쳐 취학 여부를 결정하여야 한다.

제15조(어린이집의 교육 요건) 법 제19조제2항 단서에서 "대통령령으로 정하는 일정한 교육 요건을 갖춘 어린이집"이란 다음 각 호의 사항을 모두 충족하는 어린이집을 말한다.

1. 「영유아보육법」 제30조제1항에 따른 평가인증을 받은 어린이집
2. 장애아 3명마다 보육교사 1명을 배치한 어린이집(보육교사가 3명 이상인 경우에는 보육교사 3명 중 1명은 「초·중등교육법」 제21조제2항에 따른 특수학교 유치원교사 자격증을 소지한 교사여야 한다)

제16조(통합교육을 위한 시설·설비 등) ① 일반학교의 장은 법 제21조제2항에 따라 통합교육을 실시하는 경우에는 특수교육대상자의 교내 이동이 쉽고, 세면장·화장실 등과 가까운 곳에 위치한 66제곱미터 이상의 교실에 특수학급을 설치하여야 한다. 다만, 배치된 특수교육대상자의 수 및 그 학교의 여건 등을 고려하여 시·도 조례로 정하는 바에 따라 44제곱미터 이상의 교실에 학급을 설치할 수 있다.

② 일반학교의 장은 법 제21조제2항에 따라 통합교육을 실시하는 경우에는 배치된 특수교육대상자의 성별, 연령, 장애의 유형·정도 및 교육활동 등에 맞도록 정보 접근을 위한 기기, 의사소통을 위한 보완·대체기구 등의 교재·교구를 갖추어야 한다.

제17조(전문인력의 자격 기준 등) 법 제23조제1항에서 "대통령령으로 정하는 자격이 있는 진로 및 직업교육을 담당하는 전문인력"이란 「초·중등교육법」 제21조제2항에 따른 특수학교 정교사·준교사·실기교사의 자격(각각 중학교 과정 이상의 교육과정을 담당할 수 있는 자격으로 한정한다)이 있는 사람으로서 다음 각 호의 어느 하나에 해당하는 사람을 말한다. <개정 2018. 10. 30.>

1. 대학이나 대학원에서 직업재활에 관한 전공을 이수한 사람
2. 진로 및 직업교육과 관련한 국가자격증 또는 민간자격증 소지자
3. 진로 및 직업교육과 관련한 직무연수를 이수한 사람

제18조(진로 및 직업교육을 위한 시설 등) ① 중학교 과정 이상 각급 학교의 장은 법 제23조제2항에 따라 진로 및 직업교육을 위하여 66제곱미터 이상의 교실을 1개 이상 설치하여야 한다. 다만, 중학교 과정 이상 특수학교의 장은 「특수학교시설·설비 기준령」 제4조에서 정하는 기준에 따라 설치하여야 한다.

② 특수교육지원센터는 특수교육기관, 한국장애인고용공단지부 등 해당 지역의 장애인 고용 관련 기관, 직업재활시설, 장애인복지관, 산업체 등 관련 기관과 협의체를 구성하여야 한다.

③ 교육감은 제1항에 따른 진로 및 직업 교육을 위한 교실의 설치비용을 지원하는 등 특수교육대상자의 진로 및 직업 교육에 필요한 인력과 경비를 지원하도록 노력

하여야 한다.

제19조(전공과의 설치·운영) ① 법 제24조제1항에 따른 전공과를 설치·운영하는 특수교육기관의 장은 66제곱미터 이상의 전공과 전용 교실을 1개 이상 설치하여야 하며, 세부적인 시설·설비의 기준은 교육감이 정한다.

② 전공과를 설치한 교육기관의 장은 그 설치 목적을 달성하기 위하여 현장실습이 포함된 직업교육계획을 수립하여야 한다.

③ 전공과의 수업 연한과 학생의 선발 방법은 교육감의 승인을 받아 전공과를 설치한 교육기관의 장이 정한다.

④ 전공과를 전담할 인력은 전공과를 설치한 특수교육기관의 고등학교 과정과 같은 수준으로 배치한다.

제20조(순회교육의 운영 등) ① 교육장이나 교육감은 법 제25조제1항에 따른 순회교육을 하기 위하여 순회교육을 받는 특수교육대상자의 능력, 장애 정도 등을 고려하여 순회교육계획을 작성·운영하여야 한다.

② 순회교육의 수업일수는 매 학년도 150일을 기준으로 하여 각급학교의 장이 정하되, 순회교육을 받는 특수교육대상자의 상태와 교육과정의 운영상 필요한 경우에는 지도·감독기관의 승인을 받아 30일의 범위에서 줄일 수 있다.

③ 삭제

제21조(유치원 과정의 방과후 과정 담당인력의 자격기준 및 운영방법) ① 법 제26조제1항에 따라 특수교육대상자에 대한 방과후 과정 운영을 담당하는 인력은 「영유아보육법」 제21조제2항에 따른 보육교사의 자격 또는 「유아교육법」 제22조 및 「초·중등교육법」 제21조에 따른 교원의 자격을 가지고 있는 사람으로 한다.

② 방과후 과정을 운영하는 유치원 과정의 교육기관의 장은 교육과 보육을 연계하고 정규교육과정을 포함하여 1일 8시간 이상으로 운영하며, 그 밖에 운영에 필요한 사항은 교육감이 정한다.

③ 교육감은 방과후 과정을 운영하는 유치원 과정의 교육기관에 대하여 그 교육에 소요되는 경비를 부담하거나 보조하여야 한다.

제22조(특수학교 및 특수학급에 두는 특수교육교원의 배치기준) 법 제27조제3항에 따라 배치하는 특수교육 담당 교사는 학생 4명마다 1명으로 한다. 다만, 도시와 농촌·산촌·어촌 교육의 균형발전, 특수교육지원센터의 운영현황 및 특수교육대상자의 지역별 분포 등을 고려하여 특별시·광역시·도·특별자치도별 교사는 교육부장관이, 단위 학교·학급별 교사는 해당 교육감 또는 교육장이 배치 기준의 40퍼센트의 범위에서 가감하여 배치할 수 있다.

제23조(가족지원) ① 법 제28조제1항에 따른 가족지원은 가족상담, 양육상담, 보호자교육, 가족지원프로그램 운영 등의 방법으로 한다.

② 제1항에 따른 가족지원은 「건강가정기본법」 제35조에 따른 건강가정지원센터, 「장애인복지법」 제58조에 따른 장애인복지시설 등과 연계하여 할 수 있다.

제24조(치료지원) ① 법 제28조제2항에 따른 치료지원에 필요한 인력은 「의료기사 등에 관한 법률」 제4조에 따른 면허 또는 「자격기본법」 제19조제1항에 따라 주무부장관이 공인한 민간자격을 소지한 사람으로 한다.

② 교육감 또는 특수학교의 장은 특수교육지원센터 또는 특수학교에 치료실을 설치·운영할 수 있다.

③ 교육감은「공공보건의료에 관한 법률」제2조에 따른 공공보건의료기관 및「장애인복지법」제58조에 따른 장애인복지시설 등과 연계하여 치료지원을 할 수 있다.

제25조(보조인력) ① 교육감은 법 제28조제3항에 따라 각급학교의 장이 특수교육대상자를 위한 보조인력을 원활하게 제공할 수 있도록 보조인력 수급에 관한 계획의 수립, 보조인력의 채용·배치 등 보조인력의 운영에 필요한 업무를 수행한다.

② 교육감 또는 교육장은 보조인력의 자질 향상을 위하여 특수교육에 관한 연수를 실시하여야 한다.

③ 보조인력의 역할 및 자격은 교육부령으로 정하고, 그 밖에 운영 방법에 관한 세부 사항은 교육감이 정하여 고시한다.

제26조(각종 교구 및 학습보조기 등 지원) 교육감은 법 제28조제4항에 따라 각급학교의 장이 각종 교구·학습보조기·보조공학기기를 제공할 수 있도록 특수교육지원센터에 필요한 기구를 갖추어 두어야 한다.

제27조(통학 지원) ① 교육감은 각급학교의 장이 법 제28조제5항에 따른 통학 지원을 원활하게 할 수 있도록 통학차량을 각급학교에 제공하거나 통학 지원이 필요한 특수교육대상자 및 보호자에게 통학비를 지급하여야 한다.

② 각급학교의 장은 특수교육대상자가 현장체험학습, 수련회 등 학교밖 활동에 참여할 수 있도록 조치를 취하여야 한다.

제28조(기숙사의 설치·운영) ① 교육감은 법 제28조제6항에 따른 기숙사의 운영에 필요한 경비를 예산의 범위에서 부담하거나 보조할 수 있다.

② 공립 및 사립학교의 기숙사 시설·설비 기준은 시·도 교육규칙으로 정한다.

제29조(기타 특수교육 관련 서비스의 제공) ① 교육부장관 또는 교육감은 제23조부터 제28조까지의 규정에서 정한 특수교육 관련 서비스 외에 보행훈련, 심리·행동적응훈련 등 특정한 장애유형의 특수교육대상자에게 필요한 특수교육 관련서비스를 제공하여야 한다.

② 제1항의 특수교육 관련 서비스 제공에 필요한 인력은 국가자격 또는「자격기본법」제19조제1항에 따라 주무부장관이 공인한 민간자격을 소지한 사람으로 한다.

제5장 고등교육

제30조(특별지원위원회의 설치·운영) ① 대학의 장은 그 대학에 장애학생이 10명 이상 재학하는 경우에는 법 제29조에 따른 특별지원위원회(이하 "특별지원위원회"라 한다)를 설치·운영하여야 한다.

② 장애학생이 10명 미만인 대학의 장은 법 제30조제2항에 따른 장애학생 지원부서 또는 전담직원이 법 제29조제1항제1호 및 제3호에 관한 특별지원위원회의 기능을 수행할 수 있도록 할 수 있다.

③ 특별지원위원회의 위원 자격, 구성 및 회의 개최 시기 등은 해당 대학의 장이 정한다.

제31조(장애학생지원센터의 설치·운영 등) ① 법 제30조제1항 단서에서 "일정 인원"이란 9명을 말한다.

② 법 제30조제1항에 따른 장애학생지원센터, 장애학생 지원부서 또는 전담직원은 장애학생 지원계획을 수립하고, 그 사실을 장애학생에게 알려야 한다.

제32조 삭제 <2017. 5. 29.>

제6장 보 칙

제33조(심사청구 절차) 법 제35조제3항 및 법 제36조제1항 또는 제2항에 따른 심사청구 및 그 심사청구에 대한 결과의 통지에 필요한 서류는 각각 교육부령으로 정한다.

제34조(규제의 재검토) 교육부장관은 다음 각 호의 사항에 대하여 다음 각 호의 기준일을 기준으로 3년마다(매 3년이 되는 해의 기준일과 같은 날 전까지를 말한다) 그 타당성을 검토하여 개선 등의 조치를 하여야 한다.

1. 제30조에 따른 특별지원위원회의 설치·운영: 2016년 1월 1일
2. 제31조제2항에 따른 장애학생 지원계획 수립 및 그 사실을 장애학생에게 알릴 의무: 2016년 1월 1일
3. 삭제 <2017. 5. 29.>

부칙 <제29258호, 2018. 10. 30.>

이 영은 공포한 날부터 시행한다.

[별표]

특수교육대상자 선정 기준(제10조 관련)

1. **시각장애를 지닌 특수교육대상자**
   시각계의 손상이 심하여 시각기능을 전혀 이용하지 못하거나 보조공학기기의 지원을 받아야 시각적 과제를 수행할 수 있는 사람으로서 시각에 의한 학습이 곤란하여 특정의 광학기구·학습매체 등을 통하여 학습하거나 촉각 또는 청각을 학습의 주요 수단으로 사용하는 사람

2. **청각장애를 지닌 특수교육대상자**
   청력 손실이 심하여 보청기를 착용해도 청각을 통한 의사소통이 불가능 또는 곤란한 상태이거나, 청력이 남아 있어도 보청기를 착용해야 청각을 통한 의사소통이 가능하여 청각에 의한 교육적 성취가 어려운 사람

3. **정신지체를 지닌 특수교육대상자**
   지적 기능과 적응행동상의 어려움이 함께 존재하여 교육적 성취에 어려움이 있는 사람

4. **지체장애를 지닌 특수교육대상자**
   기능·형태상 장애를 가지고 있거나 몸통을 지탱하거나 팔다리의 움직임 등에 어려움을 겪는 신체적 조건이나 상태로 인해 교육적 성취에 어려움이 있는 사람

5. **정서·행동장애를 지닌 특수교육대상자**
   장기간에 걸쳐 다음 각 목의 어느 하나에 해당하여, 특별한 교육적 조치가 필요한 사람
   가. 지적·감각적·건강상의 이유로 설명할 수 없는 학습상의 어려움을 지닌 사람
   나. 또래나 교사와의 대인관계에 어려움이 있어 학습에 어려움을 겪는 사람
   다. 일반적인 상황에서 부적절한 행동이나 감정을 나타내어 학습에 어려움이 있는 사람
   라. 전반적인 불행감이나 우울증을 나타내어 학습에 어려움이 있는 사람
   마. 학교나 개인 문제에 관련된 신체적인 통증이나 공포를 나타내어 학습에 어려움이 있는 사람

6. **자폐성장애를 지닌 특수교육대상자**
   사회적 상호작용과 의사소통에 결함이 있고, 제한적이고 반복적인 관심과 활동을 보임으로써 교육적 성취 및 일상생활 적응에 도움이 필요한 사람

7. **의사소통장애를 지닌 특수교육대상자**
다음 각 목의 어느 하나에 해당하여 특별한 교육적 조치가 필요한 사람
가. 언어의 수용 및 표현 능력이 인지능력에 비하여 현저하게 부족한 사람
나. 조음능력이 현저히 부족하여 의사소통이 어려운 사람
다. 말 유창성이 현저히 부족하여 의사소통이 어려운 사람
라. 기능적 음성장애가 있어 의사소통이 어려운 사람

8. **학습장애를 지닌 특수교육대상자**
개인의 내적 요인으로 인하여 듣기, 말하기, 주의집중, 지각(知覺), 기억, 문제 해결 등의 학습기능이나 읽기, 쓰기, 수학 등 학업 성취 영역에서 현저하게 어려움이 있는 사람

9. **건강장애를 지닌 특수교육대상자**
만성질환으로 인하여 3개월 이상의 장기입원 또는 통원치료 등 계속적인 의료적 지원이 필요하여 학교생활 및 학업 수행에 어려움이 있는 사람

10. **발달지체를 보이는 특수교육대상자**
신체, 인지, 의사소통, 사회·정서, 적응행동 중 하나 이상의 발달이 또래에 비하여 현저하게 지체되어 특별한 교육적 조치가 필요한 영아 및 9세 미만의 아동

[부록 3]

장애인 등에 대한 특수교육법 시행규칙

[시행 2019. 9. 17] [교육부령 제188호, 2019. 9. 17, 타법개정]

교육부(특수교육정책과) 044－203－6563

제1조(목적) 이 규칙은 「장애인 등에 대한 특수교육법」 및 같은 법 시행령에서 위임된 사항과 그 시행에 필요한 사항을 규정함을 목적으로 한다.

제2조(장애의 조기발견 등) ① 교육장 또는 교육감은 「장애인 등에 대한 특수교육법」(이하 "법"이라 한다) 제14조제1항 또는 제3항에 따른 선별검사나 진단·평가를 실시하는 경우에는 별표에 따른 검사를 각각 실시하여야 한다.

② 보호자 또는 각급학교의 장은 법 제15조제1항 각 호에 해당하는 장애를 가지고 있거나 장애를 가지고 있다고 의심되는 영유아 및 학생을 발견하여 진단·평가를 의뢰하고자 하는 경우에는 별지 제1호 서식에 따른 진단·평가의뢰서를 작성하여 교육장 또는 교육감에게 제출하여야 한다.

③ 교육감 또는 교육장은 「장애인 등에 대한 특수교육법 시행령」(이하 "영"이라 한다) 제9조제5항에 따라 진단·평가의 결과를 영유아 및 학생의 보호자에게 알릴 때에는 별지 제2호 서식에 따른다.

제3조(특수교육대상자의 학교 배치) 교육감 또는 교육장이 영 제11조제1항에 따라 특수교육대상자를 학교에 배치할 때에는 별지 제3호 서식에 따라 해당 학교장과 특수교육대상자에게 통지하여야 한다.

제3조의2(교육과정) ① 법 제20조제1항에 따른 특수교육기관의 교육과정은 유치원 교육과정, 공통 교육과정, 선택 교육과정 및 기본 교육과정으로 구분한다.

② 제1항에 따른 교육과정의 대상 및 내용은 다음 각 호와 같다.

1. 유치원 교육과정: 만 3세부터 초등학교 취학 전까지의 어린이를 대상으로 하고, 「유아교육법」 제13조제2항에 따라 교육부장관이 정하는 유치원 교육과정에 준하여 편성된 과정
2. 공통 교육과정: 초등학생 및 중학생을 대상으로 하고, 「초·중등교육법」 제23조제2항에 따라 교육부장관이 정하는 초등학교 및 중학교 교육과정에 준하여 편성된 과정
3. 선택 교육과정: 고등학생을 대상으로 하고, 「초·중등교육법」 제23조제2항에 따라 교육부장관이 정하는 고등학교 교육과정에 준하여 편성된 과정
4. 기본 교육과정: 특수교육대상자의 장애 종별 및 정도를 고려하여 제2호 및 제3호의 교육과정을 적용하기 어려운 학생을 대상으로 하고, 대상자의 능력에 따라 학년의 구분 없이 다음 각 목의 어느 하나에 해당하는 교과의 수준을 다르게 적용할 수 있도록 편성된 과정

가. 국어, 사회, 수학, 과학, 실과, 체육, 음악, 미술 및 교육부장관이 필요하다고

인정하는 교과

나. 특수교육대상자의 진로 및 직업에 관한 교과

③ 제1항 및 제2항에서 규정된 사항 외에 교육과정의 내용 및 기준에 관하여 필요한 세부사항은 교육부장관이 정하여 고시한다.

제4조(개별화교육 지원팀의 구성 등) ① 각급학교의 장은 법 제22조제1항에 따라 매 학년의 시작일부터 2주 이내에 각각의 특수교육대상자에 대한 개별화교육지원팀을 구성하여야 한다.

② 개별화교육지원팀은 매 학기의 시작일부터 30일 이내에 개별화교육계획을 작성하여야 한다.

③ 개별화교육계획에는 특수교육대상자의 인적사항과 특별한 교육지원이 필요한 영역의 현재 학습수행수준, 교육목표, 교육내용, 교육방법, 평가계획 및 제공할 특수교육 관련서비스의 내용과 방법 등이 포함되어야 한다.

④ 각급학교의 장은 매 학기마다 개별화교육계획에 따른 각각의 특수교육대상자의 학업성취도 평가를 실시하고, 그 결과를 특수교육대상자 또는 그 보호자에게 통보하여야 한다.

제5조(보조인력의 역할 및 자격) ① 법 제28조제3항에 따라 학교에 배치되는 보조인력은 교사의 지시에 따라 교수학습 활동, 신변처리, 급식, 교내외 활동, 등하교 등 특수교육대상자의 교육 및 학교 활동에 대하여 보조 역할을 담당한다.

② 보조인력의 자격은 고등학교를 졸업한 자 또는 이와 같은 수준 이상의 학력이 있다고 인정된 자로 한다.

제6조(생활지도원의 자격 및 배치기준) ① 법 제28조제6항 후단에 따라 특수학교의 기숙사에 두는 생활지도원은 다음 각 호의 어느 하나에 해당하는 사람으로 한다.

1. 「초·중등교육법」 별표 2의 자격 기준에 해당하는 사람
2. 고등학교를 졸업한 사람 또는 이와 같은 수준 이상의 학력이 있다고 인정된 사람으로서 다음 각 목의 어느 하나에 해당하는 자격이 있는 사람

   가. 「의료기사 등에 관한 법률」 제2조에 따른 물리치료사 또는 작업치료사

   나. 「사회복지사업법」 제11조에 따른 사회복지사

   다. 「영유아보육법」 제21조제2항에 따른 보육교사

② 법 제28조제6항 후단에 따라 국립학교에 두는 생활지도원은 학생 5명마다 1명 이상을 배치하여야 한다. 다만, 시각장애 또는 청각장애가 있는 특수교육대상자를 교육하는 중학교 및 고등학교 과정의 경우에는 학생 7명마다 1명 이상을 배치할 수 있다.

제6조의2(간호사 등의 배치기준) 법 제28조제6항 후단에 따라 국립학교에는 간호사를 1명 이상 배치하되, 기숙사에 기숙하는 학생이 50명을 초과하는 경우에는 그 초과인원 50명마다 간호사 또는 간호조무사를 1명 이상 추가로 배치하여야 한다.

제7조(특별지원위원회에 대한 심사청구 결과 통보 등) ① 법 제35조제3항에 따라 장애학생 또는 그 보호자가 심사청구를 할 때에는 별지 제4호서식에 따른 심사청구서를 해당 학교의 특별지원위원회에 제출하여야 한다.

② 제1항에 따른 심사청구를 받은 해당 학교의 특별지원위원회는 심사를 거쳐 별

지 제5호서식에 따른 심사결과통지서를 그 청구인에게 교부하여야 한다.

제8조(고등학교 과정 이하의 심사청구 결과 통보 등) ① 법 제36조제1항 또는 제2항에 따라 특수교육대상자, 그 보호자 또는 각급학교의 장이 심사청구를 할 때에는 별지 제6호 서식에 따른 심사청구서를 해당 시·군·구특수교육운영위원회 또는 시·도특수교육운영위원회에 제출하여야 한다.

② 제1항에 따른 심사청구를 받은 해당 시·군·구특수교육운영위원회 또는 시·도특수교육운영위원회는 심사를 거쳐 별지 제7호 서식에 따른 심사결과통지서를 그 청구인에게 교부하여야 한다.

부칙 <제188호, 2019. 9. 17.> (어려운 법령용어 정비를 위한 26개 법령의 일부개정에 관한 교육부령)

이 규칙은 공포한 날부터 시행한다.

[별표]

특수교육대상자 선별검사 및 진단·평가 영역(제2조제1항 관련)

구 분		영 역
장애 조기 발견을 위한 선별검사		1. 사회성숙도검사 2. 적응행동검사 3. 영유아발달검사
진단·평가 영역	시각장애·청각장애 및 지체장애	1. 기초학습기능검사 2. 시력검사 3. 시기능검사 및 촉기능검사(시각장애의 경우에 한함) 4. 청력검사(청각장애의 경우에 한함)
	지적장애	1. 지능검사 2. 사회성숙도검사 3. 적응행동검사 4. 기초학습검사 5. 운동능력검사
	정서·행동장애 자폐성장애	1. 적응행동검사 2. 성격진단검사 3. 행동발달평가 4. 학습준비도검사
	의사소통장애	1. 구문검사 2. 음운검사 3. 언어발달검사
	학습장애	1. 지능검사 2. 기초학습기능검사 3. 학습준비도검사 4. 시지각발달검사 5. 지각운동발달검사 6. 시각운동통합발달검사

비고: 특수교육대상자 선정을 위한 장애유형별 진단·평가 시 장애인증명서·장애인수첩 또는 진단서등을 참고자료로 활용할 수 있다.

[별지 제1호 서식]

(앞 면)

<table>
<tr><td colspan="6">특수교육대상자 진단·평가 의뢰서</td></tr>
<tr><td>접수번호</td><td colspan="2">–</td><td colspan="3"></td></tr>
<tr><td rowspan="3">대상자</td><td>성 명
(한 자)</td><td colspan="2"></td><td>성별</td><td>남 여</td></tr>
<tr><td>주 소</td><td colspan="4"></td></tr>
<tr><td>소 속</td><td colspan="4"></td></tr>
<tr><td rowspan="2">보호자</td><td>성 명</td><td></td><td>대상자와의
관계</td><td colspan="2">대상자의 (　　)</td></tr>
<tr><td>주 소</td><td></td><td>전화번호</td><td colspan="2"></td></tr>
<tr><td colspan="6">「장애인 등에 대한 특수교육법」 제14조제3항 및 같은 법 시행령 제9조제4항에 따라 위와 같이 신청합니다.
년　　월　　일
보호자　　㊞
(학교장)　　㊞
시·도교육감(교육장) 귀하</td></tr>
</table>

(절 취 선)

특수교육대상자 진단·평가의뢰서(고등학교과정 이하) 접수증

접수번호

<table>
<tr><td colspan="2">소 속</td><td>학 생 명</td><td>성 별</td><td>비 고</td></tr>
<tr><td colspan="2"></td><td></td><td></td><td></td></tr>
<tr><td colspan="5">위와 같이 접수하였음을 증명함.</td></tr>
<tr><td>접수자</td><td>년　월　일
성명　　서명</td><td colspan="3">년　　월　　일</td></tr>
<tr><td colspan="5">시·도교육감(교육장) ㊞</td></tr>
</table>

(뒷 면)

1. 특수교육대상자 진단·평가의뢰서 제출 및 처리절차

- 보호자의 신청
- 각급학교의 장이 신청 → 보호자의 사전 동의

↓

교육감 또는 교육장의 접수

↓

교육감 또는 교육장이 특수교육지원센터로 진단·평가 회부 — 즉시

↓

특수교육지원센터에서 진단·평가 실시 — 30일 이내

↓

진단·평가 결과를 교육감 또는 교육장에게 보고

↓

교육감 또는 교육장은 특수교육대상자 선정 여부 및 교육지원 내용을 결정하여 보호자에게 서면으로 통지 — 2주 이내

↓

교육감 또는 교육장은 해당 특수교육운영위원회의 심사를 거쳐 특수교육대상자를 배치(보호자 의견 수렴)

→ 보호자 또는 각급학교의 장은 이의 있을 경우 심사청구

↓

해당 특수교육운영위원회는 심사 후 그 결정을 교육감 또는 교육장이나 학교의 장에게 통보 — 30일 이내

↓

심사 결정에 이의가 있는 보호자는 행정심판 제기 — 90일 이내

2. 작성시 유의사항

(가) 각급학교의 장이 신청하는 경우 특수교육대상자의 보호자가 작성한 동의서를 첨부할 것.

(나) 접수번호: 시·도(하급)교육청에서 부여하므로 지원자는 기재하지 아니함.

(다) 의뢰서의 기재사항을 수정할 때에는 반드시 해당 학교의 장 또는 시·도교육감(고등학교입학자격검정고시 합격자에 한함)의 날인이 있어야 함.

[별지 제2호 서식]

특수교육대상자 진단·평가 결과통지서

교부번호:

특수교육대상자 선정 여부 및 교육지원 내용 등 결정 사항	

성　　명:　　　　　　　　　　　성　별(남, 여)

주　　소:

생년월일:　　　년　　월　　일생

현재 소속기관:　　　학교　　부　　제　　학년　　재학(졸업)

「장애인 등에 대한 특수교육법」 제16조제3항 및 같은 법 시행령 제9조제5항에 따라 진단·평가 결과를 통지합니다.

교부자서명㊞

년　　월　　일

시·도교육감(교육장) ㊞

[별지 제3호 서식]

특수교육대상자 배치 결과통지서

교부번호:

배정학교	학교 부 제 학년 (학급)

성 명: 성 별(남, 여)

주 소:

생년월일: 년 월 일생

현재 소속기관: 학교 부 제 학년 재학(졸업)

위 학생은 「장애인 등에 대한 특수교육법」 제17조제1항 및 같은 법 시행령 제11조제1항에 따라 위의 학교로 배정되었음을 통지합니다.

교부자서명 ㉞

년 월 일

시·도교육감(교육장) ㉞

[별지 제4호 서식] <개정 2019. 9. 17.>

(앞 면)

심사청구서 (전문대학 이상)				
① 사 건				
② 청구인	성명		성별	
	주소	(전화번호:)		
	소속			
③ 피 청 구 인				
④ 재심청구의 대상이 되는 처분내용				
⑤ 재심청구의 취지				
⑥ 재심청구의 이유				
⑦ 기 타 입 증 자 료				
⑧ 근 거 법 률	「장애인 등에 대한 특수교육법」 제35조제3항 및 같은 법 시행령 제33조			
위와 같이 심사를 청구합니다. 년 월 일 청구인 (서명 또는 인) 특별지원위원회 위원장 귀하				

(뒷 면)

1. 심사청구서 작성요령

① 사 건 명: ○○ 처분 취소 청구

② 피청구인: 처분권자를 말함

③ 심사청구의 대상이 되는 처분내용: 년 월 일자 ○○ 처분

④ 심사청구의 취지: 피청구인이 년 월 일 청구인에 대하여 한 ○○ 처분에 대하여 이의 취소를 구함

⑤ 심사청구의 이유: 청구의 취지가 인용될 수 있도록 원처분이 위법 또는 부당하다고 생각되는 점을 지적하고 그 시정을 요구하는 주장을 논리적으로 기술

⑥ 기타 입증자료: 본 건과 관련 있는 각종 증거 및 참고자료

※ 심사청구이유 및 입증자료 내용이 많을 때는 목록만 기재하고 첨부자료로 제시 가능

2. 심사절차

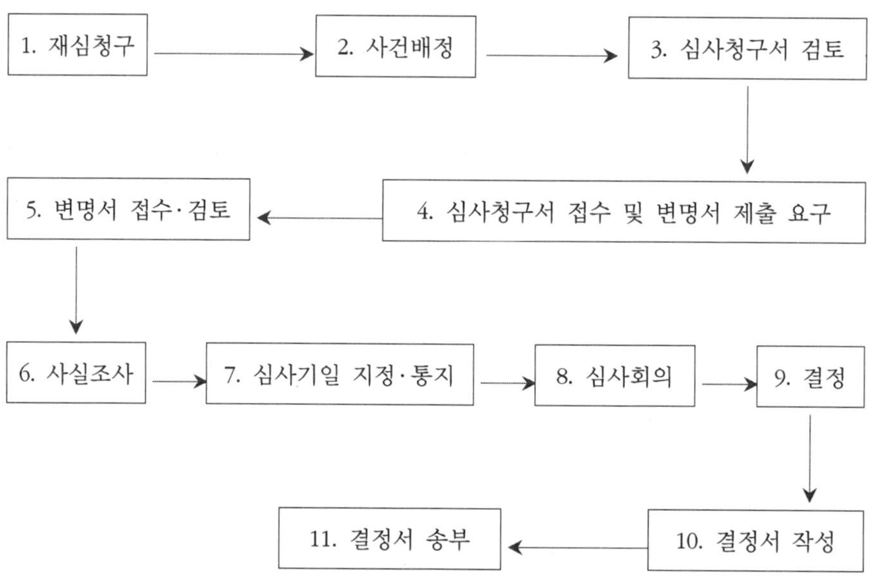

[별지 제5호 서식]

<table>
<tr><th colspan="5">심사결과통지서 (전문대학 이상)</th></tr>
<tr><td>① 사 건</td><td colspan="4"></td></tr>
<tr><td rowspan="3">② 청구인</td><td>성명</td><td></td><td>성별</td><td></td></tr>
<tr><td>주소</td><td colspan="3">(전화번호:)</td></tr>
<tr><td>소속</td><td colspan="3"></td></tr>
<tr><td>③ 피 청 구 인</td><td colspan="4"></td></tr>
<tr><td>④ 심사청구의 대상이 되는 처분내용</td><td colspan="4"></td></tr>
<tr><td>⑤ 심사 결과</td><td colspan="4"></td></tr>
<tr><td>⑥ 근 거 법 률</td><td colspan="4">「장애인 등에 대한 특수교육법」 제35조제3항 및 같은 법 시행령 제33조</td></tr>
<tr><td colspan="5">위와 같이 심사 결과를 통지합니다.

년 월 일

특별지원위원회 위원장 (서명 또는 인)

청구인 귀하</td></tr>
</table>

[별지 제6호 서식] <개정 2019. 9. 17.>

(앞 면)

<table>
<tr><td colspan="7">심사청구서 (고등학교 과정 이하)</td></tr>
<tr><td colspan="2">① 사 건</td><td colspan="5"></td></tr>
<tr><td rowspan="4">② 청구인</td><td rowspan="3">특수교육대상자 또는 보호자</td><td>성명</td><td colspan="2"></td><td>성별</td><td></td></tr>
<tr><td>주소</td><td colspan="4">(전화번호:)</td></tr>
<tr><td>소속학교</td><td colspan="4"></td></tr>
<tr><td>학교장</td><td>성명</td><td></td><td>학교명</td><td colspan="2">(전화번호:)</td></tr>
<tr><td colspan="2">③ 피 청 구 인</td><td colspan="5"></td></tr>
<tr><td colspan="2">④ 심사청구의 대상이 되는 처분내용</td><td colspan="5"></td></tr>
<tr><td colspan="2">⑤ 심사청구의 취지</td><td colspan="5"></td></tr>
<tr><td colspan="2">⑥ 심사청구의 이유</td><td colspan="5"></td></tr>
<tr><td colspan="2">⑦ 기타 입증자료</td><td colspan="5"></td></tr>
<tr><td colspan="2">⑧ 근 거 법 률</td><td colspan="5">「장애인 등에 대한 특수교육법」 제36조제1항 및 제2항,
같은 법 시행령 제33조</td></tr>
<tr><td colspan="7">위와 같이 심사를 청구합니다.

년 월 일

청구인 (서명 또는 인)

특수교육운영위원회 위원장 귀하</td></tr>
</table>

(뒷 면)

1. 심사청구서 작성요령
   ① 사 건 명: ○○ 처분 취소 청구
   ② 피청구인: 처분권자를 말함
   ③ 심사청구의 대상이 되는 처분내용: 년 월 일자
   ○○ 처분
   ④ 심사청구의 취지: 피청구인이 년 월 일 청구인에 대하여 한 ○○ 처분에 대하여 이의 취소를 구함
   ⑤ 심사청구의 이유: 청구의 취지가 인용될 수 있도록 원처분이 위법 또는 부당하다고 생각되는 점을 지적하고 그 시정을 요구하는 주장을 논리적으로 기술
   ⑥ 기타 입증자료: 본 건과 관련 있는 각종 증거 및 참고자료

※ 심사청구이유 및 입증자료 내용이 많을 때는 목록만 기재하고 첨부자료로 제시 가능

2. 심사절차

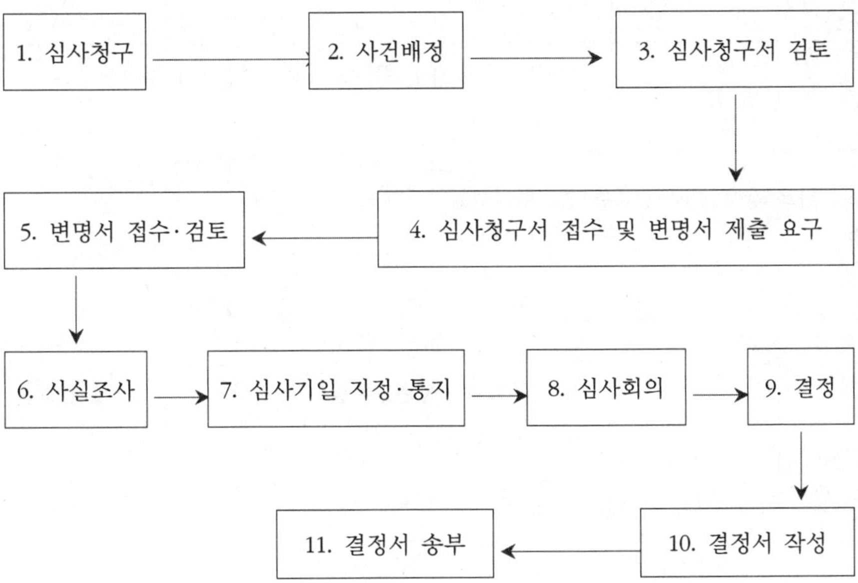

[별지 제7호 서식]

<table>
<tr><td colspan="5">심사결과통지서 (고등학교 과정 이하)</td></tr>
<tr><td>① 사 건</td><td colspan="4"></td></tr>
<tr><td rowspan="3">② 청구인</td><td>성명</td><td></td><td>성별</td><td></td></tr>
<tr><td>주소</td><td colspan="3">(전화번호:)</td></tr>
<tr><td>소속</td><td colspan="3"></td></tr>
<tr><td>③ 피 청 구 인</td><td colspan="4"></td></tr>
<tr><td>④ 심사청구의 대상이 되는 처분내용</td><td colspan="4"></td></tr>
<tr><td>⑤ 심사 결과</td><td colspan="4"></td></tr>
<tr><td>⑥ 근 거 법 률</td><td colspan="4">「장애인 등에 대한 특수교육법」 제36조제3항 및 같은 법 시행령 제33조</td></tr>
<tr><td colspan="5">위와 같이 심사 결과를 통지합니다.

년 월 일

특수교육운영위원회 위원장 (서명 또는 인)

청구인 귀하</td></tr>
</table>

참고문헌

교육과학기술부(2007). 초중등 교육과정 총론. 교육과학기술부 고시 제2007-79호.

교육과학기술부/서울특별시 교육청(2008). 2008년 개정 특수학교 교육과정에 따른 장애 영유아 교육과정 편성·운영 자료.

교육부(2015). 2015 개정 특수교육 교육과정 길라잡이.

______(2015a). 기본 교육과정. 교육부.

______(2015b). 특수교육 교육과정 총론. 교육부.

국립특수교육원(2012). 장애유아 통합 교육 교사용 지도서 현장 활용 세미나 자료집. 국립특수교육원.

______(2013). 초등학교 공통 교육과정과 기본교육과정의 교과용 도서 연계성 분석: 초등학교 1-2학년군(국어, 수학, 통합교과) 중심으로. 국립특수교육원.

______(2013). 특수교육 교수-학습 지원 자료 현상 활용 세미나. 국립특수교육원.

권용덕·장혜성(2012). 멀티미디어 자료를 활용한 지역사회중심교수가 지적장애 중학생의 대형마트 이용기술 수행에 미치는 효과. 지적장애 연구, 14(2).

김수진·이정화(2007). 장애 영·유아 활동 중심 통합 교육과정. 서울: 굿에듀북.

______(2014). 누리과정/표준보육과정과 연계한 장애 영유아 통합교육. 경기: 공동체.

김양화·김남순(2014). 미국과 한국의 IEP 변화과정 고찰 및 지적장애학생 IEP 운영의 발전 방안. 특수교육학연구, 48(4).

김은하(2015). 지적장애학생을 위한 개별화교육계획 수립과 실행의 진전방향성에 대한 고찰 개인중심접근 철학을 중심으로, 지적장애 연구, 17(2).

김재덕(2013). 교직실무. 경기: 교육과학사.

김정미·신희선(2006). 아동발달검사: K-CDI. 서울: 굿에듀북.

김지영(2012). 교육과정 수정 연구 동향 및 실험 연구 분석: 국내 연구를 중심으로 특수아동교육연구, 14(3).

김진한(2007). 교사를 위한 교육학. 서울: 학지사.

______(2012). 교사를 위한 교직실무. 서울: 학지사.

______(2008). 학교부적응학생의 실태 및 원인분석을 통한 인성교육발전방안 연구. 서울: 서울특별시 교육연구정보원.

김진호·김경준(2012). 지적장애학생들의 자립과 성인생활에 필요한 기능적 생활기술 고찰, 지적장애연구, 14(1).

김호연·장혜성·박경옥·강창욱 역(2008). 영유아 캐롤라이나 교육과정. 서울: 굿에듀북.

김희규 외(2017). 최신교직실무. 경기: 교육과학사.

박병량·주철안(2005). 학교·학급경영(개정판). 서울: 학지사.

박성희(2005). 꾸중을 꾸중답게 칭찬을 칭찬답게. 서울: 학지사.

______(2003). 한국 장애 학생 통합 교육: 특수교육과 일반 교육의 관계 재정립. 경기: 교육과학사.

박승희·장혜성·나수현·신소니아(2007). 장애관련종사자의 특수교육 입문. 서울: 학지사.

박영태(2004). 사랑의 학습지도법(개정판). 서울: 학지사.

방선욱·지봉환(2014). 교직실무. 경기: 양서원.

변영계(2005). 교수·학습 이론의 이해(개정판). 서울: 학지사.

서울장애인종합복지관(2000). K-ASQ. 부모작성형 모니터링시스템. 서울: 장애인종합복지관.

서울특별시교육연구정보원(2006). 교직실무 편람. 서울: 서울시특별시교육연구정보원.

소효정·박윤정(2015). 장애학생의 개별화교육계획 협의과정 참여를 증진하기 위한 미국 중재 연구 분석. 특수교육 저널: 이론과 실제, 16(2).

송기창 외(2014). 초등교직실무. 서울: 학지사.

신현석 외(2012). 교직실무. 서울: 학지사.

양명희(2012). 행동수정이론에 기초한 행동지원. 서울: 학지사.

오욱환(2005). 교사 전문성. 서울: 교육과학사.

운형준(2014). 중학교 통합체육수업의 교수적합화가 경도지체장애 학생의 신체활동수준과 상호작용에 미치는 영향. 한국특수체육학회지. 22(3).

유봉호(2004). 교육실습의 이론과 실제. 서울: 학술정보원.

이명주 외(2012). 초등교직실무. 서울: 학지사.

이명희·김지영·이지연(2011). 이화여자대학교 특수교육연구소 학술 총서 시리즈 Ⅳ: 장애유아 통합 프로그램의 실제. 학지사.

이병환·박미란(2012). 교직실무. 경기: 교육과학사.

이성은 외(2011). 초등교직실무. 경기: 교육과학사.

이소현(1995), 자폐아 언어교육: 기능성 중심의 방향정립을 위한 제언. 인간발달 연구, 23.

______(2011). 개별화교육과정. 서울; 학지사.

이소현·박은혜(2011). 특수아동교육. 서울: 학지사.

이유훈·김형일 공역(2005). 중도·중복장애학생의 통합교육론. 서울: 박학사.

이유훈·최세민·유장순·이은정·권택환(2005). 초등특수학급 교육과정 편성·운영에 관한 연구. 서울: 서울특별시교육연구원.

임규혁·임웅(2007). 교육심리학(2판). 서울: 학지사.

정찬기오 외(2015). 교직실무. 경기: 양서원.

장혜성·김수진·김호연·최승숙·최윤희(역)(2014). 특별한 학습자를 위한 특수교육. 서울: 학지사.

장재천(2014). 교직실무론. 경기: 양서원.

정혜영(2003). 교육실습생의 갈등에 관한 분석 연구. 한국교원교육연구, 20(3).

조동섭 외(2014). 학급경영과 교직실무. 서울: 학지사.

조벽(2006), 나는 대한민국의 교사다. 서울: 해냄.

조현근·이병인(2014). 장애 영유아 교육기관의 가족지원 실태조사: IFSP 원리 및 구성요소를 중심으로, 특수아동교육연구, 16(1).

조흥순(2012). 교직실무. 경기: 교육과학사.

진영은·조인진(2006). 예비교사 워크북. 서울: 학지사.

허계형·정갑순·이영철·문현미 역(2008). 영유아를 위한 사정, 평가 및 프로그램 체계(AEPS). 서울: 굿에듀북.

저자 약력

단국대학교 특수교육과(학사)
서울대학교 대학원 심리학과(석사)
단국대학교 대학원 특수교육학과(박사)
현재 중부대학교 초등특수교육과 교수

<주요 저서>
『특수교육의 이해』(2009, 교육과학사)
『청능훈련의 이해』(2010, 학지사)
『통합교육』(2011, 애드포인트) 외

저자협의
인지생략

초등특수교직실무

2020년 2월 15일 초판 인쇄
2020년 2월 20일 초판 발행

저 자 **윤 희 봉**
발행인 **조 병 철**
발행처 **삼우사**
경기도 고양시 일산동구 장백로 20
동문굿모닝힐 1차 102동 426호
전화 : 718-8553(대) Fax : 718-8554
등록 1994. 9. 23. 제396-2001-000025호

정가 13,000원 ISBN 978-89-91083-82-0 (93370)